중국 불경의 탄생

서남동양학술총서
중국 불경의 탄생
인도 불경의 번역과 두 문화의 만남

초판 1쇄 발행/2008년 4월 30일
초판 5쇄 발행/2021년 4월 26일

지은이/이종철
펴낸이/강일우
편집/강영규 이명애
펴낸곳/(주)창비
등록/1986년 8월 5일 제85호
주소/10881 경기도 파주시 회동길 184
전화/031-955-3333
팩시밀리/영업 031-955-3399 · 편집 031-955-3400
홈페이지/www.changbi.com
전자우편/human@changbi.com

ⓒ 이종철 2008
ISBN 978-89-364-1307-1 93150

서남동양학술총서

중국 불경의 탄생

인도 불경의 번역과 두 문화의 만남

이 종 철 지음

21세기에 다시 쓴 간행사

　서남동양학술총서 30호 돌파를 계기로 우리는 2005년, 기왕의 편집위원회를 서남포럼으로 개편했다. 학술사업 10년의 성과를 바탕으로 이제 새로운 토론, 새로운 실천이 요구되는 시점이라고 판단했기 때문이다.

　알다시피 우리의 동아시아론은 동아시아의 발칸, 한반도에 평화체제를 구축하고자 하는 비원(悲願)에 기초한다. 4강의 이해가 한반도의 분단선을 따라 날카롭게 교착하는 이 아슬한 상황을 근본적으로 해결하는 방책은 그 분쟁의 근원, 분단을 평화적으로 해소하는 데 있다. 민족 내부의 문제이면서 동시에 국제적 문제이기도 한 한반도 분단체제의 극복이라는 이 난제를 제대로 해결하기 위해서는 우선 서구주의와 민족주의, 이 두 경사 속에서 침묵하는 동아시아를 호출하는 일, 즉 동아시아를 하나의 사유단위로 설정하는 사고의 변혁이 중요롭다. 동양학술총서는 바로 이 염원에 기초하여 기획되었다.

　10년의 축적 속에 동아시아론은 이제 담론의 차원을 넘어 하나의 학(學)으로 이동할 거점을 확보했다. 우리의 충정적 발신에 호응한 나라 안팎의 지식인들에게 깊은 감사를 표하는 한편, 이 돈독한 토의의 발전이 또한 동아시아 각 나라 또는 민족들 사이의 상호연관성의 심화가 생활세계의 차원으로까지 진전된 덕에 크게 힘입고 있음에 괄목한다. 그리고 이러한 변화가 6·15남북합의(2000)로 상징되듯이 남북관계의 결정적 이정표 건설을 추동했음을 겸허히 수용한다. 바야흐로 우리는 분쟁과 갈등으로 얼룩진 20세기의 동아시아로부터 탈각하여 21세기, 평화와 공치(共治)의 동아시아를 꿈꿀 그 입구에 도착한 것이다. 아직도 길은 멀다. 하강하는 제국들의 초조와 부활하는 제국들의 미망이 교착하는 동아시아, 그곳에는 발칸적 요소들이 곳곳에 숨어 있다. 남과 북이 통일시대의 진전과정에서 함께 새로워질 수 있다면, 그리고 그 바탕에서 주변 4강을 성심으로 달랠 수 있다면 무서운 희망이 비관을 무찌를 것이다.

동양학술총서사업은 새로운 토론공동체 서남포럼의 든든한 학적 기반이다. 총서사업의 새 돛을 올리면서 대륙과 바다 사이에 지중해의 사상과 꿈이 문명의 새벽처럼 동트기를 희망한다. 우리의 오랜 꿈이 실현될 길을 찾는 이 공동의 작업에 뜻있는 분들의 동참과 편달을 바라 마지않는 바이다.

서남포럼운영위원회
www.seonamforum.net

6

동아시아의 문화적 용광로, 한역불전

난생처음 중국에 가본 것이 2001년 4월이다. 자격은 교환교수. 소속은 북경대학 중문계(中文系). 철학을 전공한 내가 철학과 쪽에 적을 두지 않고 중국어문학 쪽에 일년 동안 기숙하였으니 북경대학 측도 다소 의외였나 보다. 첫 대면부터 무엇 때문에 중문계에 왔는가 등등 시시콜콜 관심있게 물어봐준 덕택에 이런저런 화젯거리가 많아서 쉽게 새로운 친구를 사귀게 되었고, 이야기를 주고받는 가운데 중국 학계는 우리나라만큼 철학과 어문학의 경계선이 높지 않고 비교적 여유롭게 양 영역의 소통이 이루어지고 있다는 사실을 알게 되었다. 더구나 나같이 문헌학을 토대로 불교철학을 하는 사람에게는 더없이 좋은 연구환경이라는 것도 새삼 깨닫게 되었다. 불교철학을 포괄하는 넓은 의미의 '불교학'(Buddhist Studies) 자체가 많은 언어학적 훈련을 필요로 하기 때문에 자연스럽게 철학과 언어학의 영역을 넘나들 수밖에 없기 때문이다.

1997년 이후 한국학중앙연구원(옛 한국정신문화연구원) 한국학대학원에서 학생들을 지도하면서 나의 전공영역인 인도불교와 동아시아 불교의 사상적 차이를 의식하지 않을 수 없었다. 그러다 보니 늘 뇌리를 뱅뱅 돌며 떠나지 않는 한가지 새로운 연구영역과 부딪히게 되었다. 그것은 바로 인도불전의 한역과정과 그 파급효과에 대한 관심이다.

중국 역경사를 통해 인도와 중국의 만남의 의미를 되살펴보려는 이 책은, 10여년 전에 이미 그 계기가 마련되었지만 기본적인 골격은 북경대학에 체재하던 1년여 기간 동안 거의 완성되었다. 중국에 체재하던 때와 그 이후 통틀어 1년여간에 걸쳐『법보신문』에 역경가의 생애를 짚어보는 연재물을 게재하였고, 그 전후의 시기에는『인도연구』(제4권, 1999)에「인도불전의 번역과 해석」,『불교학연구』(제7호, 2003)에「중론송 귀경게의 번역과 해석: 구마라집의 한역과 대비해서」를 발표하며 이 책의 전체적인 구도를 잡을 수 있었다. 책 전체의 편집방향에 맞추기 위해 부분적인 수정과 보완을 하였지만, 이 책에는 앞에서 언급한 연구성과가 고스란히 들어 있다. 이 자리를 빌려 나에게 연찬의 기회를 제공해준 한국학중앙연구원과 북경대학에 감사의 말씀을 드리며, 아울러 전재를 허락해준『법보신문』과 한국인도학회, 불교학연구회에도 심심한 감사의 말씀을 드린다.

한역은 후한 때부터 송대에 이르기까지 거의 1,000년에 걸쳐 이루어지니 그 과정을 일일이 추적한다는 것은 참으로 많은 시간과 정력을 요하는, 일개학자의 혼자 힘으로 감당하기에는 크나큰 작업이 아닐 수 없다. 게다가 이를 학문적 주제로 엄밀하게 다루기 위해서는 무엇보다도 후한·위진·남북조시대의 중고한어(中古漢語) 및 당·송시대의 근대한어(近代漢語)에 대한 한어사(漢語史) 지식이 선결문제로서 절실하게 요구된다. 그렇다고 언어학을 전공으로 하지 않은 내가 언제까지나 내 관심분야를 언어학적 영역에만 묶어놓을 수는 없는 노릇이다. 내 연구의 기본적인 의도는 한역과정에 대한 언어학적·역사적 이해를 기초로 삼아, 인도불교로 대표되는 인도문화와 중국문화의 충돌 내지는 화해/원융 과정을 사상사의 흐름 속에서 조망해보는데 있기 때문이다.

한역불전은 기본적으로 산스크리트어 불전 또는 중앙아시아 말을 매개로

8

전승된 산스크리트어 불전의 중국어 번역이기 때문에, 편의상 번역시기를 중심으로 시대를 나누는 것이 학계의 상례이다. 일반적으로는 역경가(譯經家)의 거봉으로 꼽히는 구마라집(鳩摩羅什) 이전의 고역기(古譯期), 구마라집 이후 현장(玄奘) 이전의 구역기(舊譯期), 현장 이후의 신역기(新譯期) 등 세 시기로 나누는데, 이를 다시 한어사의 기준에 따라 재구성해본다면, 고역기와 구역기 두 시기는 중고한어의 시기에, 신역기는 근대한어의 시기에 해당한다.

내 연구는 이상과 같은 세 번역시기를 사정권에 두면서 각각의 시기에 해당하는 한역불전 역경가들의 생애와 번역과정을 사료에 근거해서 복원하는 한편, 그들의 번역이 중국에 끼친 사상사적·문화사적 영향을 해명하는 데 일부분 기여하고자 한다. 산스크리트어 불전에 나타나는 일군의 개념어들이, 한역불전을 지식의 원천으로 삼아 새롭게 자신의 사상을 형성한 동아시아 불교사상가들의 핵심개념(key term)과도 중요한 연결고리를 형성하기 때문이다.

우리나라와는 달리 일본이나 중국의 학계에서는 이제까지 역경사에 관한 많은 연구성과를 축적해왔다. 크게 두 가지 점에서 그 연구의 학적 가치를 정리해볼 수 있겠다. 첫째, 연구의 초점이 문헌학적인 목록작업에 향해져 있다. 이러한 작업은 구체적인 한 번역가의 번역목록과 번역연대의 확정에 큰 기여를 하기 때문에 역경사 연구에 기초적인 작업이라 할 수 있다. 둘째, 연구의 초점이 구마라집이나 현장과 같이 역경사에서 하나의 분수령을 이루는 중요한 번역가, 안세고(安世高)나 지루가참(支婁迦讖)과 같은 초기의 번역가 등등 특정한 역경가 연구에 맞추어져 있다. 이 역시 역경사 연구에서는 빠뜨릴 수 없는 기초작업 가운데 하나이다.

그렇지만 번역은 번역가 한 개인의 내면세계의 확충으로만 끝나는 개인적 사안이 결코 아니다. 좋은 번역이어야 한다는 전제는 있지만, 번역어는 기존의 어휘체계에 편입됨으로써 때로는 기존의 사상계에 '해석학적 전회'라 부를 만한 새로운 바람을 불어넣고, 더 나아가서는 기존의 문화지형에 거대한 변용을 불러일으키기도 한다. 그리하여 마침내 기존 문화에 새로운 사상의 출현을 준비하게도 한다. 긍정적인 측면에서 보면 번역작업은 서로 다른 문화를 용해해주는 '용광로'라 할 수 있을 것이다. 문화의 심층에서 서로 다른 문화의 충돌이 이루어지고, 이 충돌은 지하수처럼 내밀하게 흐르다가 번역작업을 통해서 융합된 뒤 번역물로 그 구체적 형상을 지상에 보인다. 이 점에서 번역은 기존 문화에 새로운 역동성과 방향성을 제기하는 촉매 역할을 한다. 중국의 산스크리트어 불전 번역이 그러했고, 계몽기 서양의 자국어 성서 번역이 그랬으며, 개화기 일본의 국가적 번역사업이 그러했다. 역사적으로 볼 때, 정치·경제적으로 자신감이 충만한 시대에 국가적으로 문화적 사업은 번창하게 마련인데, 이러한 시기에는 당연한 듯이 새 시대를 예비하는 번역작업도 활발히 이루어진다. 기원전 2~3세기에 알렉산드리아에서 이루어진 그리스어 번역, 기원후 9세기에 바그다드에서 행해진 아랍어 번역, 12세기에 톨레도에서 대규모로 이루어진 라틴어 번역을 그 예로 들 수 있겠다. 언제 어디서나 번역의 중심지는 곧 문화의 중심지이기도 했다. 동아시아 사회에서 5세기에서 9세기에 걸치는 4, 5백년간 장안(長安, 지금의 서안)은 질적인 면에서나 양적인 면에서 최고의 번역이 이루어진 문화중심지였다.

내 연구는 중국이나 일본 학계의 기존의 연구성과를 전체적으로 조감하면서 한역불전이 지니는 사상사적·문화사적 의의에 대한 거시적인 조망을 한 가지 더 추가하고자 하는 것이다. 따라서 내 연구에서는, 한 역경가가 번역과정에서 고투했을 번역어의 할당 문제, 번역과정에서 나름대로 고안해낸 번역이론이 철학적 논의의 대상으로 떠오를 것이다. 또한, 번역어를 둘러싸고 한 역경가가 고민했을, 서로 다른 문화간의 대화 문제도 철학적 관심의 대상으로 떠오를 것이다.

8세기 때 밀교 도입을 하한선으로 삼아 한역불전의 시대는 끝나고, '중국식 종교개혁'이라 칭할 수 있는 이른바 '선불교'의 황금시대가 도래한다. 이리하여 당말에서 송초에 걸쳐 '오가칠종(五家七宗)'으로 대표되는, 혜능(慧能)을 종조로 하는 선종(禪宗)이 중국불교의 주류를 형성해간다.

한어사 방면에서 선어록에 대한 연구성과가 축적되고 있는 지금, 국내외의 근대한어학자나 선종연구자들은 본격적으로 선어록의 언어연구에 착수하고 있고, 이러한 연구방향은 선불교의 사상연구에도 중요한 학적 토대를 제공할 뿐만 아니라 한역불전의 번역어와 관련해서 양자간의 상관성 및 이질성을 이해하는 데도 큰 기여를 할 것이다. 그렇지만 이 시기는 역경시대에서 벗어나 있기 때문에 이 책에서는 연구대상으로 삼지 않으며 또다른 연구자의 출현을 기대하는 바이다.

이 책은 서남재단의 연구비 지원으로 이루어진 것이다. 천성이 느리고 천학비재한지라 애초에 정한 원고 마감기일을 몇개월 넘기고 말았다. 한마디 재촉도 없이 따뜻한 격려의 말씀 주시던 서남재단 이웅 부장님의 산파역을 잊지 못할 것이다. 두루 감사의 말씀을 드린다.

2008년 4월
청계산 雲中社에서
이종철 識

일러두기

1. 번역문 가운데 쓰인 [ ]는 번역문을 매끄럽게 하기 위해 필자가 보충한 말이고, ( )는 보충설명이나 대체어이다.
2. 산스크리트어는 아래 표와 같이 표기원칙을 정해 표기하였다.

■ 산스크리트어 자모와 한글 대조표(Sanskrit-Korean Orthography by Lee Jong-Cheol)

구 분	로마자	한 글		로마자	한 글	
		모음 앞	자음 앞/ 어말		모음 앞	자음 앞/ 어말
자 음	k	ㄲ	ㄲ/ㄱ	t	ㄸ	뜨/ㅅ
	kh	ㅋ	ㅋ/ㄱ	th	ㅌ	트/ㅅ
	g	ㄱ	그/ㄱ	d	ㄷ	드/ㅅ
	gh	ㄱ	그/ㄱ	dh	ㄷ	드/ㅅ
	ṅ	웅	ㅇ	n	ㄴ	ㄴ
	c	ㅉ	쯔	p	ㅃ	쁘/ㅂ
	ch	ㅊ	츠	ph	ㅍ	프/ㅂ
	j	ㅈ	즈	b	ㅂ	브/ㅂ
	jh	ㅈ	즈	bh	ㅂ	브/ㅂ
	ñ	ㄴ	ㄴ/니으	m	ㅁ	ㅁ
	ṭ	ㄸ	뜨/ㅅ	ś	시	쉬
	ṭh	ㅌ	트/ㅅ	ṣ	시	시
	ḍ	ㄷ	드/ㅅ	s	ㅅ	스
	ḍh	ㄷ	드/ㅅ	h	ㅎ	흐
	ṇ	ㄴ	ㄴ			
반모음	y	이/이아(자음 뒤)		l	ㄹ/ㄹㄹ	ㄹ
	r	ㄹ	ㄹ	v	오/우	
모 음	a	아		r̥	르	
	ā	아		l̥	르	
	i	이		(l̥̄)	(실제 단어에는 안 쓰임)	
	ī	이		e	에	
	u	우		ai	아이	
	ū	우		o	오	
	r̥	르		au	아우	
기 타 (anusvāra; visarga; avagraha)	ṃ/ṁ	ㅇ/ㄴ/ㅁ		'	(묵음)	
	ḥ	하/히/후/헤/호				

16

제1장

중국 역경사의 거시적 소묘

중국 역경사의 거시적 소묘

중국에 인도불교가 '본격적으로' 전래된 시기는, 관점에 따라 다양한 접근이 가능하겠지만 흔히 역경사의 관점을 채택하여 인도불전의 한역(漢譯)이 시작되는 시점 곧 기원후 2세기 중반경으로 잡는 것이 일반적이다. 후한의 환제(桓帝)·영제(靈帝) 때에 안세고(安世高, 147년 전후 활약)는 주로 아함경류의 초기불교나 아비다르마 불교 전적을 번역하였고, 지루가참(支婁迦讖, 167년 전후 활약)은 대승불교의 경전을 주로 번역하였다. 따라서 역경사의 관점에서 보면, 안세고와 지루가참이 처음으로 인도불전의 번역작업을 수행하던 시기 곧 2세기 중반 무렵부터 진정한 의미에서 중국문화와 인도문화 사이의 대화가 시작된다고 볼 수 있다.

승우(僧祐, 445~518)가 『출삼장기집(出三藏記集)』에서 구마라집(鳩摩羅什, Kumārajīva, 344~413. 중국 체재 401~413)의 한역을 '신경(新經)'이라 부르고 그 이전의 한역을 '구역(舊譯)' 또는 '구경(舊經)'으로 명명한 이후,[1]

---

1) 대정장 55권, 4c16~20. "天竺語稱維摩詰, 舊譯解云無垢稱, 關中譯云淨名. 淨卽無垢, 名卽是稱. 此言殊而義均也. 舊經稱衆祐, 新經云世尊. 此立義之異旨也. 舊經云乾沓和, 新經

인도불전의 역경사는 통상 구마라집과 현장(玄奘, 602~664. 인도 체재 629~ 645)을 분기점으로 삼아, 구마라집 이전의 한역을 '고역(古譯)', 구마라집 이 후 현장 이전의 한역을 '구역(舊譯)', 현장 이후의 한역을 '신역(新譯)'으로 통칭한다.

고역과 구역의 차이에 관해서는 승우도 명확하게 언급하고 있다.[2] 즉 고 역은 번역자가 산스크리트어와 중국어 양자 가운데 어느 한쪽에만 밝았거나 둘 다 어두웠기 때문에 산스크리트어 원문의 의미가 중국어 번역문에 정확 하게 드러나지 않았는데, 이에 비해 구마라집 이후의 구역은 번역자 자신이 산스크리트어와 중국어 양자에 밝아 인도불전의 오의(奧義)를 중국인 독자 에게 제대로 전달할 수 있었다는 것이다. 소스 언어(source language)와 타깃 언어(target language) 양자에 대한 습숙도가 양질의 번역을 낳는다는, 어찌 보면 지극히 평범한 평가인 셈이다.

실제로 고역에서는 어학능력의 미숙으로 인해 오역이라고밖에 볼 수 없는 번역어가 할당되는 사례가 비일비재하였다. 한 예로 구마라집의 제자 가운 데 한명인 승예(僧叡, 355~439/352~436)는 『유마경』의 고역(지겸 역 『불설유마 힐경』)과 구역(구마라집 역 『유마힐소설경』)을 대조해본 결과, 고역의 '욕래(辱 來)' '상견(相見)' '시신(始神)' '지심(止心)' 등의 번역어들이 구마라집의 번 역어 '불래상(不來相)' '불견상(不見相)' '미연법(未緣法)' '연합법(緣合法)' 의 오역임을 지적하고 있다.[3]

云乾闥婆. 此國音之不同也. 略擧三條, 餘可類推矣." 5a~b에 구경과 신경의 번역어 대조 표가 실려 있으니 참조하기 바란다.
2) 대정장 55권, 4c21~5a4.
3) 「비마라힐제경의소서」, 대정장 55권, 58c~59a.

1. 번역문을 둘러싼 갈등: 내용이냐 형식이냐?

고역시대 역경가의 번역태도는 기본적으로 '실질' 중시, 곧 인도불전의 꾸밈없는 직역이었던 것으로 보인다. 지겸(支謙, 222년에서 271년에 걸쳐 활약)의 다음과 같은 술회는 이러한 사정을 잘 반영하고 있다.[4)]

(…) 처음 인도 출신의 유기난(維祇難, Vighna)이 황무(黃武) 3년(224년)에 무창(武昌)에 왔다. 나는 그에게서 [법구경] 오백게본(五百偈本)을 받아 그와 함께 온 축장염(竺將炎)에게 번역해달라고 부탁하였다. 장염은 산스크리트어에는 능통했지만 한어에는 아직 밝지 못하였다. 그의 번역어는 산스크리트어를 그대로 음사한 경우도 있고 의역을 한 경우도 있지만, 거의 직역(質直)에 가까웠다. 나는 처음에는 그의 문장이 세련되지 못한 점(其辭不雅)을 싫어하였다. [그러자] 유기난이 말하기를 "붓다의 말은 그 진의(義)를 중시해야지 글맵시(飾)는 필요없다. 그 가르침(法)을 취해야지 말을 꾸며서는(嚴) 아니된다. 경전을 번역하는 자는 이해하기 쉽게 해야 하지만 [글맵시에 치우쳐 경전의] 진의를 잃어서는 아니된다"고 하였다. [그러자] 좌중의 사람들이 모두 말하기를 "노자는 '꾸민 말은 믿을 수 없고 믿을 수 있는 말은 꾸밈이 없다(美言不信, 信言不美)'라고 하였고, 공자도 '글은 말을 다 하지 못하고 말은 뜻을 다 하지 못한다(書不盡言, 言不盡意)'라고 하지 않았는가. 성인의 진의를 해명하는 것은 끝없이 심원한 일이다. 지금 산스크리트어[로 쓰여진 경전의] 진의를 옮기는 데에는 참으로 경전[의 진의]에 통달하도록 힘쓰는 것이 좋다"고 하였다. 그래서 논의가 끝나고 번역자가 말하는 대로 본지(本旨)에만 따르고 글맵시를 붙이지 않았다. 뜻을 알 수 없는 곳은 그대로 두고 번역하지 않았다. (…)

축장염의 한역에 대해 지겸은 '기사불아(其辭不雅)' 즉 문장이 조악하다고 불만을 토로하였지만 결국 지겸의 반감은 무시된다. 축장염과 지겸 두

---

4) 「법구경서」, 대정장 55권, 50a.

사람 모두 원전의 진의를 전달하는 것을 번역자의 임무로 설정했다는 점은
별반 차이가 없다. 문제는 양자의 번역태도가 상충한다는 점, 즉 전자가 '질
직(質直)' 곧 질박한 직역을 중시한 데 반해 후자는 '문식(文飾)' 곧 격조 높
은 문장을 중시하였다는 점에 있다. 축장염이 인도인이었고, 지겸이 중국인
이었다는 사실을 염두에 둔다면, 번역과정에서 축장염은 산스크리트어 원문
의 맛을 강조했고, 지겸은 중국어 번역문의 맛을 강조했기 때문에 벌어진 일
로 보인다.

　축장염이 법구경을 번역할 당시, 지겸은 산스크리트어에 대한 이해부족으
로 번역작업에 적극 참여하지 못하고 기껏해야 단순보조자 역할밖에 수행하
지 못했기 때문에, 당시의 주류적인 번역태도인 실질 중시 경향에 따를 수밖
에 없었다. 하지만 그 이후 30년에 걸쳐 『유마경』『대명도경』 등 현존하는
22가지 경전을 번역하면서 지겸이 보인 번역태도는 지민도(支敏度)의 지적
대로,5) 고역시대의 대표적인 흐름 가운데 하나인 '글맵시' 중시였다.

　축장염의 내용 중시 경향은 그 당시로서는 새로운 것이 아니었고 이미 어
느정도 지지세력을 확보한 상태였다. 축장염 이전에 이미 지루가참이 내용
중시 경향을 대변하고 있었던 것이다. 글맵시 중시 또는 형식 중시의 단점
은 도안(道安)이 지적하듯이,6) "[문장이] 아름다운(巧) 것은 아름답다 하더라
도 [원문의 진의를 전달하는 데] 허점이 많아(成蔽) 결국 혼란만 야기할까 두
려운" 데 있다 하지만, 내용 중시만으로 원문의 진의 전달에 성공한다고 보
기는 어려운 일이다. 「법구경서(法句經序)」에서 알 수 있듯이, 고역시대의
내용 중시 번역은 원문에 충실한 번역이라고는 하지만 중국인이 읽기 어려
운 문장인데다 번역하기 어려운 구절은 그대로 음사어(音寫語)로 대체해놓
는 수준의 번역이었기 때문에 독자인 중국인으로서는 온전한 번역문으로 받
아들이기 어려웠던 것이 사실이었을 것이다.

5) 「합수능엄경기」, 대정장 55권, 49a26. "以季世尙文時好簡略, 故其出經頗從文麗."
6) 「마가발라약파라밀경초서」, 대정장 55권, 55c14. "巧則巧矣. 懼竅成而混沌終矣."

지겸의 형식 중시 경향은 단순히 번역태도의 차이에서 비롯된 문제는 아니다. 지겸이 중국인이었다는 사실을 다시 한번 상기해보면 문제는 그리 복잡하지 않다. 다른 번역가들이 인도인이나 서역인이었던 것과 달리 지겸은 중국인이었기 때문에 중국어의 격조 높은 문장의 멋을 이미 잘 알고 있었다. 어쩌면 그의 머릿속에는 공자가 말한 '문질빈빈(文質彬彬)'의 이상(理想)이 이미 자리잡고 있었을는지 모른다. 『논어』「옹야편(雍也篇)」의 한 구절, 즉 "내용이 글맵시보다 나으면 야인[의 문장]이요, 글맵시가 내용보다 수승하면 사관[의 문장]이다. 글맵시(文)와 내용(質)이 서로 어울려야[(彬彬) 군자이다" 에 보이는 '문질빈빈'의 이상은 중국인의 전형적인 문장론을 이룬다. 이와 같은 문장론이 불전의 번역문에 원용되면, '문질빈빈' 곧 심도있는 내용과 격조 높은 문체를 고루 갖춘 문장이 이상적 모습으로 자리잡는 것은 상상하기에 그리 어려운 일이 아니다. 지겸이 인도불전을 한역하는 데 있어 문장의 맵시 또는 형식을 중시했던 이유도 이러한 맥락에 있었던 것은 아닌가 한다.

형식 중시와 내용 중시의 두 가지 번역태도의 대립이 생긴 배경으로, 우리는 다른 원인을 상정해볼 수도 있다. 동진 때 도안은 번역자가 지녀야 할 마음가짐으로 이른바 오실본(五失本, 원전의 진의를 놓치게 되는 다섯 가지 잘못)과 삼불역(三不易, 시류나 풍속에 따라 함부로 성인의 원문을 변경해서는 안되는 세 가지 이유)을 주장했는데, '오실본'을 열거하는 가운데 그 두번째에서 "산스크리트어 원문 불전은 내용을 중시하는 데 반해 한문은 글맵시를 중시한다"[7]는 중요한 지적을 한다. 그렇다면 도안 이전에 번역문의 내용과 형식을 둘러싼 갈등은 산스크리트어와 한어의 언어상의 이질성 때문에 야기된 것이라고 볼 수 있을 것이다. 도안은 번역문의 내용과 형식의 갈등 배경에 도사리고 있는 이와 같은 양 언어의 특성을 부각시킨 뒤, 한걸음 더 나아가 번역

---

7) 「마가발라약파라밀경초서」, 대정장 55권, 52b25~26. "二者, 胡經尙質, 秦人好文. 傳可衆 心非文不合. 斯二失本也."

을 함에 있어서 인도불전의 내용을 우선시해야 한다고 강조한다. '삼불역'에서 보듯이,[8] 도안은 인도불전은 성인의 말이기 때문에 함부로 범부의 입장에서 글을 꾸며서 원문을 변경해서는 안된다고 하여, 기본적으로 내용 중시쪽의 손을 들어주는 것이다.

2. 번역의 일차적 현실태: 격의(格義)

고역시대의 대표적인 내용중시파인 지루가참은『반야도행품경』『수능엄경』『반주삼매경』 등 주로 대승경전을 번역했다. 이 가운데『반야도행품경』은 초기 반야경그룹에 속하는 것이다. 그런데 이 경전은 한역과정에서 '공(空, śūnya)'이 '무(無)'로, '진여(眞如, tathatā)'가 '본무(本無)'로 번역된다. 이러한 번역 사례는 대승불교의 공(空)사상이, 지루가참이 속해 있던 위진(魏晋)시대에 활발히 논의됐던 노장사상의 일환인 현학(玄學, 노자나 장자가 말하는 無를 세계의 근원이자 도의 근본으로 여기는 사상)을 통해 걸러져, 당시의 중국 독서인층에게 수용되었다는 사실을 알려준다. 번역은 원문의 '일차적 해석'이다. 고역시대에 빈번하게 채택되는 번역어 가운데 노장사상의 전문술어가 많다는 사실은, 중국문화가 노장사상의 세계지평에 의거해서 인도불전의 세계관에 접근하는 해석학적 선이해(先理解)의 기틀을 이미 마련하고 있었다는 상황인식을 가능하게 한다.

동진시대(317~420)에 중국문화가 채택한, 불교 이해의 '해석학적 방법'을 학계에서는 일반적으로 '격의(格義)'라 부른다. 양(梁)나라 때 혜교(慧皎)의『양고승전(梁高僧傳)』「축법아전(竺法雅傳)」에는 다음과 같은 '격의'에 관한 설명이 나온다.[9]

---

8) 「마가발라약파라밀경초서」, 대정장 55권, 52c.
9) 대정장 50권, 347a18~22.

(…) [축법아(法雅)]의 문도는 모두 중국의 고전에는 밝았으나 불교의 교리는 잘 알지 못하였다. 그래서 법아는 강법랑(康法郎)과 함께, 인도불전에 나오는 전문술어(事數)를 중국의 고전에 나오는 말에 견주어 유비(類比) 과정을 통해 (擬配) 이해시키는 방법을 취했다. 이러한 방법을 '격의(格義)'라 한다.

격의란 '의(義)를 격(格, 量)한다' 곧 처음 접하는 어떤 말의 의미를 유비 (analogy)에 의해 이해시키는 방법으로, '상대편이 이해하지 못하는 불교의 전문술어(technical term)를 상대편이 익히 알고 있는 유가나 도가의 유사한 개념을 차용하여 이해시키는 방법'으로 규정할 수 있겠다. 격의는 불교의 전문술어 전반에 걸쳐 행해졌다. '공(空)'에 노장사상의 '무(無)'를, '열반(涅槃)'에 노장사상의 '무위(無爲)'를, '무아(無我)'에 노장사상의 '비신(非身)'을, '계(戒)'에 유가의 '예(禮)'를 대비시켜 해석하는 방식이 '격의'의 실례로 거론된다.

격의는 한나라 때에 유행했던 주석 방식, 곧 훈고(訓詁) 방식(예를 들면 德을 得으로 해석하는 방식)의 연장선 위에 있다. 격의는 본질적으로 유사 개념의 단순대치를 방법론으로 도입하기 때문에 불교의 전문술어에 대해 '감으로 때려잡는' 식의 표층적인 의미이해에 그칠 우려가 있다. 게다가 서로 다른 사상체계 속에서 쓰이고 있는 용어를 단지 유사하다는 이유로 병렬적으로 갖다붙이기만 하면 이는 '격의(格義)'가 아니라 '격의(隔意)'가 되어버릴 위험성이 많은 것도 사실이다. 때문에 의미의 심층으로 천착해 들어가려는 진지한 전문연구가의 입장에서 보면 자칫하면 천박한 이해로 전락하기 쉽다. 비교철학·비교사상 분야의 불교관계 논문이나 저서 가운데서 이러한 한계를 발견할 때가 많으니, 과거뿐 아니라 현대에도 격의(格義)가 득의(得意)로까지 심화되기는 참으로 어려운 일이라 아니할 수 없다.

격의에 처음으로 제동을 건 사람은 동진 때의 도안이었다. 그는 격의 또는 격의에 따른 인도불전의 해석방식이 "대부분 인도불전의 본뜻에 어긋난다"

고 판단하여 제자들에게 격의를 금지시켰다. 격의에 관한 비판은 도안의 제자이기도 했던 승예에게도 그대로 전해졌다. 승예는 "격의는 [공사상의] 본뜻과는 멀고 틀리다. [공(空)에 관한] 6가지 견해(六家)는 치우쳐 있어 공사상의 핵심에 부합하지 않는다"[10]고 하여 격의에 대해 부정적으로 평가한다.

하지만 도안도 당시의 지적 풍토를 벗어나 홀로 초연하기가 힘에 버거웠던지 때로는 "점차로 덜어나감으로써 무위(無爲)에 이른다. (…) 점차로 잊어감으로써 무욕(無欲)에 이른다"[11] 혹은 "보살의 진혜(眞慧, 반야바라밀)는 상도(常道)를 밝힌다"[12]라고 위진현학의 술어를 쓰거나, "[불교의] 계(戒)는 [유가의] 예(禮)와 같다"[13]라고 격의적 해석방식을 취하기도 하였다. 제자인 혜원(慧遠, 334~416. 廬山 慧遠으로 불린다)이, 공사상에서 말하는 존재의 '실상(實相)'에 관해서『장자』에 나오는 말을 대비시켜 상대편을 완전하게 이해시킨 것을 보고, 도원이 혜원에게만 격의적 해석방식을 허락했다고 하는 것도[14] 같은 맥락이다.

혜원에 대해 도안이 취한 태도는 이질적인 문화권에서 사용되는 용어의 번역 및 해석의 문제와 관련해서 많은 시사점을 던져준다. 격의가 표층적인 의미해석에 머무르는 한 비판의 대상이 되지만, 심층적인 의미해석으로까지 연결될 수 있을 때는 방법론적 도구로서 허용한다는 것이다. 유비(類比)가 단순대비나 일대일 치환에 그치는 한 이는 올바른 해석의 도구가 될 수 없다. 유비가 해석상의 유용한 도구로 기능하기 위해서는 의미의 심층으로 내려가는 '해석학적 사다리' 구실을 해야 하는 것이다.

---

10) 「비마라힐제경의소서」, 대정장 55권, 59a3. "雖曰講肆格義, 迂而乖本, 六家偏而不卽性空之宗."
11) 「안반주서」, 대정장 55권, 43c8~9.
12) 「합방광찬약해서」, 대정장 55권, 48b18.
13) 「비구대계서」, 대정장 55권, 80b12.
14) 대정장 50권, 358a 참조. 개략적인 정황설명만 나오기 때문에 구체적으로『장자』의 어느 구절이 원용되었는지 알 수 없는 것이 유감이다.

동진 때의 격의적 해석방식을 '좁은 의미의 격의'라 한다면, 그러한 격의는 도안에 이르러 어느정도 극복된다고 보아도 좋다. 하지만 '격의'를 좀더 넓은 의미로 이해할 때, 곧 '중국적 사유방식에 따른 중국적 해석'을 의미하는 것으로 본다면, '넓은 의미의 격의'는 중국인의 불교 이해에 예외없이 지속적으로 영향을 미친다고 볼 수 있을 것이다.

3. 번역의 실현: 구마라집과 현장의 번역

'문질빈빈(文質彬彬)'의 이상적 번역문을 완성하여 후대에 도안의 염원을 이룬 번역가로 평가받는 첫 역경가는 구마라집이다. 구마라집은 『대품반야경』『묘법연화경』『아미타경』『유마힐경』 등 대승경전, 『좌선삼매경』『선비요법경』 등 선관(禪觀) 유의 경전, 『십송률』『십송비구계본』 등 계율에 관련된 경전, 『중론』『십이문론』『대지도론』 등 중관사상(中觀思想) 계통의 논서를 번역하였다. 『대품반야경』『묘법연화경』『아미타경』『유마힐경』 등 대승경전은 구마라집 이전에도 다른 사람이 번역한 이역(異譯) 경전이 있었지만, 일단 구마라집의 번역이 유포되자 전대의 이역 경전은 중국인에게 더 이상 읽히지 않게 되었다. 그만큼 구마라집의 중국어 번역은 그 당시 중국인의 언어감각에 부합하며 읽는 이의 심금을 울리는 매력이 있었다.

구마라집이 대승경전과 중관사상 논서를 '문질빈빈'의 이상적인 한문 문장으로 번역해낸 이후, 그 이전의 번역문을 둘러싼 갈등 곧 내용이 우선이냐 형식이 우선이냐 하는 갈등은 멈추게 되고, 내용과 형식을 다 충족시킬 수 있는 번역문의 한 모델이 비로소 중국 문화계에 등장하게 된다. 우리가 지금 쓰고 있는 '열반(涅槃)'이란 음사어가 산스크리트어 '니르와나'(nirvāṇa)의 번역어로 굳어지게 된 것도 구마라집 이후의 일로, 그 이전에는 '니원(泥洹)'과 같은 음사어, '멸(滅)' '멸도(滅度)' '적정(寂靜)' '안은(安穩)'과 같은 의역어 등 여러가지 번역어가 쓰이고 있었다. 따라서 많은 번역어의 고안이 있은 지 거의 2세기가 지나서야 중국사회에서 산스크리트어 '니르와나'가 '열반'이란 번역어로 정착한 셈이다.

겉보기에는 번역작업에 혼신의 힘을 기울인 것으로 보이지만, 구마라집이 번역작업을 '즐겼던' 것 같지는 않다.『양고승전』「나집전(羅什傳)」에 보면, 인도불전을 한역하면서 구마라집은 다음과 같은 푸념을 했다 한다.[15]

> 산스크리트어 원문을 한문으로 옮기면 문장의 멋(綾)을 잃게 된다. 설령 번역해서 대의(大意)를 얻는다 하더라도 원래의 문장의 멋은 없어지게 된다. 이는 밥을 씹어서 남에게 먹이는 것과 같다. 맛을 잃는 데 그칠 뿐만 아니라 구역질까지 일으킬 수 있다.

이 구절을 있는 그대로 받아들인다면, 구마라집은 한역과정에서 산스크리트어 원문의 멋이 상실된다는 사실을 명확하게 의식하고 있었다. 산스크리트어를 모국어같이 구사할 수 있었던 구마라집으로서는 산스크리트어 원문의 멋이 사라진 한문 번역문이 때때로 구토감을 불러일으켰을지도 모른다. 하지만 '원초적 번역', 곧 번역문을 통한 원문의 진의 전달 가능성에 관해서 구마라집이 별다른 회의를 보이지 않고 있으며 죽는 날까지 역경작업에 매진한 것을 보면, 구마라집은 '원초적 번역'이 불가능한 것이 아니라 가능하다고 보았음에 틀림없다.

여기서 원초적 번역이 가능하다면 이를 어떻게 보여줄 수 있는가 하는 구체적 전술에 관련된 문제가 제기된다. 구마라집이 택한 전술은 일차적으로는 '자유로운 의역'에 있었다. 실제로 구마라집의 번역은 단순한 의역에 그치지 않고 거의 창작에 가까운 것이었다. 그가 번역한『중론』이나『대지도론』도 텍스트 비판(text critic)의 입장에서 검토해보면, 구마라집 자신이 편

---

15) 대정장 50권, 332c.

집했다 할 정도로 자유로이 자신의 견해를 첨가하거나 삭제해 만든 것으로, 현대적 의미의 온전한 번역서로 보기는 어렵다. 승예가 「중론서(中論序)」에서 저간의 상황을 간단하게 언급하고 있는 것을 참고해볼 수 있겠다.[16]

천축의 여러 나라에서 배움의 길에 접어든 자치고 이 논서(중론)를 완미하여 지남서(喉衿)로 삼지 않는 자가 없었다. 글을 써서(染翰) 주석을 펼친 자 또한 적지 않다. 이 저술은 천축의 브라흐민(brāhmana) 삥갈라(賓伽羅, Piṅgala)——중국말로 청목(靑目)——의 주석서이다. 이 사람(삥갈라)은 비록 깊은 진리에 대해 특출난 이해력을 갖고 있었지만 글은 세련되거나 적확하지 않았다. [그래서] 그(삥갈라의 주석서) 가운데 틀렸거나 빠졌거나 번잡하거나 거듭된 것(乖闕煩重)은 모두 법사(구마라집)가 잘라내거나 보태어서(裁而裨之) 경전(중론)의 일관된 이치가 남김없이 드러났다. [하지만] 문장은 앞뒤가 썩 잘 정돈되지 못한 경우도 있다.

구마라집이 택한 이차적 전술은 역장(譯場)에서 설법을 병행하는 방식이었다. 이런 방식은 허가받은 특정 인물만을 출입시켰던 현장의 역장 분위기와는 극히 대조적이다. 구마라집이 역경작업 그 자체보다는 인도불전의 내용을 중국인에게 알린다는 포교적 의미에 더 역점을 두었던 것이 아닌가 생각하게 한다. 어찌되었든 이와 같은 전술을 취하여 구마라집의 역장은 항상 많은 사람들로 붐볐고 역경작업에서도 많은 중국인 제자의 조력을 받게 된다. 이런 점에서 보면, 구마라집의 '자유로운 의역'은 중국인 조력자와 '공동작업'한 결과물로 보아도 무방할 것이다.

한편, 현장의 역경작업은 구마라집과 여러 면에서 다르다. 일단, 원초적 번역의 가능성에 대해서 현장은 구마라집보다 더 철저히 낙관적인 입장을 취하지만, 이를 구체적으로 어떻게 보여주는가 하는 문제에 관해서는 구마

---

16) 「중론서」, 대정장 30권, 1a~b.

라집과 번역태도를 달리한다. 현장이 산스크리트어 원문의 직역 가능성에 대해서 아무런 회의적인 반응을 보이지 않는다는 점은 주목할 만하다. 그렇지만 역경작업에 임할 때, 현장은 구마라집과는 달리 상당히 기술적인 접근 방식을 택한다. 후대에 '오종불번(五種不飜)'으로 통칭하게 되는 번역방식이 그 대표적인 예이다. '오종불번'이란, 산스크리트어 그대로 음역하는 것으로 만족해야 할 5가지 유형의 어휘를 말한다. 현장은 이들 5가지 유형의 산스크리트어 어휘를 변별해냄으로써 이를 번역하지 않고 음역으로 남겨놓는 번역원칙을 자신이 주관하는 역장에서 적용하였다. 『번역명의집(飜譯名義集)』 서문을 쓴 주돈의(周敦義)에 따르면, 5가지 유형의 어휘는 다음과 같다.[17]

첫째, 다라니(dhāraṇī)와 같은 비밀스러운 어휘는 번역하지 않는다. 예를 들어 『반야심경』에 나오는 '반야바라밀다주(呪)'는 산스크리트어로는 '가떼 가떼 빠라가떼 빠라상가떼 보디 스와하'(gate gate pāragate pārasaṃgate bodhi svāhā)로 되어 있는데, 굳이 번역하면 '가는 자여, 가는 자여! 저 너머로 가는 자여! 저 너머로 완전하게 가는 자여! 깨달음이여! 만세!'로 옮길 수 있다. 그렇지만 현장이 보기에 이 구절은 기본적으로 비밀스런 말에 해당하는 주문이므로 번역할 필요가 없었다. 따라서 현장은 이를 중국어로 별도로 번역하지 않고 '아제 아제 바라아제 바라승아제 모지 사바하'와 같이 음역을 하는 데에 그쳤다.

둘째, 산스크리트어 '바가와뜨'(bhagavat)와 같이 여러가지 뜻이 있는 어휘는 번역하지 않는다. '바가와뜨'에는 자재(自在)·치성(熾盛)·단엄(端嚴)·명문(名聞)·길상(吉祥), 귀존(貴尊)과 같은 6가지 의미가 있는데, 구마라집은 이중 여섯번째 의미만을 취해서 '세존(世尊)'으로 번역하곤 하였다. 이에 비해서 현장은 이 어휘에 다양한 의미의 스펙트럼이 있기 때문에 그중 한가지 뜻만을 취하는 일이 없이 안전하게 '박가범(薄伽梵)'으로 음역을 하

17) 「飜譯名義序」, 대정장 54권, 1055a.

는 데에 그쳤다.

셋째, 인도에는 있으나 중국에는 없는 사물을 가리키는 어휘는 번역하지 않는다. 한 예로 '잠부(jambu)나무'는 중국에 없는 나무이기 때문에 이는 '염부수(閻浮樹)'로 음역하였다.

넷째, 이전 시기에 음역을 하여 이미 관용어로 굳어진 어휘는 따로 번역하지 않는다. 한 예로 '위없는 깨달음'을 뜻하는 산스크리트어 어휘 '아눗따라보디'(anuttarabodhi)는 현장 이전에 '아뇩보리(阿耨菩提)'로 음역되어 이미 관용적으로 쓰이고 있었기 때문에 이러한 어휘는 따로 번역하지 않고 기존의 전승돼온 음역을 그대로 차용하였다.

다섯째, 산스크리트어 원어에 워낙 심오한 의미가 담겨 있는 경우 이러한 어휘는 번역하지 않는다. 한 예로 산스크리트어 '쁘라즈냐'(prajñā)는 '지혜(智慧)'로 한역되곤 하지만, '반야지(般若智)'를 뜻할 때처럼 중국어 '지혜'보다 차원이 높은 의미영역이 별도로 있기 때문에 '반야(般若)'로 음역하는 데에 그쳤다.

이상, 현장의 '오종불번'에 관해서 설명했다. 현대적인 관점에서 보면 첫번째 경우는 진언수행처럼 문자의 의미를 캘 필요가 없는 특수한 목적에 쓰이는 어휘이기 때문에 번역작업이 무의미한 경우이다. 두번째와 네번째 경우는 문맥에 따라 얼마든지 번역할 수 있는 경우이다. 세번째 경우는 원초적 번역이 불가능하거나 근사치의 번역어밖에 할당할 수 없는 경우로, 원칙적으로 음역으로 남겨놓는 것이 좋은 경우이다.

사상적으로 중요한 항목은 다섯번째 경우이다. 불교의 세계관 전체에 걸리는 전문술이 대부분 이 다섯번째 경우에 해당하기 때문이다. 현장은 이런 전문술어를 음역으로 대치함으로써 번역의 어려움을 해소하려 하였다. 음역을 과연 번역이라 할 수 있겠느냐는 의문은 남게 마련이지만 달리 대체할 마땅한 번역어가 없을 때는 음역을 그대로 쓰는 것도 번역작업의 하나라고 현장은 생각했던 것 같다. 실제로 현장의 이러한 번역전술을 통해서 기존의 중국어에 새로운 어휘가 보태졌고 새로운 어휘 및 그 어휘가 쓰이는 문맥을 계기로 중국인의 사유지평은 새롭게 확대되었으니, 음역도 중국 역경사에서는 번역의 일환으로서 당당한 자기역할을 수행했음을 알 수 있다. 번역을 중시하는 일본의 학계가 서구의 수많은 전문용어를 가타카나로 음역하고 있는 풍조도 같은 맥락이라 할 수 있겠다.

도안의 '삼불역(三不易)'이 번역자가 지녀야 하는 기본적인 마음가짐을 다루고 있다면, 현장의 '오종불번(五種不飜)'은 구체적인 번역기술론이라 할 수 있다. 번역작업에 수반되는 복잡한 문제들을 기술적으로 처리함으로써 현장은 '원문에 충실한 직역'태도를 일관성있게 유지하고 있는 것이다.

4. 중국 역경사의 교훈

구마라집의 번역과 현장의 번역을 후대에 끼친 영향력 면에서 비교해볼 때, 부분적인 예외는 인정한다 하더라도(구마라집이 번역한『중론』『백론』『십이문론』과 현장이 번역한『반야심경』은 예외에 속한다) 구마라집은 대승경전 쪽의 번역에 뛰어난 역량을 보이고 있는 반면, 현장은 철학적 논서 쪽의 번역에 탁월한 역량을 보인다. 구마라집 이후에 현장이『아미타경』을 다시 직역하였으나 이미 중국인의 마음을 사로잡은 구마라집의 번역을 대체하지는 못하였다. 암송하기 좋도록 간결하게 산스크리트어 원문을 가감한 구마라집의 번역이, 현장의 원문에 충실하지만 지루한 직역보다 폭넓은 독자층을 형성한 것이다. 한편, 철학적 논서의 경우에는 현장이 번역한 구사론 계통·유식사상 계통의 논서가 그 이전의 진제(眞諦)의 번역서를 제치고 이후 중국 및 동아시아 불교계의 지배적 텍스트가 된다.

여기서 우리가 얻게 되는 교훈이 한가지 있다. 널리 알려진 사실이지만 대승경전은 문학적 요소가 강한 반면, 논서는 철학적 요소가 강하다. 그렇다면 문학적인 텍스트를 번역할 때는 구마라집의 경우처럼 대중과 함께 공동 작업을 수행함으로써 대중에게 어필할 수 있는 구어체의 문장표현과 '자유로운 의역'을 택해야 생명력이 길지 않을까! 철학적 경향이 짙은 텍스트는 가능한 한 현장의 경우처럼 소수의 전문가가 조직적으로 역할을 분담하여 '원문에 충실한 직역'을 취해야 생명력이 길지 않을까!

또 하나 교훈을 찾는다면, 번역자는 소스 언어에 대한 심도있는 이해가 있어야 하는 것은 당연하지만, 그보다 더 중요한 것은 자신이 번역하고자 하는 타깃 언어에 능통해야 한다는 점이다. 구마라집의 번역작업은 많은 중국인 제자의 도움이 있었기에 가능했던 것으로 현대에도 이러한 작업모델을 비슷하게 재현하기는 어려운 일이다. 그렇다면 현대의 시점에서 번역작업의 모델은 아무래도 구마라집보다는 현장 쪽이 될 것 같다. 현장이 산스크리트어 불전의 직역 가능성을 낙관적으로 보았던 것은, 현장이 산스크리트어보다 당시의 한어(漢語)에 능통했기 때문에 일어나는 현상으로 보인다. 그러므로 한국어 텍스트를 영어로 번역하는 경우, 영어에 능통한 한국사람보다는 한국어에 어느정도 능한 미국인이나 영국인이 좀더 나은 적격자가 될 수 있을 것이다.

제2장

중국 역경사의 명장면

중국 역경사의 명장면

1. 붓다(buddha)의 한역 '불(佛)'

인도에는 아주 오랜 옛날부터 우리에게는 좀 생소한 독특한 집필의식이 있다. 책을 저술할 때 본문에 들어가기 전에 자신이 모시는 신에 대해서든 아니면 신처럼 경외심을 갖고 받드는 스승에 대해서든 어떤 형태로든 귀의를 표명한다는 점이다. 힌두교도의 대다수는 글을 시작하기에 앞서 '옴'(oṃ) 자를 붙이고, 불교도라면 대개의 경우 불법승 삼보에의 귀의를 표명하는 것이 오랜 상례이다. 이러한 의식에는 자신의 일에 사마가 끼어 일이 중단되는 사태가 없도록 비는 기원도 들어 있고, 자신이 하는 일이 끝날 때까지 한결같이 진리에 계합하도록 다짐하는 각오도 깃들어 있다. 우리의 작업도 삼보 가운데 첫번째로 꼽히는 '붓다'(buddha)에서 시작하기로 하자.

지금 우리가 쓰고 있는 '번역(飜譯)'이란 말은 그 기원을 거슬러 올라가면 멀리는 중국 주(周)나라 시대까지 이르게 된다. 주나라 시대에 중국에서는 동서남북 네 방위별로 각각 그쪽 나라의 말[語]을 다루는 역관을 두었는데,

동쪽 말의 역관을 '기(寄)'라 부르고, 서쪽·남쪽·북쪽 말의 역관을 차례로 '적제(狄鞮)'·'상(象)'·'역(譯)'이라 불렀다고 한다(『예기』「왕제편」). 한(漢) 나라 때 이르러 북방과의 교섭이 대외관계의 주된 일이 되고 '역(譯)'의 역할이 커져 서방의 말까지 담당하게 되면서, 번역이나 통역 일을 '역'으로 통일하고, 번역이나 통역 일을 맡은 관리를 통칭해서 '역관(譯官)'이라 하였다(송 법운『번역명의집』). 따라서 우리 국어사전에 수록된 '번역'과 '통역'은 한나라 때의 '역'의 용례에 뿌리를 두고 있다고 보아야 할 것이다. 양나라 때 혜교의 『양고승전』 등 불교사적류에서, 후한 명제 때(1세기 중엽) 가섭마등(迦攝摩騰)과 축법란(竺法蘭)이 낙양에 와서 『사십이장경』을 '역(譯)'했다고 기록하고 있는 것도 '역'의 이러한 용법에서 유래하는 것으로, 이때의 '역'은 번역을 뜻한다.

중국인들이 불교의 경론을 번역하기 이전에 불교에 대한 아무런 지식도 없었다고 보는 것은 지나친 속단이다. 『위략』「서융전」에 "한(西漢) 애제 원수 원년(기원전 2년)에 박사제자 경로에게 대월씨(大月氏/大月支, 아프가니스탄 동북부 일대) 국왕의 사자 이존이 부도경(浮屠經, 불경)을 구수(口授)했다"고 한 기록을 근거로 삼아, 학계에서는 일반적으로 불교가 기원 전후의 시기에 중국에 들어온 것으로 인정한다. 그렇지만 불교전래 초기에는 중국인 신자는 없었고 주로 중국에 온 중앙아시아 출신의 상인들이 불교를 신봉하고 있었으리라 추정하기도 한다. 아무튼 이러한 과정을 밟으며 불교에 관련된 몇 가지 용어들이 음역의 형태로나마 중국인들 사이에 퍼져나가, 한역작업이 이루어지기 이전에 이미 중국에 정착하게 되는데 붓다를 뜻하는 한역 '불(佛)'도 그 가운데 하나이다.

흔히 '불(佛)'을 '불타(佛陀)'의 준말이라고 생각하기 쉬운데 때때로 학계의 연구는 상식을 송두리째 흔들어버리는 결론을 제시한다. '불타'의 준말이 '불'이라고 보는 생각은, 산스크리트어 '붓다'(buddha)의 음역 '불타'가 먼저 성립한 뒤 이것을 줄여서 나중에 '불'이라고 썼다고 보는 데서 성립한다. 하지만 한역대장경 성립의 역사를 놓고 보면 사정은 정반대로, '불타'라는 번역어가 쓰이게 되는 것은 현장 전후에서나 있는 일이고 현장 이전에는 '불'이 '붓다'의 역어로 쓰임을 알 수 있다. 다시 말해서 '붓다'(buddha)의 음역은 '불(佛)→불타(佛陀)'의 시간적 순서를 밟아나갔다는 것이다. 그렇다면 한역 '불(佛)'은 또다른 한역 '불타(佛陀)'의 준말이 아니라 전혀 별개의 독립적인 음역으로 볼 수밖에 없다. 상식의 허를 찌르는 이러한 사실의 배후에는 중앙아시아 언어라는 변수가 숨어 있다.

불교전래 초기에 불교는 인도에서 곧바로 중국으로 들어가지 않고 언제나 중앙아시아를 경유해서 들어갔다. 이러한 불교전래 과정을 역사언어학적으로 응용하여, 중국의 학자 계선림(季羨林)은 산스크리트어 '붓다'(buddha)가 중앙아시아의 토카라어에서 '붓'(but)이 되고, 이 토카라어 '붓'이 '부도(浮屠)' '부도(浮圖)' '불(佛)' 등 다양한 음역으로 번역되다가 마지막에 '불(佛)'로 정착하게 된다는 가설을 제시하였다.[18] 이 가설은 현재 학계에서 가장 설득력이 높은 탁견으로 인정받아 거의 정설로까지 굳어지고 있다.

이 문제와 관련해서 한가지 의문이 남는다. 토카라어 '붓'(but)의 음역으로 다른 한자도 얼마든지 있을 텐데 유독 '불(佛)'을 택했을까 하는 것이다. 여기에는 인도의 성인 붓다를 바라보는 중국인의 의뭉스런 시선이 짙게 깔려 있는 것 같다. 사람[人]이면서 동시에 사람 같지 않은[弗] 사람, 바로 그러한 사람을 중국인은 '불(佛)'이란 음역으로 형상화한 것이 아니겠는가!

---

18) 「浮屠與佛」(1947); 「再淡浮屠與佛」(1989). 이 두 편의 논문은 季羨林 『季羨林 自選集』 (重慶出版社 1998)에 수록돼 있다.

2. 다르마(dharma)의 한역 '법(法)'

부처님을 뜻하는 산스크리트어 '붓다'(buddha)가 '불(佛)'로 정착하게 되는 과정과는 달리, 붓다가 깨달은 진리 또는 '진리'라는 뜻 말고도 '존재' '현상' '교설' '속성' 등 다양한 뜻이 들어 있는 산스크리트어 '다르마'(dharma)는 한역 초기부터 줄곧 '법(法)'으로 의역되어 번역자마다 번역어를 달리하는 혼선을 피할 수 있었다. 나중에 살펴보겠지만, 중국에서 최고(最古)의 역경가로 손꼽히는 후한(後漢)의 안세고 때부터 '다르마'를 거의 한결같이 '법'으로 번역하고 있는 것을 보면, '다르마'의 역어로 '법'을 배당하는 일은 중국인들의 어휘체계 속에서 자연스럽게 받아들여졌던 것 같다.

그렇다면 안세고 당시에 '법(法)'은 어떤 뜻으로 쓰이고 있었기에 그토록 역어 선정에 아무런 흔들림도 없었던 것일까?

'법(法)'이라 하면 우리가 지금 사용하고 있는 용례로는 법률이나 법령을 떠올리게 되지만 문헌에 보이는 '법'의 본뜻은 이러한 상식적인 뜻과는 어느 정도 차이가 있게 마련이다. '법(法)'은 '삼수변(氵)'에 '거(去)'자가 붙어 있는 형태를 띠고 있지만, 후한 때 허신(許愼)이 지은 『설문해자』를 보면 원래의 형태는 '거(去)'자 위에 해태를 뜻하는 '치(鷹)'자가 있었다고 한다. 해태는 옳고 그름을 단번에 가려내는 신령스런 영물이라 죄지은 자를 그 앞에 세우면 단번에 머리를 돌려버렸다 한다. 그렇다면 한자 '법(法)'의 구성요소인 '거(去)'자에는 선악에 대한 판별의 뜻이 들어 있음을 알 수 있겠다. 물[水]은 '수평(水平)' '공평(公平)' 곧 공평무사함을 뜻한다. 따라서 후한 때 '법(法)'은 선악을 공평하게 가려내어 바른 쪽으로 행위를 이끄는 '본보기'를 뜻했다고 볼 수 있을 것이다. 법고창신(法古創新, 옛것을 본받아 새로운 것을 만들어낸다)이란 말 속에 원래의 용례가 살아있음을 볼 수 있다. 이렇게 보면 법률이나 법령도 사회구성원의 행위를 통제하고 규제하기 위한 것으로 보기보다는 인간행위의 보편적 준칙을 일깨워주는 쪽으로 그 역할을 채워나가는 것이 '법(法)'의 본뜻에 어울리는 일인 것 같다.

아무튼 '다르마'(dharma)를 '법(法)'으로 번역하면서 중국의 독서인층은 의식적이든 무의식적이든 '다르마'를 윤리적 본보기로 받아들였으며, 또는 적어도 윤리적인 본보기를 중심축으로 삼아 '다르마'가 지닌 다양한 의미의 스펙트럼을 껴안았다.

형이상학적인 이념보다는 현실적인 가치를 선호하는 중국문화의 한 특징이 이러한 번역어 할당과정에 알지 못하는 사이에 끼어들었을 수도 있다. 이는 추측하기에 그다지 어려운 일이 아니다. 앞에서 잠시 언급하였듯이 산스크리트어 '다르마'는 '윤리적인 행위규범' '이법(理法)' '붓다의 말씀' '진리' '현상' 등 문맥에 따라 여러가지 종교적 · 철학적 · 사회적 의미를 함축하고 있는 말이다. 그렇지만 이 모든 의미의 스펙트럼은 결국 어떻게 살아야 올바른 것인가 하는 구체적인 행위의 문제로 집약되기 때문에 결국 직접적이든 간접적이든 본래적 의미의 '법'과 결부될 수밖에 없다. 이 점에서 한역 '법' 속에는 이미 인도문화를 대표하는 중요한 상징어인 '다르마'에 대한 중국문화 나름의 주체적인 해석이 숨어 있다고 볼 수 있는 것이다.

번역작업은 다른 문화권에 대한 일방적이고도 수동적인 소개나 수입으로만 그치지는 않는다. 새로운 어휘를 추가하거나 이미 있던 어휘에 색다른 의미를 덧칠해나가는 일, 언어지형에 새바람을 일으키며 세계를 바라보는 시각에 새로운 변용을 가하는 일, 이러한 새 문화 창조의 역할이 진지한 번역작업에는 필연적으로 뒤따라오게 마련이다. 이미 형성되어 있던 '법' 개념의 토대 위에서 '다르마'의 역어로 '법'을 할당한 뒤, 중국인들의 사유체계 안에서 '법'은 새로운 의미내용을 지닌 말로 탈바꿈한다. 이제 '법'은 윤리적 본보기만을 뜻하는 딱딱한 말이 아니라 산스크리트어 '다르마'가 지녔던 철학적 · 종교적 의미까지도 아울러 포괄하는 새로운 말로 거듭나는 것이다.

3. 상가(saṃgha)의 한역 '승(僧)'

우리말의 '스님'은 원래 출가승려가 그 스승을 일컫는 말로 사승(師僧)을 뜻하는 말이었는데, 지금은 말뜻이 변하여 출가수행자를 지칭하는 보통명사가 되었다. '스님'이란 어형은 일반적으로, '승(僧)님'이라 부르던 데에서 이응받침이 탈락되면서 생긴 것으로 추정하고 있다. 그렇다면 '스님'의 어원에 해당하는 '승(僧)'이란 말은 어떻게 만들어졌을까?

'불(佛)'이란 번역어의 정착과정과 마찬가지로 한역 '승(僧)'의 성립과정에도 중앙아시아의 말이 끼어든다. 산스크리트어 '상가'(saṃgha)가 중앙아시아에 전해지면서, '상가'는 중앙아시아의 발음법에 따라 맨 끝의 모음 '아'(a)가 탈락되어 '상그'(saṃgh) 또는 '상크'(saṃk)로 발음된다. 그런데 맨 끝의 '그'(gh)나 '크'(k) 발음은 거의 들리지 않을 정도로 약하게 발음되기 때문에 결국 '상가'는 한역과정에서 한 글자로 이루어진 '승(僧)'으로 정착하게 된다. '불(佛)'과 마찬가지로 번역어 '승(僧)'도 '승가(僧伽)'의 줄임말이 아니고 산스크리트어 '상가'의 또다른 역어인 셈이다. 현재 '승가'라는 음역이 '승'과 함께 쓰이고 있는 것은 현장이 '승가'라고 번역한 데 그 연원이 있다.

'불(佛)'과 '승(僧)' 둘 다 음역이고 의역이 아닌 탓에 허신의 『설문해자』에는 수록되어 있지 않고, 이 점에서 의역인 '법(法)'이 『설문해자』에 수록되어 있는 것과 대조적이다. 중국 불교문헌에 '승(僧)'이 등장하는 것은 안세고의 한역(2세기 중반)과 안세고보다 20년 후에 중국에 온 지루가참 또는 지참의 한역(2세기 후반)이니 동후한 때 비로소 '승(僧)'이란 말이 쓰이기 시작했다고 볼 수 있다.

산스크리트어 '상가'는 원래 네명 이상의 출가수행자가 한곳에 모여 이룬 집단을 뜻했다. 흔히 '상가'가 화합(和合)을 뜻한다고 해서 승가의 기본정신으로 화합하는 마음을 들먹이곤 하는데, 물론 화합정신으로 풀 수도 있겠지만 여기서 말하는 '화합'에는 다른 뜻도 들어 있음을 잊어서는 안된다. 화합은 화합체 또는 결합체로 풀이되어, 단단한 합금이 깨기 어렵듯이 세간의 힘으로는 상가의 결속력을 깨뜨릴 수 없기 때문에 '화합'이라 한다. 때문에 상가가 세간의 힘에 휘둘리어 오합지졸같이 산산이 흩어질 때는 이미 '상가'의 정체성은 사라지는 것이다.

아무튼 산스크리트어 '상가'가 중국에서 '승'으로 번역된 이후 동아시아 문화권에서는 점차로 인원수에 관계없이 한 사람의 출가수행자라도 모두 '승'이라 부르게 되었다. 이러한 '승'의 용례가 오늘날 우리가 쓰는 '스님'의 직접적인 어원에 해당한다. 주의깊게 살펴보면, 이러한 '승'의 의미변화를 통해서 집단과 개인을 동일시하는 동아시아의 공동체 위주의 문화양상을 엿볼 수도 있을 것이다.

한편, 중국에서는 출가수행자를 가리키는 말로 '승' 이전에 '상문(桑門)'이 있었다. 『위서』「석노지」에서는 '사문(沙門)' '상문(桑門)'이 모두 '승(僧)'과 같은 말로 산스크리트어(胡言)에서 유래한 말이라고 풀이한다. '사문'이나 '승'은 지금도 쓰이고 있지만 '상문'은 죽은 말이 된 지 오래다. 그렇지만 안세고가 역경작업에 손대기 전에 이미 중앙아시아를 통해 '상문'이란 말이 중국에 들어왔으니 '상문'이란 말이 불교의 출가수행자를 가리키는 가장 오래된 말이 된다. '상문'이나 '사문'은 모두 산스크리트어 '쉬라마나'(śramaṇa)가 중앙아시아에서 속어화한 형태인 '사마나'(samaṇa)에서 온 말로 추정된다. 중앙아시아에서 '사마나'의 실제 발음은 '사만'(saman)이었을 것이고 이를 중국어로 음역한 말이 '상문(桑門)'과 '사문(沙門)'이었을 것이다. 산스크리트어 '쉬라마나'를 의역한 말 가운데 '근식(勤息)'이 있는데, 이는 '선법을 열심히 닦고(勤修) 악법을 없앤다(息滅)'는 뜻이니 당시의 중국인들이 사문을 어떤 사람으로 보았는지 짐작할 수 있게 한다.

인도문화의 맥락에서 보면 '사문'과 '승'은 같은 말이 아니었다. '사문'이 다른 말로 '상가를 이끄는 자'(saṃghin)로 불렸던 데서 알 수 있듯이 사문을 지도자로 삼아 자연스럽게 형성된 공동체가 바로 '상가'였기 때문이다. 아마도 중국인의 시각에서 보면 사문이나 승이나 똑같이 도인(道人)으로 보였을 것이다. 본뜻이 다른 말이 중국인들의 말 쓰임새 속에서 같이 어울려지면서 그 영향으로 지금까지 우리도 '사문'과 '스님'을 함께 사용하고 있다.

4. 수수께끼의 첫 한역 『사십이장경』

불교의 중국 전래에 관한 여러 이야기 가운데 '감몽구법설(感夢求法說)'로 불리는 흥미로운 전설이 있다. 이 전설의 본모습은 후한 때 모자(牟子)가 지은 『모자이혹론』(『홍명집』에 수록)에 보이는데, 그 내용을 간추려보면 다음과 같다.[19]

후한의 황제 명제가 꿈에 금빛나는 신인(神人)을 보았는데 길몽이라 여기고는 그 다음날 신하들에게 그것이 누군가 물었더니 인도의 부처(佛)라고 하였다. 이에 명제는 대월씨국(大月氏國)에 사신을 보내 『사십이장경』을 베껴 가져와서 난태(蘭台, 호북성 종상현)의 석실에 귀중하게 모셔놓았다. 그리고는 낙양(당시의 수도) 서문 밖에 절을 세우고 낙양 성문 위에 불상을 놓았더니 나라가 안팎으로 평안해졌다.

남북조시대 때 혜교는 『양고승전』에서 이 전설에 몇가지 말을 덧붙여, "가섭마등과 축법란이 사신과 함께 낙양에 왔으며, 명제가 세운 절 곧 백마사에서 기거하면서 『사십이장경』을 번역했다"[20]고 기술한다. 『위서』「석노지」에 따르면, 가섭마등과 축법란이 낙양에 도착한 때가 서기 67년(영평 10년)이고, 그 이듬해인 68년에 명제는 인도의 사원 건축양식에 따라 절을 지

---

19) 대정장 52권, 4c26~5a8.
20) 대정장 50권, 323a1~14에서 발췌.

으라고 칙령을 내린다. '백마사'의 유래에 관해서는, 혜교가 소개하는 다른 설도 있지만, 북위(北魏) 때 양현지(楊衒之)가 지은『낙양가람기』의 설이 유력하다. 명제가 보낸 사신들이 불경과 불상을 백마에 싣고 가져왔다고 해서 절 이름을 '백마사(白馬寺)'라 하였다는 것이다. 아무튼 백마사를 세운 이후에 동아시아에서는 절 '사(寺)'자를 붙여 불교사원을 뜻하는 전통이 생겼으니,『낙양가람기』에서 백마사를 일컬어 '불교가 중국에 들어온 시점'(佛敎入中國之始)이라 평가한 것도 일리있는 말이다.

혜교의『양고승전』이래 동아시아 불교계에서는 가섭마등과 축법란이 백마사에서 번역했다고 하는『사십이장경』을 '첫 한역'으로 믿어 의심하지 않았지만, 1920년대에 양계초(梁啓超)가 이러한 통설을 거짓이라고 폭로하면서『사십이장경』의 지위는 흔들리기 시작한다. 양계초는『모자이혹론』의 그릇된 기술과 현존하는『사십이장경』의 문체 및 구성체재 등을 문제삼아『사십이장경』이 빨리 잡아야 진(晉)나라 때 누군가가 편집한 가짜역경이라고 주장하였고, 심지어는 가섭마등과 축법란의 실재 여부도 믿을 수 없다는 의문을 제기하였다.[21] 양계초의 주장은『사십이장경』의 현존 판본에 대한 주의를 불러일으켰고 그 결과 현 학계에서는 아무도 현존『사십이장경』이 가섭마등과 축법란이 한역한 것이라고 보지 않는다. 따라서 가섭마등과 축법란은, 현존하는 한역 대장경만을 검토대상으로 삼을 때 '최초의 역경가'라는 영예를 잃어버리게 되었고, 그 영예는 다음 주자인 안세고에게로 넘어가게 된다.

양계초의 뒤를 이어, 여징(呂澂)은 현존『사십이장경』을『법구경』의 초록(抄錄)으로, 그것도 현존『법구경』(지겸 역)이 아닌 한(漢)나라 말에 있던 이역 법구경의 초록으로 규정하고, 동진(東晉) 초(4세기 초)에 만들어진 것으로 추정하였다.[22]

---

21) 梁啓超 「四十二章經辯僞」,『四十二章經與牟子理惑論考辨』(大乘文化出版社 1978), 51~58면.

한편 양계초의 견해에 대한 부분 수정도 이루어졌는데, 예컨대 중국의 유명한 불교학자 탕용동(湯用彤)은 가섭마등과 축법란이 실제로 중국에서『사십이장경』을 번역했지만 중간에 없어졌을 뿐이라는 입장을 취한다. 탕용동은 후한 때 양해(襄楷)가 환제(桓帝)에게 보낸 상서문(166년)에서『사십이장경』의 구절을 인용하고 있음을 밝힌 뒤, 이를 근거로 166년 이전에 이미 누군가『사십이장경』을 한역한 것이 틀림없다고 하였다. 이러한 시각에서 탕용동은『사십이장경』의 옛 한역에, 가섭마등과 축법란 두 사람이 번역한 것과 3세기 전반에 지겸이 번역한 것, 이 두 가지가 있었을 것이라는 가설을 제시하였는데, 이 견해를 밀고 나가면 고려대장경에 보존된『사십이장경』은 지겸이 번역한『사십이장경』이 원본이라는 말이 된다.[23] 탕용동의 견해에 나도 동조하는 편인데, 가섭마등과 축법란이 번역했을『사십이장경』이 단편조차도 남아 있지 않은 지금, 앞으로도 수수께끼로만 남아 있을 것 같다.

5. 중국 역경사의 효시 안세고

후한 때 유명한 역경가로 안세고와 지루가참(/지참) 두 사람이 있다. 안세고는 원래 안식국(安息國, 지금의 이란 북부 일대)의 왕자였다. 안식국 출신이기 때문에 성을 안(安)이라 하였고, 이름은 청(淸), 자(字)는 세고(世高)이다. 부왕이 죽은 뒤 숙부에게 왕위를 넘겨주고 출가한 뒤, 여러 나라를 순력하다가 후한 환제 건화 초(147년)에 낙양(당시 후한의 수도)에 와서 그 이듬해부터 영제 건녕 2년(169년)까지 22년여간 역경작업을 하였다. 지루가참이 환제 말(166년경)에 낙양에 왔으니 지루가참보다 약 20년 앞선 셈이다.

후한 영제 말년에 중국 천하가 전란에 휩싸이고 삼국 정립시대의 조짐이

22) 呂澂「四十二章經抄出年代」, 같은 책, 59~68면.
23) 湯用彤『漢魏兩晉南北朝佛敎史』, 北京大學出版社 1997(1938년 초판), 23~32면.

보이자 안세고는 난을 피해 강남으로 거처를 옮기게 된다. 곧 안세고는 강남지역에 처음으로 불교를 전한 인물이기도 하다. 강남에서 지낸 행적은 자세히 알 수는 없으나 여산, 예장(지금의 강서성 남창), 심양(지금 강서성 구강)에서 지낸 적이 있으며 회계(지금의 절강성 소흥)에서 임종했다고 한다. 안세고가 회계의 한 저잣거리를 지나갈 때 한옆에서 싸움판이 벌어졌는데 그 불똥이 잘못 튀어 죽었다고 하니 객사한 셈이다. 대략 180년경에 일어난 일이다.

『출삼장기집』「안세고전」에 의하면, 안세고는 자신의 최후를 미리 알고 있었던 모양으로 '자신은 전생의 업보를 갚기 위해 강남 길을 택한다'고 말했다고 하니, 불교의 업사상이 안세고의 생애를 계기로 중국인들 사이에 회자되었던 것 같다. 안세고의 임종 후 50년 정도 지나 안식국도 멸망하게 되니 안세고는 안식국의 마지막 생명의 불꽃이었다.

안세고 당시에는 안식국에서 설일체유부 계통의 아비다르마 불교가 성했던 것으로 보이며, 이 때문인지 안세고는 아비다르마 불교와 선학(禪學)에 정통했다고 한다(『출삼장기집』「안세고전」).[24] 안세고는 아비다르마 불교에 관해서는 『아비담오법행경』 등, 아함부에 관해서는 『인본욕생경』『사제경』『팔정도경』『전법륜경』 등, 선학에 관해서는 『안반수의경』『음지입경』『선행법상경』『도지경』 등을 번역하였다.

현상에 대한 분석적 고찰에 뛰어난 아비다르마 불교를 처음으로 중국에 전한 점과 수식관(數息觀)을 설하는 『안반수의경』을 번역함으로써 처음으로 중국에 아비다르마 불교의 선법을 전했다는 점에서, 안세고의 작업은 중국 불교사에서 불교사상과 수행의 물꼬를 튼 최초의 쾌거라 평가할 수 있을 것이다.

후한 환제(재위 147~167) 때 황노도(黃老道)[25]가 형성되어 지식인계층에서

---

24) 대정장 55권, 95a17~18.
25) 도교의 전신으로 황노학(黃老學)과 방선술(方仙術)이 결합된 형태. 불교의 영향을 받으면서 이후에 태평도(太平道)와 오두미도(五斗米道)로 변모한다.

도 영향력을 떨치게 된다. 안세고가 소개한 '수식관'은 황노도에서 말하는 '식기(食氣)' '도기(導氣)' '토납(吐納)' 등 술수와 흡사한 것으로 당시 지식인계층에 수용되었고, 이후 동진시대에 이르기까지 거의 200년간 『안반수의경』은 당시 지식인계층의 애독서 가운데 하나로 자리잡게 된다.

도안은 안세고의 번역에 대해 다음과 같이 평하였다. "안세고의 번역은 원본을 중히 여겨 인도의 옛 글을 꾸미지 않았다. 글은 주로 내용[質]을 중시하였기 때문에, 꼼꼼히 따져보지 않으면 그 뜻을 알 수 없는 경우가 종종 있다"(『출삼장기집』「대십이문경서」).[26] 안세고는 산스크리트어와 중국어 양자에 능통했기 때문에 역문의 정확도, 역어 선택의 신중성 등 역문의 신뢰성은 높이 평가받고 있다. 최초의 역경작업인데도 후세의 현장에 비해서 거의 음역을 쓰지 않는 등 번역의 기본원칙을 충실히 지켰다. 단지 의역을 쓰지 않고 직역만을 고수한 탓에, 도안의 평대로 이해하기 어려운 구절이 많은 것도 사실이다. 안세고가 번역한 경전에 후대 사람의 주석이 따라붙는 경우가 많은 것도 이 때문이다.

안세고의 한역은 고역시대에 속하는 만큼 지금의 우리가 볼 때는 번역어도 낯설고 역풍(譯風)도 딱딱하게 느껴지지만 비교적 정확한 번역으로 평가된다. 불교사상의 중요한 술어로 꼽히는 '오온(五蘊)'의 '수(受)' '상(想)' '행(行)'이 각각 '통양(痛痒)' '사상(思想)' '생사(生死)'로 번역되었고, '팔정도(八正道)'는 '팔정행(八正行)'으로 번역된다. 그렇지만 오온 중 '색(色)'과 '식(識)'은 안세고 때부터 정착된 것으로 보이기 때문에 중국 역경사에서 안세고의 공헌도는 높이 평가해도 손색이 없다.

『안반수의경』의 '안반(安般)'은 '들숨'(āna, 安)과 '날숨'(apāna, 般)의 합성어 '아나빠나'(ānāpāna)의 음역(音譯)으로 우리말 '숨'을 뜻하며, 수행상의 의미로는 '수식관'을 뜻한다. '수의(守意)'는 '스므르띠'(smṛti, 후에 항상 생각한

---

26) 대정장 55권, 46b16~17.

다는 뜻의 '念'으로 번역된다)의 의역(意譯)으로 '뜻[意]을 멈춘다[止]'는 뜻이니, '안반수의'라고 하면 수식관으로써 뜻을 멈추는 수행을 말한다. 물론 『안반수의경』에서 설하는 수행과정은, 수식(數息)·상수(相隨)·지(止)·관(觀)·환(還)·정(淨)의 여섯 단계(소위 '六事')가 연이어지는 수행체계를 뜻하기 때문에, 여기서 말하는 '수식관'은 이 여섯 단계를 포괄하는 넓은 의미로 이해해야 한다. 와수반두(世親, Vasubandhu, 320?~400?)의 『구사론(俱舍論)』에서도 '수식관'에 대해서 같은 설명을 하고 있으므로 『안반수의경』이 설일체유부의 수행체계와 밀접한 관련이 있을 것이라고 추정하는 일은 그리 어려운 일이 아니다. 아무튼 뜻을 멈추는 일로부터 본격적인 수식관이 시작된다는 말이 되는데, 그렇다면 안세고 당시 중국인들이 생각했던 '뜻[意]'은 어떠한 것이기에 뜻을 멈추는 일이 그토록 중요했을까?

『설문해자』를 보면, 뜻 '의(意)'자는 '음(音)＋심(心)'으로 이루어진 회의자(會意字)로, 어떤 사람의 말을 잘 살펴볼 때 간파할 수 있는 그 사람의 현상태의 마음을 가리킨다. 다시 말하면 '뜻[意]'이란 언어적 사량분별(思量分別)과 뗄 수 없는 현상적 마음을 가리킨다. 삼국시대 오(吳)나라의 강승회(康僧會)는 "손가락 한 번 튕기는 짧은 순간에 마음은 960번 바뀌고 하루 사이에 13억개의 뜻[意]이 된다. (…) 선(禪)이란 버리는 것[棄]이다. 13억개나 되는 더러운 생각인 뜻[意]을 버리는 일이다"(『출삼장기집』「안반수의경서 제2」)[27] 하였고, 진(晉)나라 때 사부(謝敷)는 "뜻[意]은 일체 괴로움의 씨앗이고 바른 길에 등돌리게 만드는 근본 원인이다"(『출삼장기집』「안반수의경서 제4」)[28]라고 풀이한다. 이로 미루어보아 '뜻[意]'은 우리가 제어하고 극복해야 할 대상이며, 수식관을 통해 신(禪)을 닦는 일은 바로 이 뜻을 멈추게 하는 길임을 알 수 있다.

안세고 본인이나 후한 이후 적어도 위진남북조시대에 이르기까지 후대 중

---

27) 대정장 55권, 43a12~16.
28) 대정장 55권, 43c26.

국의 불교인들이 수식관을 대승과 무관한 소승의 전유물로만 생각했다는 문헌증거는 없다. 오히려 사부의 『안반수의경서』에서는 『안반수의경』에서 말하는 수식관을 보살이 닦아야 할 수행으로 거론할 정도이니, 수식관은 대·소승의 구분 없이 기초수행법으로 널리 받아들여졌던 것 같다.

안세고의 제자로 엄불조(嚴佛調)가 있는데, 이 사람은 중국 조정의 공식적인 허락을 얻지는 못했을지언정 중국인으로서는 최초의 출가승이다. 엄불조는 후한 영제 때 기도위(騎都尉) 관직을 맡은 안현(安玄)이 『법경경(法鏡經)』을 번역할 때 안현을 보좌하여 필수(筆受, 번역을 충실하게 따라 적는 자) 역할을 하였다. 안현은 안식국 출신으로 출가승이 아닌 우바새였으니 재가신도로서 인도불전을 번역한 첫 사례에 해당한다. 흥미로운 일은 『법경경』이 『욱가장자소문경』(강승개 역), 『욱가라월문보살행경』(축법호 역)의 이역으로, 재가보살의 수행방식을 설하고 있는 대승경전이라는 점이다.

안세고에 관해 자주 접하게 되는 견해 가운데 하나는 안식국이 소승불교 국가였으며 따라서 안세고도 소승불교도였다는 판단이다. 학계의 일반적인 통설은 그렇다 치더라도, 안세고와 엄불조의 관계, 안현과 엄불조의 관계를 고려할 때 그러한 통설은 재고의 여지가 많음을 알 수 있다.

더구나 진(晉)나라 때 사부(謝敷)가 쓴 『안반수의경서』에는 소승불교는커녕 대승불교의 보살사상이 적나라하게 나오고 있으니 이는 어떻게 설명해야 좋은가?

욕망에 마음이 가리어져 지혜가 서 있지 않은 사람은 안반(安般, 數息觀)을 빌려 들끓는 상념을 가라앉혀야 한다. 농부가 깨끗하게 땅을 고르는 일, 또는 맑은 거울을 영롱하게 닦아놓는 일과 같다. 그렇지만 잡초를 뽑는 일은 땅을 위해서라기보다는 땅이 깨끗하게 골라져 있어야 씨앗이 잘 자라기 때문이요, 거울을 닦는 일은 거울을 위해서라기보다는 거울이 맑아야 밝게 비추기 때문이다. 그러므로 보살(開士)이 선(禪)을 행하는 것은 적정(寂靜)을 고수하기 위

함이 아니요 심원한 경지에서 마음이 노닐도록 하기 위함이다. 보리심을 일으
킬 때부터 대비심[悲]으로써 널리 사람들을 제도하겠노라고 서원하고 방편을
부려 공덕을 쌓으니, 한없이 중생을 보살피며, 중생을 제도하더라도 해탈에 드
는 일이 없으니, 보살로서 어찌 지혜를 없애고 방편을 버리는 일이 있겠는가?
'보살은 상념을 없애지 않으면서도 깨달음을 얻는다'는 것도 같은 말이다. 삼
승(三乘)이 다같이 선정을 빌린다고 하더라도 수행의 뜻을 세운 맨 처음 동기
는 각자 차이가 있으니, 학인들은 처음부터 마음을 크게 먹고 출발해야 한다.
(『출삼장기집』「안반수의경서 제4」)[29]

사부의 『안반수의경서』는 적어도 동진시대에 『안반수의경』을 당시의 지
식인들이 어떻게 이해하고 있었는가에 대해서 한가지 실마리를 던져주고 있
고 그 내용은 완전한 대승불교 사상으로 가득 차 있다. 따라서 사부의 『안반
수의경서』까지 검토대상에 넣을 때, 안세고가 소승불교도였다는 기존의 통
설은 어설픈 주장이라 할 수밖에 없을 것이다.

6. 대승경전의 첫 역경가 지루가참

중국 불교사에서 처음으로 인도의 대승불교 경전을 번역한 사람은 지루가
참(흔히 '支讖'이라 약칭한다)이다. 대월지국(大月支國/大月氏國) 출신이어서
성을 '지(支)'로 붙였을 뿐, 실제 이름은 루가참(樓迦讖/婁迦讖, Lokakṣema)
이다.

후한 환제 말(167년)에 당시의 수도 낙양에 와서 영제의 광화·중평 연간
(178~189년)에 역경 일에 착수, 『도행반야경』(10권, 179), 『반주삼매경』(3권,
179), 『수능엄삼매경』(185. 현존하지 않음) 등을 번역했다. 영제 말년에는 태평

---

29) 대정장 55권, 44a24~29.

도, 오두미도가 횡행하고 황건적이 일어나 흉흉했던 터라 어디서 임종했는지 기록이 없다. 지참의 학맥은 지량(支亮)을 거쳐 삼국시대 오(吳)나라 때의 지겸으로 이어지니, 이로써 임종 사실을 전하지 못한 데 대한 후인들의 미안함이 조금은 풀리는 것 같다. 세상사람들이 이 세 사람을 일러 "천하에 박식하기로 3지(支)를 따를 사람이 없다(天下博知, 不出三支)"고 칭송했다 한다(『출삼장기집』「합수능엄경기」).

진(晋)나라 때 지민도(支愍度)는 지참의 역풍에 관해서 "원문의 내용을 중시하고 글을 꾸미지 않았다(貴尙實中, 不存文飾)"고 평가한다(『출삼장기집』「합수능엄경기」).[30] 안세고와 마찬가지로 지참도 번역에서 직역을 중시했음을 알 수 있다.

지참이 번역한 경전의 산스크리트어 원본은 축삭불(쓰朔佛/쓰佛朔)이 가져온 것으로, 축삭불이 산스크리트어로 읽으면 지참이 그것을 받아서 중국어로 번역하였다. 번역과정에서 두 사람이 서로 힘을 합쳤을 것이기 때문에 엄밀하게 말하면 두 사람의 '공역'이라 해야 하지만 실제로는 양 언어에 정통한 지참이 핵심 역할을 맡았기 때문에 경록(經錄)에서는 대부분 지참 역으로 기록하고 있다. 지참의 번역도 말로만 풀어내는 구역(口譯)이었던 모양으로 이를 다시 중국인 조수가 글로 기록함으로써 현재의 역본이 완성된다(『출삼장기집』「지참전」;「도행경후기」;「반주삼매경기」).[31] 필수(筆受) 역할을 한 맹원사(孟元士, 孟福) 등의 재가신자는 도술·방술을 아울러 좋아했다고 하니, 불교와 황노도 사이에 뚜렷한 경계선이 없었던 후한시대의 불교상황을 미루어 짐작할 수 있다.

지참의 한역 『도행반야경』은 『소품반야경』(산스크리트어본 『팔천송반야경』에 해당)의 이역이니 『반야경』 계통의 대승불교 경전의 한역으로는 첫 번역인 셈이다. '반야(般若)' 등 불교사상의 전문용어 외에 '사리(舍利)' '수미산(須

---

30) 대정장 55권, 49a20.
31) 대정장 55권, 96a5, etc.

彌山)' 등의 인도문화와 관련된 용어, 그리고 '사리불(舍利弗)' '수보리(須菩提)' '아난(阿難)' 등 붓다의 제자 이름이 음역 형태로 소개된 것은 『도행반야경』이 그 시초이다.

지참의 또다른 한역 『반주삼매경』에서 '반주삼매(般舟三昧)'는 '시방현재불실재전입정(十方現在佛實在前立定)'으로 의역되듯이, 서방 아미타불을 비롯한 모든 붓다가 이로 인해 현전하는 '염불삼매'를 뜻하는데, 이 말의 형성 과정에는 중국식 약어를 만드는 과정이 개입되어 있다. '반주(般舟)'는 산스크리트어 '쁘라띠유뜨빤나'(pratyutpanna, '현재불'을 뜻한다)의 속어형인 '빳쭙빤나'(paccuppanna)를 앞부분만 음역한 불완전한 형태로 추정된다. 그렇다면 '반주삼매' 자체는 온전한 음역이 아니기 때문에, 아마도 약어형을 즐겨 쓰는 중국인의 언어관습에 따라 만들어진 '중국식 용어'라고 생각해도 좋을 것이다. 아무튼 『반주삼매경』은 중국 불교사에서 아미타불에 관련된 경전 가운데 가장 오래된 경전이라는 영예를 안게 되며, 이 경전에서 피력한 '염불삼매'는 '수능엄삼매'와 더불어 대승불교의 중요한 선학(禪學) 가운데 하나로 정착한다. 중국적 불교의 하나인 천태종에 '상행삼매(常行三昧)'라는 수행방법이 있는데, 이는 『반주삼매경』의 영향을 받아 형성된 것으로 보인다.

『도행반야경』과 『반주삼매경』의 중국어 번역을 계기로 동아시아 불교권에서는 대승불교의 공(空)사상이 유입된다. 두 경전 모두 수행의 궁극적 지향점을 '본무(本無)'로 표현하고 있는데, 이때 '본무'란 바로 '공(空)'의 초기 번역어이다. 지참이 고안해낸 번역어 '본무'는, 동진시대에 형성된 소위 '육가칠종(六家七宗)' 중 '본무종(本無宗)'에서 이 용어를 채택하고 있는 등 여러 사례에서 볼 수 있듯이, 위진시대의 지배적 사상조류였던 현학과 어우러지면서 중국사상사에 새로운 전환기를 마련한다.

7. 삼국시대의 역경작업: 오나라의 '지혜주머니' 지겸과 강남불교의 홍륭자 강승회

삼국시대(220~256)에 불교의 중심지는 남과 북, 곧 오(吳)의 수도 건업(建業, 지금의 남경)과 위(魏)의 수도 낙양으로 양분된다. 북쪽에서는 위나라 조정의 지속적인 미신없애기 정책으로 후한시대 때 횡행하던 도교적 신앙은 한물가고, 하안(何晏, 190~249)과 왕필(王弼, 226~249)로 대표되는 현학이 새롭게 사상계에 자리잡는다.

가평(嘉平) 2년(250년)에 중인도 출신의 담가가라(曇柯迦羅)가 『마하승기율』(동진 때 불타발타라와 법현이 함께 번역. 대중부의 근본계율)의 계본(戒本)인 『승기계심』을 낙양 백마사에서 번역하여 위나라 승려에게 조석으로 독송케 하고 비구계를 전수한 것도 사회기강을 다시 찾으려고 애쓴 당시의 시대적 분위기와 밀접하게 연결되어 있다. 아무튼 담가가라로 인해 동아시아 사회에서는 처음으로 불교의 율전이 번역되었고, 또 그로 인해 처음으로 수계의 전통이 세워졌으니, 율학 방면에서 그의 이름을 빠뜨릴 수는 없는 일이다.

한편 위나라에서 태동한 현학은 이후 진(晋)나라 때까지 지식인계층의 마음을 사로잡아, 학계에서는 흔히 '위진현학'이라 부를 정도로 지배적인 시대사상으로 똬리를 틀게 된다. 대승불교의 공(空)사상이 위진시대에 전폭적으로 중국의 지식인계층에 수용될 수 있었던 것도 실은 당시의 지식인들이 현학과 공사상을 동질적인 것으로 이해하였기 때문이다. 이 문제에 관해서는 나중에 좀더 자세하게 다루기로 하겠다.

계율 쪽에 비중이 컸던 위나라의 불교계 형편에 대비시켜 보면, 오나라의 불교계 사정은 훨씬 좋아 보인다. 당시 오나라의 수도였던 건업에는 남북 두 경로, 곧 중원지방에서 내려오는 길과 교지(交趾, 광서성 오주)나 광주에서 올라오는 길을 통해서 많은 역경가가 모여들었고, 손권의 오나라 왕실은 이들을 후대하였으니, 안팎으로 역경작업에 유리한 환경이 조성된 셈이다.

중원지방에서 내려온 대표적인 역경가로는 지겸(支謙)이 있고, 교지에서 올라온 대표적인 역경가로는 강승회(康僧會)가 있다. 지겸은 후한 말 마지막 황제인 헌제(재위 190~220) 때 난을 피해 오나라 건업에 왔는데 손권은 그를 박사(博士)로 모셔 태자의 교육을 맡겼다. 강승회는 적조 10년(247년)에 건업에 왔다. 그가 있었던 교지는 "후한 영제가 죽은 뒤 천하는 혼란에 빠졌으나 오직 교주(交州, 교지)만 평안해서 북방의 이역인들이 모두 교주에 모여들었다"(『홍명집』「모자이혹론」)[32]는 기록에서 보듯이 비교적 평온한 지역이었다. 손권은 강승회를 위해서 건초사(建初寺)를 지어주고 건초사가 있는 마을을 불타리(佛陀里)라 부르도록 했다(『출삼장기집』「강승회전」)[33] 하니, 손권이 강승회를 극진히 모셨음을 알 수 있다. 중원지방에서 최초의 절이 백마사였다면, 강남지방에서는 건초사가 최초의 절이다. 담가가라가 백마사에서 역경작업을 했다면, 강승회는 건초사에서 역경작업을 하였다.

지겸과 강승회 두 사람 모두 본적지가 외국이지만 중국에서 나서 자랐기 때문에 중국어와 산스크리트어 양자에 두루 능통했다. 게다가 지겸은 지량에게서 수학하여 지루가참의 학맥을 이었고, 강승회는 진혜(陳慧)에게서 수학하여 안세고의 학맥을 이었으니, 두 사람 모두 후한시대의 역경 전통을 계승한 셈이다. 안세고와 지루가참을 소승 대 대승 따위로 대립적으로 파악하는 도식을 지겸과 강승회에게 그대로 적용해 두 사람을 대비시키는 시각도 있지만, 이는 좀더 연구가 필요한 문제로 지나친 도식화는 피하는 것이 상책이다. 안세고의 학맥에 관해서, "안세고·안현·엄불조만이 인도말을 중국어로 옮길 때 제대로 내용을 전달할 수 있었으니 뒷사람이 따르기 어려울(難繼) 정도였다. 그 이후의 번역자는 그들만큼 치밀하지는 못하지만 원문의 내용을 중시하였고, 번역문은 비록 조잡하였지만 원문의 대의는 잡을 수 있었다"(『출삼장기집』「법구경서」)[34]고 안세고를 찬탄하는 사람은 바로 지겸 본인

---

32) 대정장 52권, 1b3~4.
33) 대정장 55권, 96b58~59.

이기 때문이다.[35]

지겸은 재가거사로 자(字)가 공명(恭明)이며 일명 '월(越)'이라고 하였다. 지겸의 할아버지 법도(法度)는 원래 대월씨국 출신으로 후한 영제(재위 168~186) 때 무리 수백명을 이끌고 중국에 귀화했다고 하니 중국 역경사에서 지겸의 출신성분은 별나다고 하겠다. 귀화인의 후손인 탓에 그 외모가 남달랐던 모양으로 "큰 키에 삐쩍 마른 몰골, 노란 눈동자"를 지녔다고 묘사된다. 13살에 이미 서역지방의 6가지 언어에 정통했고, 지참의 제자인 지량에게서 수학하며 뭇 전적에 두루 통하였는데, 음악 등 세간의 기예에도 능해서 불경 구절을 운율에 맞춰 노래했다고 하니 한마디로 다재다능한 인물이었다. 세상에서는 그의 재주를 흠모하여 '지랑(支郞)'이란 애칭과 함께 그를 '지혜주머니(智囊)'라고 칭송하였다 한다(『출삼장기집』「지겸전」).[36]

후한 말 헌제(재위 190~220) 때 지겸은 난을 피해 오나라 건업(남경)으로 건너간다. 다행스럽게도 손권의 두터운 신임을 받아 박사(博士)의 신분으로 태자의 교육을 맡는 한편, 황무 원년에서 건흥 연간(222~253년)에 걸쳐 역경작업에 전념하여 『법구경』『유마힐경』『대명도무극경』『대아미타경』『서응본기경』 등을 번역하였다.

이중 번역작업과 관련해서 주목할 만한 일은 지겸이 『요본생사경』에 대해서 주석을 달았다는 점이다. 동아시아 불교사에서 경전에 대한 주석 작업이 동진(東晉)시대의 도안에게서 시작된다고 말하는 견해도 간혹 보이지만 실제로는 지겸이 효시이다. 『출삼장기집』「요본생사경서」를 보면, 도안도 이 점을 명확하게 밝히고 있으며, 더 나아가 지겸에 대해서 '한 소식 깨친

---

34) 대정장 55권, 50a8~9.
35) 『출삼장기집』 원문에 「법구경서」는 작자미상으로 되어 있다. 그렇지만 축장염과 지겸의 공역이란 기술이 있는 점, 그리고 「법구경서」의 내용으로 볼 때 「법구경서」의 작자는 직접 번역작업에 참가했으며 또한 축장염 이외의 사람이라는 점, 이 두 가지를 근거로 학계에서는 지겸을 작자로 인정한다.
36) 대정장 55권, 97b23~27.

56

사람(入室者,『논어』에 나오는 표현)'으로 찬탄하고 있다. 지겸은 만년에 궁륭산에 은거하여 60세의 나이로 세상을 떠났다고 한다.

지겸의 번역은 중국인의 입맛에 맞는 유려한 문체를 구사한 것으로 이름 높다. 이는 안세고나 지루가참과 달리 어릴 때부터 중국인으로 자랐기 때문에 가능했을 것이다. 지겸의 첫 한역은『법구경』인데, 당시 지겸은 산스크리트어에 대한 이해부족으로 단독으로 역경작업을 진행할 수 없었고 축장염과 공역의 형태를 취할 수밖에 없었다. 이 때문에 축장염을 비롯한 당시의 주류적인 번역태도인 원문의 내용에 충실한 직역 경향에 따를 수밖에 없었다. 하지만『법구경』의 번역 이후에 그가 보인 번역태도는 맛깔나는 문체를 중시하는 살아있는 번역문이었다. 이 점에 관해서는 앞장에서 이미 거론했기 때문에 여기서는 생략하기로 한다.

강승회의 선조는 본래 강거(康居, 중앙아시아 키르기스평원 일대) 사람으로 인도에 살았다. '강(康)'이란 성이 붙은 것은 강승회의 본적이 강거라는 점을 나타내기 위함이다. 상인이었던 부친이 교지(交趾)로 거처를 옮겼기 때문에 강승회도 소년시절을 교지에서 보냈다. 천성이 학문을 좋아하여 어린 나이에 불교의 삼장 및 유가의 육경을 두루 섭렵하였으니 중국인으로 성장한 셈이다. 10여세 때 부모를 여읜 후 출가 사문이 되어, 안세고의 학맥을 이은 한림(韓林)·피업(皮業)·진혜에게서 도를 배웠다(『출삼장기집』「안반수의경서」).[37] 불법을 널리 펴기 위해 오나라의 수도 건업으로 올라온 것이 적조 10년(247년)이다. 지겸보다 20년 정도 늦게 왔지만, 손권의 황실과 두터운 친분을 지닌 출가 사문이었기에 그 영향력은 훨씬 컸던 모양으로 후대의 불교사적은 이구동성으로 "강승회가 오고 나서 비로소 오나라에 불법이 흥성하게 되었다"고 전한다(『출삼장기집』「강승회전」;『양고승전』「강승회전」). 부처님의 진신사리를 구해오라는 손권의 일종의 사람 시험을 21일간의 기도력으로

---

37) 대정장 55권, 43b57~58.

통과한 이야기는 유명하거니와 아무튼 이 일로 인해서 손권은 강승회를 절대적으로 신임하여 건초사(建初寺)를 지어준다. 강승회의 역경작업은 바로 이 건초사에서 이루어지는데, 280년에 임종했다고 전하니 거의 30년을 건초사에서 지낸 셈이다.

만년에 강승회는 신병을 기회로 삼아 오나라의 마지막 군주이자 폭군이었던 손호(孫皓)와 불교의 '인과응보'에 관해 일문일답을 나눈다. 이 과정에서 강승회는 『역경』의 '적선지가 필유여경'(積善之家, 必有餘慶. 선행을 쌓은 집에는 반드시 기쁜 일이 생긴다는 뜻), 『시경』 「대아」의 '구복불회'(求福不回, 복을 구하는 것은 선조의 도리에 어긋나는 일이 아니라는 뜻)를 거론하여 유가의 격언이 불교의 가르침과 다를 바 없다고 하였고, 인과응보의 도리에 승복한 손호는 폭정을 그치고 불제자가 되었다고 한다(『출삼장기집』 「강승회전」).[38] 이는 유가의 용어로 불교의 업사상을 선양하는 강승회의 교화방식을 살펴볼 수 있는 좋은 사례이다.

강승회의 대표적 번역으로 『육도집경(六度集經)』(육도는 육바라밀을 뜻한다)이 손꼽힌다. 이 경전은 엄밀한 의미의 번역은 아니고, 강승회가 오나라 사람들에게 붓다의 위대함을 알려 부처님에 대한 신심을 고취시키기 위해서 부처님의 전생 이야기를 육바라밀의 항목에 따라 의도적으로 배열·편역한 것으로, 대승불교의 육바라밀 사상을 담고 있다. 역경작업 이외에도 『안반수의경』 『법경경』 『도수경』(지겸 역)에 주석을 달아, 안세고의 학맥과 지겸에 대한 친근성을 보여주기도 한다. 『육도집경』을 편역하면서 강승회는 도가와 유가의 용어를 빌리는 일이 많았는데, 예를 들어 도가 용어로 도덕(道德)·무위(無爲)·무신(無身)·청정(淸靜) 등, 유가 용어로 유동(儒童)·숭효(崇孝)·효순(孝順)·정심(正心) 등을 차용하였다. 도가 및 유가의 중국 전통사상을 적절하게 활용하여 당시의 사람들에게 불교사상을 알기 쉽게 전달하는

---

38) 대정장 55권, 96c15~16.

것, 이는 강승회의 역풍이 지니고 있는 중요한 특징 가운데 하나이다.

유가의 효사상이나 정심치국(正心治國) 사상은 주로 민심을 수습하거나 위정자의 폭정을 계도하기 위한 방편이었을 것이지만, 도가의 주요 사상은 아마도 불교사상의 심오함을 알리기 위해서 빌려 쓴 것이라 생각된다. 하지만 '도가'라 하더라도 아직 후한시대 때 황노도의 흔적이 말끔하게 가신 도가는 아니었던 모양으로, 『육도집경』에는 방선술(方仙術)의 영향 아래서나 형성될 법한 영혼불멸 관념이 보이기도 한다. '식신(識神) 또는 식령(識靈)은 멸하지 않는(不死)' 실체로 윤회전생의 과정에서 업의 과보를 받는 당사자임을 주장하는 구절이 바로 그것이다. 강승회의 본뜻이 어디에 있는가 검토해볼 여지는 아직 남아 있지만, 불교사상사의 흐름에서 볼 때 독자부(犢子部)의 '뿌드갈라(pudgala)설'이 이러한 견해와 흡사한데, 이에 대해서 와수반두는 『구사론』「파아품(破我品)」에서 철저하게 논파하고 있으니 불교사상의 정맥으로 보기는 어려울 것 같다.

8. 양진시대 불교계의 동향

위(魏)의 재상이었던 사마염이 왕위를 찬탈하여 낙양에 도읍을 정하고 진(晉, 西晉)을 세운 때가 265년이다. 이후 서진은 오나라를 정복(280년), 약 50여년간 지속되다 북방 호족(胡族, 흉노·선비·갈·저·강의 五胡)의 내침으로 멸망하고, 사마씨 일족인 사마예는 강남으로 내려가 건강(建康, 남경)에 도읍을 정하고 새로 동진을 세운다(317년). 동진은 약 100여년간 지속되는데, 중국 사학계에서는 이 시기를 초점의 차이에 따라 '동진시대' 또는 '오호십육국시대'로 부른다. 한편, 서진(265~316)과 동진(317~420)을 함께 묶어 '양진(兩晉)시대'(265~420)라 부르기도 한다.

역사학에서는 시대구분과 연관해서 명칭 문제가 중요한 논란거리가 되곤

한다. 지금은 고인이 되었지만 서울대 동양사학과의 민두기 선생이 '아편전쟁'이란 명칭은 역사의 진상을 호도한다는 이유로 이를 '제1차 중영전쟁'으로 부르는 게 좋다고 제안한 것도 같은 맥락일 것이다. '양진시대'라는 명칭에는 다분히 한족 중심의 사관이 개입되어 중국사에서 북방민족이 이룬 역할을 희석시키기 쉽다. 역경사의 관점에서 보면, 오호십육국시대는 '번역의 황금시대'라 부를 수 있을 만큼 중요한 시대이기 때문에, 여기서는 서진에서 동진에 걸치는 약 155년의 기간을 편의상 '양진시대'라 부르겠지만, 세밀한 각론에 들어가서는 가능한 한 서진·오호십육국·동진의 세 묶음으로 나누어서 시대별로 역경 문제를 다루기로 하겠다.

양진시대 불교사의 특징으로 대략 세 가지를 들 수 있다.

첫째, 한역 대장경에 수록된 중요한 경전의 역경작업이 대부분 이 시기에 완료된다. 수·당시대의 역경작업이 밀교분야의 경전을 제외하고, 주로 논서의 번역에 치중되었던 이유도 양진시대 때 이미 중요한 경전의 번역이 끝났기 때문이었을 것이다. 이렇게 역경작업을 대대적으로 추진할 수 있었던 가장 중요한 요인은 역경사업을 국가적 사업으로 운영하였다는 점, 곧 '국가가 운영하는 역장(國營譯場)'의 출현에 있다. 양진시대 이전에 역경이 대부분 개인 차원에서 이루어진 것과 대비시켜 보면 양진시대에 역경환경이 훨씬 좋아졌음을 알 수 있다.

둘째, 중국 불교사에서 처음으로 중국인 승려의 승단(僧團)이 등장한다. 강북 양양(襄陽, 호북성 일대)에 도안이 이끄는 승단이 자리잡았고, 강남 여산(廬山)에는 도안의 제자 혜원이 대규모의 승단을 형성한다.

셋째, 위진현학과 공생관계의 형국을 이끌며 대승불교의 공(空)사상이 지식인계층에 파급된다. 위진시대에 중국사상계의 주류를 이룬 것은 현학이었다. 삼국시대 위나라에서 불기 시작한 현학의 바람은 양진시대에 절정에 달한다. 서진시대에 상수(向秀, 227~272)와 곽상(郭象, ?~312)은 『장자』를 중시하여, 『장자』에 주석을 달면서 도가의 '자연(自然)'을 치켜세우는 한편 유

60

가의 명교(名敎)와 회통을 꾀한다. 특히 곽상의 『장자』 해석은 이후 동진시대 지식인계층에 널리 수용되어, 당시의 지식인들이 『반야경』 및 『유마경』의 공사상을 이질감 없이 받아들일 수 있는 정신적 토양으로 자리잡는다.

양진시대 불교의 중심지는 어디였을까? 세 곳을 설정할 수 있을 것 같다.

첫번째 장소는 양주(凉州, 감숙성 난주 일대)로, 이는 지리상 씰크로드의 중간기착지로 서역에서 온 역경승의 중국 진입로였다. 역경승들은 주로 여기에서 중국어를 배우며 역경작업의 기초를 다졌다.

두번째 장소는 씰크로드의 시발점이자 종착지인 장안(長安, 섬서성 서안)으로, 한 예를 들면 위대한 역경승인 구마라집이 대승불교의 공사상을 선양하며 제자를 배출한 곳이 바로 이 장안이다.

세번째 장소로 강남지방을 빠뜨릴 수 없는데, 혜원이 승단을 운영하던 여산(廬山)을 꼽을 수 있겠다.

삼국시대와 대비해보면 강북의 불교중심지는 낙양에서 장안으로, 강남의 불교중심지는 남경에서 여산으로 교체되는 셈이다.

양진시대 불교계의 전체적인 조망은 이쯤에서 그치고 역경사에 관련된 배경으로 위진현학과 불교의 관계에 대해 살펴보기로 하겠다.

9. 위진현학과 불교

위진현학은 소위 삼현(三玄, 『노자』『장자』『주역』)을 지식의 원천으로 삼아 형성된 위진 사상계의 지배적인 철학사조를 일컫는 말이다. 위진현학은 노장사상을 골격으로 삼아 유가의 '명교'와 도가의 '자연'의 관계를 재정립하고자 하였으며, 사변적 방법으로써 우주만물의 근원 곧 형이상학적 본체론의 문제를 다루었기 때문에, 자연스럽게 위진현학의 담론의 초점은 '본체와 현상'——이는 본말(本末), 체용(體用), 유무(有無), 동정(動靜), 일다(一多)와 같은 여러 범주 안에서 다뤄진다——의 문제로 집약되었다.

삼국시대 위나라의 정시(正始) 연간(240~249년)에 시작된 현학은 서진시대 원강(元康) 연간(291~299년)에 곽상에 이르러 절정에 달한다. 중국의 불교사학자 임계유(任繼愈)는 위진현학의 전개과정을 3단계로 분류한다.[39] 제1단계는 하안 및 왕필이 귀무론(貴無論, 無를 有의 본체로 삼는 사상)을 제시하여 명교를 배척하고 자연만을 높이 치켜세운 시기이고, 제2단계는 귀무론에 대한 사상적 반동이 일어난 시기로 배위(裴頠)의 숭유론(崇有論, 有는 自生하며 그 본체는 따로 없다는 사상)이 제기된 시기이다. 제3단계는 곽상의 독화론(獨化論, 有의 생성의 본체로서 자기원인적인 無가 有 안에 내재한다는 사상)이 위진현학을 완성시키는 시기이다. 곽상은 "명교가 곧 자연이다"라는 명제로 유가와 도가의 회통을 꾀했으며, 사상적으로는 "현상 안에 본체가 깃든다"는 내재론적 입장을 취함으로써 전단계의 유무(有無)에 관한 담론을 변증법적으로 승화시켜 종합한다.

탕용동의 아들이자 위진시대 사상에 관한 전문가인 탕일개(湯一介)는 자신의 저서 『곽상과 위진현학』에서 위진현학의 발전단계를 좀더 세밀하게 구분하여, 정시(正始) 시기(하안, 왕필), 죽림(竹林) 시기(혜강, 완적, 상수), 원강(元康) 시기(배위, 곽상), 동진(東晉) 시기(장담)로 나누어서 고찰하는데, 이 역시 곽상의 현학을 위진현학의 완성태로 보는 점에서는 임계유와 마찬가지이다.

서진 말에 서진의 지식인계층과 귀족들이 강남으로 도피하며 곽상의 『장자주』는 강남의 지식인사회에 금과옥조가 된다. 동진시대에 장담(張湛)과 같은 현학가가 출현하기는 하지만, 탕일개의 지적처럼 오히려 사상적으로는 곽상에 비해 완성도가 떨어진 편이었다. 단지 불교와 도교가 현학과 손잡고 세력을 확장한다는 점이 서진시대와 다른 동진시대 현학의 특징이다.

불교가 중국의 지식인사회에 진정으로 뿌리를 내리기 시작하는 것은 서진

---

39) 任繼愈 主編 『中國佛教史』(제2권), 中國社會科學出版社 1985, 5~7면.

시대 중엽 이후 위진현학이 절정에 이르게 되는 시기이다. 처음에는 위진현
학을 등에 업은 형국으로 지식인사회에 파고들어갔기 때문에 현학과 가장
유사한 사상형태인『반야경』에 대한 연학(研學), 곧 '반야학'이 불교학의 주
류를 형성했다.『열반경』이나『유마경』에 대한 연학도 동진시대에 크게 성
행하지만 반야학에 비한다면 이는 어디까지나 부수적인 역할에 그쳤다. 따
라서 불교 승려들은 주로 반야학을 지적 무기로 삼아 지식인사회의 명사들
과 교분을 쌓았는데, 서진시대 지효룡(支孝龍)은 완첨(阮瞻)이나 유개(庾凱)
같은 저명인사와 막역한 친분을 맺어 세상에서 '8명의 달인(八達)'으로 불리
었고, 동진시대 손작(孫綽)은『도현론』(『홍명집』3권에 수록)을 지어 인도의 7
승려를 죽림칠현에 비견할 정도로 승려들에 대한 지식인사회의 반향은 우호
적이었다. 지둔(支遁)은『장자·소요유주』에서 '지인(至人, 至德之人)'에 이
르러서야 비로소 소요(逍遙)할 수 있다는 '성인(聖人)'사상을 내세워, 지식인
그룹에서는 그의 학설을 '지리(支理)'로 부를 정도로 한때 장자학의 권위로
인정하였다.

반야학의 중심주제는 진제(眞諦)와 속제(俗諦)의 관계였지 현학처럼 명교
와 자연의 관계가 아니었다. 반야학은 열반적정을 추구하는 종교철학이었지,
현학처럼 현실세계의 현원(玄遠) 경계를 긍정하는 세속철학은 아니었다. 그
렇지만 당시 지식인들은 이러한 양자의 차이점에는 전혀 눈을 돌리지 않았
고 일종의 견강부회하는 태도를 보이면서까지 양자의 동일성에만 관심을 두
었다.『양고승전』의 기술을 통해 당시의 풍조를 미루어 짐작할 수 있다.[40]

백시리밀다라(帛尸梨蜜多羅)는 (…) 진나라 영가 연간에 중국에 왔다. 난을
피하기 위해 장강을 건너가 건초사에서 지냈다. 승상 왕도(王導)는 그를 보고
한눈에 기이한 인물임을 알고 '우리 편(吾之徒)'으로 여겼다. 이때부터 그의
이름이 알려졌다.

---

40) 대정장 50권, 327c12~18.

일찍이 후한시대 때 지참은 『도행반야경』을 번역하였고, 삼국시대 오나라 때 지겸은 『도행반야경』의 동본이역으로 『대명도무극경』을 번역한 적이 있다. 따라서 양진시대 이전에 당시의 지식인들은 이러한 반야경 계통의 대승 불교 경전의 한역을 통해서 이미 '현학'의 전문용어와 '공(空)'의 번역어 '본무(本無)'를 가로지르는 기묘한 유사성에 깊은 흥미를 느꼈을 것이다.

서진시대 중엽 무렵 『광찬반야경』(축법호 역), 『방광반야경』(축숙란·무차라 공역)이 차례대로 번역된다. 『광찬반야경』은 감숙성 양주(涼州)지방에서만 유포되었기 때문에 중원지방에는 별다른 영향을 미치지 못하였다. 위진현학의 우산 아래 놓여 있던 중원지방의 지식인사회에 퍼진 반야경은, 바로 축숙란이 낙양에서 번역한 『방광반야경』이었고, 이후 거의 100년 넘게 『방광반야경』은 양진시대 반야학의 기본 텍스트가 된다. 도안은 양양에 있을 때부터 장안에 있을 때까지 거의 20년간 매년 두 차례나 『방광반야경』을 강습했다 하니, 이 시기의 불교계에서 『방광반야경』의 위치가 어느 정도인지 가늠할 수 있다.

위진현학을 등에 업고 사상계에 발판을 마련한 불교는 오호십육국—동진시대에 이르러 사상계의 전면에 나서게 된다. 지도림(支道林, 314~366. 혹은 支遁으로 불린다), 도안, 혜원, 구마라집, 축도생(竺道生, 355~434), 승조(僧肇, 374~414)와 같은 기라성 같은 불교사상가가 이 시기의 사상계를 이끌어간다.

동진시대에 『반야경』 연구는 소품(小品)으로 『도행반야경』, 대품(大品)으로 『방광반야경』에 대한 천착이 성행하였다. 따라서 이 두 대소품의 문헌비교 연구도 이루어졌는데 지도림의 「대소품대비요초서」(『출삼장기집』에 수록)는 이러한 연구성과의 일단을 보여준다.

오호십육국—동진 시대의 반야학은 편의상 구마라집 이전과 이후로 나누어 생각해보는 게 전체의 흐름을 조망하기에 좋다.

도안과 동시대인이었던 축법아(竺法雅)나 강법랑(康法郎) 같은 사람들은 소위 '격의(格義)', 곧 위진현학의 용어에 빗대어서 반야 공사상을 해석하는

64

학풍을 구사하여 불교와 현학의 합류현상을 촉진시켰다. 위진현학이 지배적인 사상조류였던 당시의 실정으로서는 불가피한 선택이었다고 할 수 있겠지만 격의에 대해서 도안은 "이전 시대의 격의는 대부분 이치에 어긋난다"고 강한 불만을 보인다(『양고승전』「석도안전」).

격의에 관해서는 앞장에서 이미 다루었기 때문에 이곳에서는 넘어가기로 하겠지만, 아무튼 이러한 학풍을 통해서 위진현학에서 전개된 여러 쟁론이 반야학 안으로 수용되어 소위 '육가칠종'(본무-본무이, 즉색, 식함, 환화, 심무, 연회종)이라 통칭되는, 중국적 특색을 지닌 반야학 학설의 백화제방(百花齊放) 시대가 열린다.

이 시기에 반야학의 '이제설(二諦說)'은 위진현학의 사상범주에 빗대어 해석되었는데, '진제(眞諦)' 곧 '공성(空性)'은 본체인 '무(無)'로, '속제(俗諦)' 곧 '연생법(緣生法)'은 현상 만물인 '유(有)'로 풀이되었다. 후대에 길장(吉藏, 549~623)은 『중관론소』에서 육가칠종 가운데 도안의 본무종(本無宗)만을 반야학의 정통설로 평가한다.[41]

'공'과 '무'의 명석판명한 구분법에 의거해서 육가칠종의 백가쟁명 시대를 수습한 인물은 구마라집 및 그의 제자 승조이다. 구마라집은 대소품『반야경』을 다시 번역했을 뿐 아니라『반야경』에 대한 주석서『대지도론』을 번역하였다. 게다가『중론』『백론』『십이문론』등 반야경의 공사상을 철학적으로 심도있게 다룬 논서를 번역하여, '본말(本末)' '유무(有無)'와 같은 위진현학의 중심 문제를 불교적 관점에서 새롭게 조망할 수 있도록 논의의 수준을 한단계 끌어올렸다. 구마라집은 위진현학의 '무'에 '필경공(畢竟空)'을 대치시켜 '공성'을 실체시하려는 모든 견해를 차단함으로써 '무' 또는 '본무'라는 역어가 지녔던 본체론적 냄새를 말끔히 제거하였다. 구마라집의 용어 사용법에서 '무'는 '무자성(無自性)'의 의미로 쓰이고 있으며, '유'와 '무'는

---

41) 대정장 42권, 29a5~12.

불교적 맥락에서 새롭게 조명되어 더이상 위진현학처럼 대립적인 개념은 아니었다. 산스크리트어 '슈니야'(śūnya/śūnyatā)가 '무(無)'에서 '공(空)'으로 정착되기까지 지참과 구마라집의 연대를 계산해보면, 200년이 넘는 세월이 걸린 셈이다.

10. 서진의 '돈황보살' 축법호

서진시대를 대표하는 역경가로 축법호(竺法護)를 손꼽는다. 축법호의 선조는 본래 대월씨국 사람인데 몇대에 걸쳐 돈황에 살았다. 본래 대월씨국 출신이기 때문에 '지(支)'를 성으로 삼는 것이 중국의 통례이지만, 축법호의 경우는 인도 출신인 스승 축고좌(竺高座)의 성에 따라 '축(竺)'을 성으로 삼았다. 그의 본이름은 '다르마락샤'(Dharmarakṣa)이다. 8살 때 출가하여 불법을 전하는 데 뜻을 세워 스승을 따라 서역 각지를 유력하며 서역 여러 나라에 흩어져 있던 불경을 수집하여 돈황으로 돌아오곤 하였다. 서역의 36국 언어에 능통했다고 하니 가히 어학의 천재이다.

축법호는 일생 동안 오직 역경작업에만 매달렸다. 돈황에서 장안, 낙양에 이르기까지 머무는 곳마다 거의 쉬지 않고 역경작업에 전념하여 태시 연간 (265~274년)에서 영가 2년(308년)까지 약 40년간 150부 이상의 경전을 번역하였다. 현존하는 경전만 계산해도, 『정법화경』『광찬반야경』『유마힐소설 법문경』『점비일체지덕경』(『화엄경』「십지품」의 이역)『미륵하생경』 등의 대승 경전을 비롯해 『보요경』『생경』 등의 설화류에 이르기까지 70여종의 경전이 남아 있으니 그야말로 공전의 역경 업적이다. 이 때문에 축법호는 2세기 말의 지참, 5세기 초의 구마라집, 7세기의 현장과 함께 나란히 '4대 역경가'로 꼽히기도 한다. 승우는 "불교 경전의 가르침이 중국에 널리 퍼진 데는 축법호의 힘이 크다"고 평가하며, "당시의 사람들이 축법호를 '돈황보살'로 칭송하였다"고 전한다(『출삼장기집』「축법호전」). 말년에 장안 청문 밖에 절을 짓고 살다가, 서진 말엽 난을 피해 민지(澠池, 하남성 민지현)로 내려갔다가 병에 걸려 임종하니 세수 78살이었다(『양고승전』「축담마라찰전」). 임종 시기에 관해서는 아직 의견이 분분하지만 『양고승전』의 기록을 받아들인다면, 축법호의 생존연대는 236~313년으로 추정할 수 있겠다.

『출삼장기집』「합방광광찬약해서」에서 도안은 『광찬반야경』의 번역상황 및 유포경위에 관해서 상세하게 기록하고 있다. 즉 『광찬반야경』은 태강 7년(286년) 11월 25일에 장안에서 번역되었는데, 이때 우전(于闐)국의 승려 기다라(祇多羅)가 가져온 산스크리트어 원본을 축법호가 중국어로 구술 번역하고, 섭승원(聶承遠)이 필수 역할을 하였다. 무엇 때문인지 알 수는 없지만 이 번역본은 곧바로 양주로 흘러가버렸고, 따라서 중원지방에는 유포되지 않았다. 혜상(慧常)·혜변(慧辯) 등 도안의 제자 몇사람이 인도로 가는 길에 양주에 들렀다가 우연히 『광찬반야경』을 발견하고는 사람을 시켜 태원 원년(376년) 5월에 양양에 있던 도안에게 보내니, 이때에 비로소 중원지방에 『광찬반야경』의 존재가 알려진다.

도안의 기록은 당시의 번역상황에 관해서도 비교적 생생하게 전해주고 있기 때문에 역경사의 측면에서도 주목할 만한 가치가 있다. 축법호가 산스크리트어 원본을 읽으면서 이를 중국어로 구술 번역하였고, 이를 중국측의 재가거사인 섭승원이 받아서 필사하는 형식을 택하고 있으니, 이것이 당시의 구체적인 번역상황이었을 것이다.

『출삼장기집』의 「정법화경기」(작자 미상)도 『정법화경』의 번역상황에 대해서 이와 비슷한 정황묘사를 한다. 『정법화경』의 역경작업은 286년 8월 10일에 시작하여 9월 2일에 끝나니 가히 초인적인 능력이라 하겠는데, 「정법화경기」의 기록에는 인도의 승려 축력(竺力)과 구자국(龜茲國, Kucha)의 재가거사 백원신(帛元信)이 291년 2월까지 두 차례에 걸쳐 교정을 본 일이 덧붙여져 있으니, 축법호의 역경태도가 얼마나 치밀했는지 미루어 짐작할 수 있는 대목이다.

축법호의 역풍에 관해서 도안은, "『방광반야경』(축숙란 역)은 번역문이 간략해서 이해하기는 쉬우나 생략이 많은 탓에 따로 설명이 필요한 경우가 자주 있다. 『광찬반야경』은 중복되는 부분이라도 원문에 따라 하나도 생략함이 없이 전부 번역하였기 때문에 주도면밀한 번역이기는 하지만 원문을 중시한 대신 번역문이 유려하지 않기(辭質勝文) 때문에 내용을 이해하기 위해서는 앞뒤 문맥의 검토가 필요하다. 따라서 이 두 한역본을 서로 보완해서 읽으면 깨닫는 바가 많을 것이다"[42]라고 「합방광광찬약해서」에서 평한다. '사질승문(辭質勝文)'이란 평가에서 축법호의 번역이 원문에 충실한 직역이고 번역문을 읽기 쉽게 다듬지는 않았음을 알 수 있다.

11. 오호십육국시대의 '대화상' 불도징: 불교와 민족

불도징(佛圖澄)의 속성은 백(帛)씨였다고 하니 씰크로드 북도에 자리잡은 구자국 출신이다. 9살 때 오장국(烏萇國, 파키스탄 동북지방)에서 출가하여 인도의 계빈(罽賓, 카슈미르)에서 수학했다고 전하니 설일체유부의 학풍을 이은 것으로 보인다. 절을 세워 불법을 널리 알리기 위해서 낙양에 온 때가 서진시대 영가 4년 곧 310년이다. 불도징은 그때 이미 79살 노인이었다.

불도징은 역경작업도 한 일이 없고 저술을 남긴 일도 없지만, 초기 중국 불교계의 기반을 닦은 세 인물 가운데 한 사람으로 꼽힐 정도로 성망(聲望)이 높다. 여기서 '세 인물'이란 불도징·도안·혜원을 가리킨다. 이처럼 불도징에 대한 평가가 높은 데에는 도안의 스승이었다는 영예도 한몫하겠지만 그보다는 불도징이 국가권력을 활용하여 불교계의 현실적인 기반을 다졌다

---

42) 대정장 55권, 48a7~13. 요점만 발췌함.

는 점이 좀더 설득력있는 이유가 될 것이다.

후조(後趙)의 왕 석륵(石勒) 휘하에 곽흑략이란 장수가 있었는데, 출병할 때마다 길흉을 예언하여 족집게처럼 잘 맞았다고 한다. 이를 기이하게 여긴 석륵이 흑략을 불러 그 연유를 물어본즉 불도징의 말을 전한 것뿐이라 하기에 석륵은 다시 불도징을 만나 "불도에 무슨 영험이 있는가?" 하고 물었다. 불도징이 보기에 석륵은 불법의 깊은 이치에는 관심이 없는 인물인지라 신통력으로써 석륵을 감복시켰다. 불도징은 주술에 능통하였고 귀신을 부릴 줄도 알았다고 한다. 이 때문에 불도징의 전기는 『진서』 「예술전」, 『양고승전』 「신이편」 등에 실려 있어 당시 불도징이 '신이승(神異僧)'으로 분류되었음을 알 수 있다. 하지만 석륵의 예에서 알 수 있듯이, 불도징의 신통력은 상대편의 근기에 따른 교화 방편이었을 것이다. 실제로 불도징은 박학다식하여 경전의 깊은 뜻에 막힘이 없었고, 개인적으로는 술을 입에 대지도 않고 오후불식을 지키는 등 계율을 준수하였으며, 도안이 쓴 「비구대계서」에 따르면 그 이전에 번역된 한역 율전을 정정하기도 했다 한다.[43]

석륵 이후에 후조의 왕에 오른 석호(石虎)도 불도징을 '대화상(大和尙)'으로 칭송하며 의지했다. 석호는 이름난 폭군이어서 불도징은 때마다 석호에게 자비와 인과응보를 설하여 계를 잘 지킬 것을 권하였으나 인연이 안 닿았는지 효과를 보지는 못하였다. 그렇지만 불도징의 권유를 받아들여 중국인도 출가할 수 있도록 공식적인 허락을 내렸으니 이를 기화로 승려의 수가 증가하였다. 후조 왕실의 절대적인 신임을 얻으며 불도징은 도안·법아·법화(法和)·승랑(僧郎) 등 걸출한 제자를 배출하였고, 348년 후조의 수도 업(鄴, 하남성 안양현)에 있는 궁사(宮寺)에서 임종하니 세수 117세였다.

불도징과 석륵, 석호의 친밀한 관계를 불도징의 신통력 탓으로 돌리는 것은 그럴듯하기는 하지만 무언가 판에 박힌 듯한 말로 들린다. 이런 식의 질

---

43) 대정장 55권, 80a29~b1.

문은 어떨까? 왜 '북방호족' 곧 소수민족의 정권이 그토록 불교에 우호적이었을까?

후조의 건립자 석륵은 갈(羯)족 출신이다. 갈족은 원래 서역의 소수민족인데 흉노족에 복속됨에 따라 흉노족을 따라 중국에 들어오게 되었다. 서역 출신의 석륵과 구자국 출신의 불도징, 이 두 사람은 같은 서역 출신이라 더 깊은 애착을 느꼈던 것은 아닐까?

또 한 예를 들어보자. 전진(前秦)의 건립자 부건(苻健)은 임위(臨渭, 감숙성 진안)의 저(氐)족 출신이다. 저족의 근거지는 원래 무도(武都, 감숙성 성현) 지역이었다. 부건의 조카 부견(苻堅)은 왕위에 오른 뒤 현학 및 도참신앙을 금지하고 유학을 장려하였으나, 개인적으로는 불교를 좋아했다. 부견은 378년 양양을 공략할 때 도안을 당시의 수도 장안으로 모셔갔고, 또 382년 구자국을 칠 때 휘하 장수 여광에게 구마라집을 모셔오도록 명령했으나 뜻대로 이루어지지는 않았다. 구마라집이 중국에 온 것은 후진(後秦/姚秦) 때이다. 요장(姚萇)은 장안에 도읍을 정하고 후진을 건립하는데, 강(羌)족 출신이었다. 중국인들이 '서융(西戎)'이라 불렀던 민족 가운데 대표적인 민족이 강족과 저족이었고, 강족의 일부분이 저족이었다고 하니, 강족은 원래 서역지방의 소수민족이다. 요장의 후계자 요흥(姚興)은 구자국의 명승 구마라집을 청하여 장안으로 모셔와 역경작업을 추진하게 한다. 이렇게 보면 오호십육국시대에 불교를 선양한 왕조는 모두 씰크로드 연변의 서역지방 출신이다. 오호십육국시대에 불교의 확산과 민족감정 사이에 어떤 관계가 있는 것은 아닐까 추측해보는 것도 일리는 있음에 틀림없다.

12. 중국 역경사의 길잡이 도안

역경가는 아니지만 동아시아의 초기 역경사를 복원하는 데 빠뜨릴 수 없는 인물이 도안(道安, 312~385)이다. 도안의 속성은 위(衛)씨로 서진 말엽 부유(扶柳, 하북성 익현)에서 태어났다. 어려서 부모를 잃고 12살 때 출가하여 구족계를 받은 뒤, 335년경 당시 후조의 수도였던 업(鄴, 하남성 안양현)으로 가서 불도징의 제자가 되었다. 외모가 못나고 키가 크고 까무잡잡했던 탓에 사람들의 이목을 끌지 못하였으나 불도징만은 "도안은 멀리 볼 줄 안다. 너희들과는 다르다"고 도안의 진면모를 간파하였다(『출삼장기집』「도안법사전」). 기억력이 비상하였던지 불도징이 경전을 강술할 때마다 바둑 복기하듯이 한 자도 빠짐없이 되살려낼 수 있었다 한다.

348년 불도징이 입적하고 내란이 잦자 도안은 하북성・산서성 일대로 떠돌며 난을 피하다가 항산에 사탑을 세워, 따르는 무리 수백인과 함께 불교 교학의 연구에 몰두한다. 약 14년이 넘는 이 기간 동안 도안은 안세고가 번역한 『음지입경』『대십이문경』『도지경』, 지참이 번역한 『도행반야경』 등 많은 초기 한역경전에 대해 서(序)를 쓰고 주석을 달았다. 특히 도안이 작성한 서(序)는 역경작업의 경위, 한역경전의 해제, 역어에 대한 본인의 소견 등을 상세하게 기록하고 있기 때문에, 도안 이전의 후한・삼국・서진 시대의 역경사를 복원하는 데 빼놓을 수 없는 중요한 사료가 된다. 도안은 이 당시에 이미 중국 불교계에 학덕 높은 고승으로 이름을 떨친다.

365년경 도안은 널리 불법을 알리기 위해 법태(法汰)를 양주로, 법화를 촉으로 파견하고, 자신은 400명이 넘는 제자들과 함께 양양(襄陽, 호북성 일대)으로 간다. 당시 양양의 명사였던 습착치(習鑿齒)는 도안과 교제하고자 했다. 습착치가 "나는 사해(四海)의 습착치요"라고 자신을 소개하자, 도안이 "나는 미천(彌天, 아미타불의 서방 극락세계)의 도안이요"라고 응수했다는 이야기는 유명하다. 이 일이 인구에 회자되어 도안은 '미천(彌天) 석도안(釋道安)'이란 별명을 얻는다.

양양에서 거의 15년간 매년 두 차례씩 『방광반야경』을 강설하는 등 반야경 연구에 몰입하는 한편, 『광찬반야경』을 비롯해 여기저기 흩어져 있는 한

역경전의 수집 및 정리에 힘써, 후대 경록(經錄)의 모범이 되는『종리중경목록』(현존하지는 않으나『출삼장기집』에 자주 인용됨)을 지었다.

379년 전진의 왕 부견은 도안을 얻기 위해서 양양을 공략한다. "짐은 십만의 군사로 양양을 공략하여 오직 '한 사람 반'만을 얻었다." 이는 부견의 말이다(『진서』권82「습착치전」). 여기서 '한 사람'은 도안을 가리키고 나머지 '반 사람'은 당시 병으로 거동이 불편했던 습착치를 가리킨다. 전진의 수도 장안에 와서 385년 성 안쪽 오급사(五級寺)에 안장되기까지, 도안은『방광반야경』과『광찬반야경』을 대교(對校) 작업하면서『마하발라야바라밀경초(수보리품)』(소품반야경에 해당)을 번역한다.

구마라집은 구자국에 있을 때 도안의 명성을 듣고 '동방성인(東方聖人)'이라 칭송하며 예를 갖추었고, 도안도 생전에 부견에게 구마라집을 모셔오기를 청했다(『양고승전』「석도안전」). 생면부지로 멀리 떨어져 있었으나 지기지우(知己之友)였으니 참으로 아름다운 도반의 모습이다.

도안은 우리가 오늘날 '문헌학적 연구방법'이라 일컫는 방법론을 토대로 한평생 한역불전에 대한 치밀한 연구를 수행하였다. 초기 한역경전에 대한 소(疏, 경전의 글귀를 풀이해놓은 글)·주(註)·대교(對校)연구 및『종리중경목록』, 더 나아가 '격의'가 아닌 '득의'의 강조는 이러한 연구태도에서 나온 빛나는 성과물이니, 동아시아 불교학의 기초를 확립한 인물이라 해도 과언이 아니다.

도안의 또다른 업적은 동아시아 사회에서 처음으로 승단체제를 정립한 데 있다. 도안은『중일아함경』에 나오는 강과 바다의 비유를 출가승려의 성에 적용시켜 '석(釋)'씨로 통일했다. 도안이 이끄는 승단은 육화경(六和敬, 육화는 身和, 口和, 意和, 戒和, 見和, 利和를 일컫는다)을 원칙으로 삼았으며 3가지 법규(첫째, 행향·정좌·상경·상강의 법. 둘째, 일상·육시·행도·음식·창시의 법. 셋째, 포살·차사·회과의 법)를 정했다. 이러한 승단의 원칙과 법규는 후대 선림(禪林)제도에 영향을 미친다.

승우는 도안에 관해서 "경전의 뜻이 극명하게 드러난 것은 도안에게서 비롯된다"고 평가한다(『출삼장기집』「도안법사전」). 혜교도 도안에 관해서 『양고승전』「의해편」에서 다루고 있는 것을 보면, 도안의 공사상에 대한 이해가 높은 평가를 받았음을 알 수 있다. 오호십육국-동진 시대의 반야학설(소위 '육가칠종') 가운데 반야학의 정종(正宗)으로 인정받는 '본무종(本無宗)'은 도안의 학설이라고 전해진다.

'본무(本無)'라는 번역어는 『도행반야경』(지참 역) 제14품에서 품명으로 채택된 이래 『대명도무극경』(지겸 역), 『광찬반야경』(축법호 역), 『방광반야경』(축숙란 역) 등에서도 고스란히 이어진다. 원래는 산스크리트어 '따타따'(tathatā, 후에 眞如로 번역된다)의 역어로 사용된 말이지만 실질적인 용례는 상당히 넓은 편이어서, 후대의 번역어 '공성(空性)'과 같은 뜻이라고 보는 편이 제일 무난하다. 이른바 '육가칠종'도 실은 '공'에 관한 6가지 주요 학설이기 때문이다.

도안의 본무종에 관해서 일부 중국학자들은 전통적인 해석과 상치되는 새로운 견해를 피력하기도 한다. 한 예로 임계유는 그의 저서 『한당불교사상논집』 및 『중국철학발전사(위진남북조)』에서, 승조가 『부진공론』에서 비판하고 있는 소위 '본무종'이 다름 아닌 도안의 학설이라고 단정짓고 이를 왕필의 '귀무론'과 동일한 사상계열에 배치시킨다. 그렇지만 임계유의 도안 사상에 대한 이해는 수·당시대 길장의 이해와는 정반대의 길을 간다.

길장은 『중관론소』에서 "도안은 뭇 현상은 그 본성이 공적하기(一切諸法本性空寂) 때문에 '본무(本無)'라고 하였다. 그의 해석은 대승불교의 경론, 구마라집과 승조 계통의 학설과 다르지 않다. 한편, 축법침(竺法琛)은 무(無)가 유(有)보다 먼저 있고 유는 무보다 나중에 있기 때문에 '본무'라고 하였다. 축법침의 해석은 승조가 『부진공론』에서 논파한 학설이다"[44]라는 중요

44) 대정장 42권, 29a10~14.

한 지적을 한다. '본무'에 관해서 도안 자신이 남긴 기록이 없는 지금 도안의 공사상 이해를 확정짓기는 곤란한 일이지만, 길장의 전승에 따를 때 도안은 '본무'를 '본성공적(本性空寂)'의 뜻으로 이해한다. '본성공적'이란 '공=무자성'이라는 공사상의 근본 구도와 다를 바 없다. 이에 비해 축법침은 '본무'를 '무를 본으로 삼는다(以無爲本)'로 해석하고 있으며 이러한 해석은 왕필의 '귀무론'에 근접한 본체론적 해석이기 때문에 자연히 공사상의 본의에서 멀어지게 된다. 이렇게 볼 때 승조가 비판하고 있는 본무론은 바로 축법침의 '본무' 이해이지 결코 도안의 본무론이 아닌 것이다. 따라서 나는 임계유와 길장의 상반된 해석 가운데 길장의 해석을 지지한다.

이 문제와 관련해서 『출삼장기집』「합방광광찬약해서」에 나오는 도안의 기술은 해답의 실마리를 제공하고 있는 것으로 보인다. 도안은 공사상의 이제(二諦)론에 관해서 위진현학의 용어를 구사하여, 속제와 진제를 각각 『노자』에 나오는 '가도지도(可道之道)'와 '상도지도(常道之道)'에 배당시킨 뒤 양자의 관계에 대해서 "양자는 다같이 '지(智)'라고 일컫는 것이며 서로가 상대편이 없어서는 안된다(此兩者同謂之智, 而不可相無也)"[45]라고, 진제와 속제의 서로 뗄 수 없는 불상리(不相離)의 관계를 강조한다. 여기에서 진제와 속제 간의 발생론적인 관계는 전혀 찾아볼 수가 없으니, 도안의 공사상을 왕필의 '귀무론'에 갖다붙이는 해석은 근거 없는 억측이라 할 수밖에 없다.

'불상리'의 관계를 강조하는 한편, 도안은 『방광반야경』(축숙란 역)에 등장하는 번역어 '법혜(法慧)'와 '진혜(眞慧)'를 통해서 지식과 지혜의 '불상즉'의 관계를 강조하기도 한다. '법혜'란 오온에서 일체지에 이르기까지 일체의 현상에 대한 사변적인 지식을 뜻하며, '진혜'란 '일상(一相)' 혹은 '무상(無

---

45) 대정장 55권, 48b20. 인용문의 '지(智)'는 지식과 지혜(여기서는 '반야'로 표현된다)를 포괄하는 말로 쓰이고 있으며 정확하게는 '지(智)의 대상'을 뜻하겠지만 지식과 속제, 그리고 지혜와 진제의 밀접한 연관성 때문에, 도안은 양 범주를 구분하지 않고 서로 대체할 수 있는 개념으로 사용한다.

相)'으로 표현되는 무분별적인 지혜를 뜻한다. 따라서 양자는 엄연히 차원이 다른 개념이기도 한 것이다.

속제와 진제의 관계, 더불어 지식과 지혜의 관계에 대해서 인도의 불교사상가 나가르주나(Nāgārjuna, 龍樹, 150?~250?)와 중국의 불교사상가 도안이 견해의 일치를 보이는 것은 상당히 흥미로운 일이다. 대승불교의 공사상에 대한 오해 가운데 하나는, '진제는 진실, 속제는 방편''지혜는 진실, 지식은 방편'과 같은 대승불교 공사상의 진리론 및 지식론의 기본 구도를 흔히 언어적 사유나 일상적 진리를 무시해도 좋은 것으로 착각한다는 점이다. 이러한 오해는 명백히 지식과 지혜의 '불상리'의 관계를 곡해하는 것이기 때문에 공사상의 진의를 왜곡시킨다고 보아야 할 것이다.

도안은 입적하기 3년 전인 382년에 자신의 한평생 번역론을 정리하여 '오실본(五失本)·삼불역(三不易)'설로 마무리한다. 도안의 '오실본'과 '삼불역'에 관해서는 앞장에서 설명했기 때문에 여기서는 넘어가기로 하겠다.

13. 중국 역경사의 첫 분수령 구마라집

남북조시대 양나라의 승우는 『출삼장기집』에서 구마라집의 한역을 '신경(新經)'으로, 그 이전의 한역을 '구역(舊譯)' 또는 '구경(舊經)'으로 명명하였다. 이후 동아시아의 역경사를 연구하는 학자들은 승우의 구분에 착안해서 승우의 구분을 송나라 이후까지 포괄하는 긴 역사시기에 확대 적용하여, 대체로 구마라집 이전의 한역을 '고역(古譯)', 구마라집에서 현장 이전의 한역을 '구역(舊譯)', 현장 이후의 한역을 '신역(新譯)'이라 부른다. 오늘날 이 도식은 역경사의 시대구분에 일반적으로 채택되고 있다.

역경사를 빛낸 하고많은 역경가 가운데 구역의 태두로 구마라집을, 신역의 분수령으로 현장을 손꼽을 정도이니, 동아시아 역경사에서 구마라집과 현장 두 사람이 차지하고 있는 비중은 그만큼 타의 추종을 불허한다. 중국의 역경가 가운데 대표적인 네 사람을 들라 하면, 지참·축법호·구마라집·현장을 거론하는 학자도 있고, 구마라집·진제·현장·의정(義淨)을 꼽는 학자도 있으며, 또는 의정 대신에 불공(不空)을 넣어 구마라집·진제·현장·불공을 꼽는 학자도 있다. 경우의 수를 어떻게 잡든지 빠짐없이 등장하는 인물이 구마라집과 현장이니, 이 두 사람이야말로 중국의 최고역경가로 치켜세워도 무난할 듯싶다.

'신역'과 '구역'이라는 호칭 구별에는 실은 한어사(漢語史)의 시대구분법이 한몫을 한다. 한어사에서는 일반적으로 중국어 용법의 차이에 따라 위진 남북조 시대까지의 중국어를 '중고한어(中古漢語)'로, 당·송대 이후의 중국어를 '근대한어(近代漢語)'로 구분한다. 따라서 한어사의 시대구분에 맞출 때, 시기적으로 구마라집의 번역어는 중고한어에, 현장의 번역어는 근대한어에 포섭됨을 알 수 있는데, 이 점은 양자의 번역문체의 차이나 음역의 차이 등을 연구할 때 반드시 고려해야 할 사항이다. 여기서는 오호십육국-동진 시대의 시대적 배경을 고려하면서 구마라집의 생애와 사상, 역경 문제, 문화사적인 의의를 자세하게 다루어보기로 하자.

중국의 신강 위구르자치구 안에는, 고차(庫車, 중국명으로는 '쿠처')에서 배성(拜城)으로 가는 길에 유명한 키질천불동이 자리잡고 있다. 키질천불동은 투르판 교외에 있는 베제크리크 천불동과 더불어 신강 최대의 불교 석굴이다. '고차'는 4세기 무렵에는 구자(龜茲, Kucha)국이었는데, 키질천불동도 구자국이 남긴 빼어난 유적 가운데 하나이다. 키질천불동에는 그 입구에 사색에 잠긴 모습으로 구마라집의 동상이 세워져 있다. 제작일은 1994년 9월로, 신강구자석굴연구소에서 구마라집의 탄신 1650년을 기념해서 제작한 것이다. 같은 날 키질천불동에서는 '구마라집과 중국민족문화'라는 주제로 국제학술회의가 열렸다. 이 학술회의는 중국사회과학원 부설단체인 세계종교연구소와 아주태평양연구소, 중국불교협회, 신강사회과학원, 신강불교협회,

신강구자석굴연구소 등 여러 단체가 연합해서 마련한 국제적인 행사로 동아시아 불교계에 끼친 구마라집의 업적을 다방면에 걸쳐 확인 또는 재조명하는 행사였다. 과문한 탓인지 모르지만 구마라집이라는 한 인물을 회의의 주제로 잡기로는 최초이자 마지막(?) 국제학술회의일 것이다. 이 학술회의에서는 구마라집의 생존시기에 관해서, 350~409년으로 보는 설(일본학자 塚本善隆의 설)을 배제하고 344~413년 설을 합의 채택하고 있으니 우리도 이 설에 따라 구마라집의 생애를 따라가보기로 하자.

구마라집의 생애를 살펴볼 수 있는 사료로는 『출삼장기집』과 『양고승전』이 제일 중요하며, 그외에 『진서』 「구마라집전」도 비중있게 거론된다. 한편, 학계에서는 구마라집의 제자 승조가 쓴 『구마라집법사뇌(誄)』(『광홍명집』에 수록)의 기록을 결정적 근거로 채택하여 구마라집의 생존연대를 344~413년으로 확정짓고 있으니, 승조의 기록도 중요한 사료로 인정받는 셈이다. 상세한 사료분석 과정은 생략하기로 하고, 간략하게 이러한 사료들을 종합해서 구마라집의 생애를 복원해보기로 하겠다.

구마라집의 본적은 인도이다. 인도의 바라문인 아버지의 이름 '구마라염(鳩摩羅炎)'에서 '구마라' 즉 산스크리트어로 '꾸마라'(kumāra)를 따오고, 어머니의 이름 '기파(耆婆)'에서 기파의 산스크리트어 '지와'(jīva)를 따와서 이 둘을 조합해서 만든 이름이 '구마라집'이다. 이 이름에는 이미 중앙아시아어의 영향이 개입해 있다. 산스크리트어로는 '꾸마라지와'일 테지만 맨 끝의 '아' 모음이 탈락되는 중앙아시아어의 영향 때문에 구차국에서는 '꾸마라집'으로 발음하고, 이것은 다시 중국어로 '구마라집'으로 옮겨진다.

인도의 『마누법전』에는 바라문의 이름을 지을 때 지켜야 할 일반적인 규정이 나온다. 이름은 보통 두 음절 또는 네 음절 등 짝수 음절로 짓는데, 바라문의 경우 이중 앞음절은 길상(吉祥)을 나타내는 말로 짓고, 뒤음절은 행복을 뜻하는 말을 써야 한다. 구마라집의 아버지는 이 규정을 잘 지켰던 모양으로, '구마라집'에서 앞의 단어 '구마라'(kumāra, 젊은이, 소년)는 길상을 뜻하는 말에 속하고, 뒤쪽 단어 '집'(jīva, 장수)은 행복을 뜻하는 말에 속한다. '구마라집'이란 이름 자체가 전체적으로 보면 '불로장생' 곧 신선(神仙) 관념과 통하니 동서고금을 막론하고 불로장생은 온 인류의 이상인 것 같다. 중국에서는 '구마라집'을 의역하여 '동수(童壽)'라고도 하였다.

구마라염은 인도의 출가승려로 대대로 재상을 지낸 명문 바라문 집안 출신이었으나 불사밀다라(弗舍蜜多羅) 왕이 불법을 무시하고 심지어 탄압까지 하자 염증을 느낀 나머지 당시에 서역지방에서 불교국으로 널리 알려진 구자국으로 왔다. 구자국의 왕 백순(白純)은 구마라염을 국사로 중임했고 그를 붙잡아두기 위해서 자신의 동생인 기파와 혼인시켰다.

기파도 독실한 불교신자여서 나중에 구마라집의 동생이 병으로 죽자 출가했으며 곧 성자의 경지에 이르렀다고 한다. 구마라집의 일생 중 후반부에서 후진의 요흥이 천하대장군 노릇을 했다면, 전반부는 기파가 지하여장군 역할을 했다고 해도 과언이 아니다. 그만큼 기파는 구마라집의 뒤에서 그림자처럼 따라붙으며 구마라집의 학업과 수행을 뒷받침했다.

천하의 구마라집인지라 구마라집에 얽힌 재미난 이야기도 많이 있다. 구마라집을 회임하고 기파는 갑자기 총기가 넘쳐나 그전까지 배운 적도 없는 산스크리트어를 할 수 있게 되었으며 어려운 경전의 내용도 훤히 알게 되었으나, 구마라집이 태어나고 나니 다시 원래 상태로 되돌아갔다고 한다. 또한 기파는 구마라집을 임신하고는 "사리불에 버금가는 아이를 낳으리라"는 예언을 받았다고도 한다(『출삼장기집』「구마라집전」). 이 모두가 구마라집의 총명함을 찬탄하는 이야기이다.

7살(350년)이 되었을 때 구마라집은 기파를 따라 출가한다. 이때 매일 1천 개의 게송을 읽는다. 9살(352년) 때 기파와 함께 타클라마칸 사막을 지나고 파미르고원을 넘어서 당시 불교의 최고 학맥을 구가하던 계빈(罽賓, 인도의 카슈미르)으로 유학간다. 카슈미르 국왕의 사촌동생인 반두달다(槃頭達多)에게서 『장아함경』『중아함경』『잡장』등 설일체유부에 전승되어온 아함경 및 아비다르마 논서를 배우며, 이윽고 '사리불의 현신'으로 불릴 정도로 쟁쟁한 명성을 얻게 된다.

반두달다의 추천으로 그 어린 나이에 국왕의 면전에서 다른 학파의 어른 철학자들과 한판 논쟁을 벌여 모두 이겼다고 하니 대단한 지혜와 변론술을 지녔음을 알 수 있다. 12살(355년)이 되었을 때 "더이상 가르칠 게 없다"는 스승 반두달다의 말에 따라 구마라집은 기파와 함께 구자국으로 향하는 귀로에 오른다.

카슈미르에서 구자국으로 향하는 귀로는 애초에 왔던 길을 거꾸로 거슬러 올라가는 식이 아니었다. 이번에는 파미르고원을 피해 카슈미르의 왼편에서 북쪽으로 쭉 올라가 대월씨국에 들렀다가 다시 사륵국(沙勒國/疏勒國, 신강 카슈가르)으로 가서 일년 정도 머문 뒤 씰크로드 북도를 타고 구자국으로 향한다.

대월씨국에 있을 때 한 나한이 구마라집을 보고는 모친에게 이렇게 말했다. "이 사미는 35살이 될 때까지 파계하지 않으면 크게 불법을 일으켜 무수히 많은 사람들을 제도할 것이니 우빠굽따(Upagupta, 漚波掬多/優波掘多. 아쇼카왕을 교화한 인도의 네번째 조사)와 같게 될 것입니다. 계를 온전하게 지키지 못하면 단지 빼어난 법사에 그칠 것입니다. 부디 잘 보호하십시오"(『출삼장기집』「구마라집전」). 이후에 전진(前秦)의 장수 여광이 구자국을 침략하여 구마라집을 파계시키는 때가 동진 태원 9년(384년)이니 구마라집의 출생년도를 344년으로 잡으면 이때 나이가 이미 41살이나 되어 전승과 어긋나게 된다. 이 점에서 보면 출생년도를 350년으로 잡는 설도 일리가 있는 말이다. 여기서는 문제제기로 그치기로 한다.

대월씨국을 떠나 사륵국에 일년 정도 머무는데 이곳에서도 구마라집에 얽힌 의미심장한 이야기가 전해진다. 하루는 구마라집이 절에 모셔놓은 커다란 부처님 발우를 머리에 이었는데 이상하게도 가벼웠다. "이 큰 게 왜 이렇게 가벼울까?" 이러한 생각이 들자 발우는 갑자기 무거워졌고 도저히 머리에 이고 있을 수 없게 되자 급기야는 비명까지 지르며 내려놓았다. "왜 난리냐?" 어머니가 물었다. 구마라집이 대답하기를 "제 마음에 분별이 있어서 부처님 발우가 가벼웠다 무거웠다 합니다." 이때가 12~13살 때이니 어린 나이에 벌써 '일체유심조'의 도리에 가깝게 다가간 것 같다.

구마라집의 일생 중 가장 쟁점이 되는 부분은 구마라집이 언제 어디서 대승으로 개종했는가 하는 문제이다. 겸전무웅(鎌田茂雄)의 『중국불교사』 등 통사에서는 대부분 구체적인 언급을 회피하고 있고, 또 일반적으로는 『양고승전』의 기술을 좇아 사륵에 체재하고 있는 동안에 대승으로 개종했다고 보는 것이 통설인 것 같다. 자세한 논의는 생략하겠지만, 이 문제에 관해서 나는 중국학자 진세량(陳世良)의 학설이 훨씬 신빙성이 높다고 본다. 진세량은 『출삼장기집』과 『양고승전』의 기술이 서로 어긋난다는 점에 착안했는데 그 논지는 다음과 같다. 즉 구마라집의 사륵국 체재는 12살과 20살 때 두 차례에 걸쳐 이루어졌으며, 두번째 체재 때 사륵국의 남쪽에 있는 사차국(沙車)에서 사차국 왕자 수리야소마(須利耶蘇摩)의 감화를 받아 대승으로 바뀐다는 것이다. 이 설을 참조해서 12살 때 사륵국 체재 이후의 이야기를 전면적으로 재구성해본다.

구마라집은 사륵국에서 아비다르마 논서, 『증일아함경』 등을 익히는 한편 사륵국 왕의 총애를 받아 대중 앞에서 『전법륜경』을 설법하기도 한다. 13살 때(356년) 구자국으로 돌아가 그야말로 박학다식한 학자로 성장하는데, 이때 구마라집이 섭렵한 문헌을 보면 힌두교의 베다성전과 빠니니 문법학, 천문 역법 등 베다의 보조학문이 들어 있으며, 그외에 니야야학파의 논리학과 같은 다른 학파의 학문, 심지어는 길흉을 점치는 법까지 포함되어 있어 불교문헌을 읽는 데 필요한 기초학문을 모두 익히고 있음을 알 수 있다.

20살 때(363년) 구자국 왕궁에서 구족계를 받고는, 두번째로 또다시 사륵국으로 가서 불타야사(佛陀耶舍)에게서 『십송률』을 배운다. 이때까지 구마라집은 아직 대승불교 사상에 접하지 못했으며 지식의 범위나 연학 방식이

설일체유부 계통의 논사들과 비슷하였다.

22살(365년)에 구마라집은 사차국에서 수리야소마를 만나 대승경전인『아뇩달경』을 배우게 된다. 사차국은 당시 서역지방에서 대승불교의 중심지였던 우전국(于闐, Khotan. 신강 화전)의 영향으로 대승불교가 유행하던 지역이다. "모든 법이 다 공하며 무상하다"는 구절을 보고는 괴이하게 생각하여 "이 경은 도대체 무슨 쓸모가 있는가? 법을 모두 파괴해버리지 않는가?"라고 묻자, 수리야소마는 대답했다. "눈에 보이는 것은 참으로 있는 것이 아니다." 이때부터 26살(369년)까지 구마라집의 사상은 크게 변모하여 대승으로 바뀌는데,『중론』『백론』『십이문론』등 중관학파의 논서를 연구한 것도 바로 이때이다.

수리야소마의 지도로 대승불교 사상가로 변모한 구마라집은 26살(369년) 때 구자국으로 돌아간다. 도중에 온숙(溫宿)국에서 소승불교의 지도자와 대론을 벌여 승복시키는 등 구마라집의 명성은 서역지방에 널리 알려졌고 이윽고 중국에까지 전해진다.

서역지방에서는 원래 씰크로드 남도 변에 위치한 우전국·사차국만이 대승불교권이었으나, 구마라집이 대승불교의 정신적 지도자로 나선 이후 씰크로드 북도 변에 있는 사륵국·온숙국·구자국에서도 모두 대승불교가 성하게 된다.

카슈미르의 스승 반두달다는 구마라집으로 인해 서역지방에 대승불교가 홍륭하다는 말을 듣고 분노한 나머지 구마라집을 바로잡기 위해서 구자국까지 찾아왔다. 공사상에 빠진 구마라집을 보고 반두달다는 한 미치광이의 비유를 던진다. 견직공의 사탕발림에 빠져 아무것도 없는 허공을 멋진 비단이라 착각하는 한 광인에 관한 이야기이다. '벌거숭이 임금님' 우화와 똑같은 이야기이지만 여기서는 공사상 신봉자가 벌거숭이 임금님이 된다는 구성방식을 취한다. 하지만 결국 반두달다는 구마라집의 논변에 승복하여 "나는 네게 소승의 스승이나, 너는 나에게 대승의 스승이다"라는 말을 남기고 돌아갔다 한다.

39살(382년) 때 전진의 왕 부견은 구마라집을 얻기 위해 장수 여광을 보내 구자국을 정벌한다. 여광은 구마라집의 법기를 알아보지 못하고 농지거리를 하다가 결국 술기운을 빌려 파계시킨 뒤 384년(41살)에 구마라집을 데리고 장안으로 회군한다. 하지만 도중에 부견이 죽었다는 소식을 듣고는 양주(涼州, 감숙성 무위현 일대)에서 후량(後涼)국을 세운다. 이때 구마라집의 나이 42살(385년)이었다. 후에 후진(後秦)의 요흥이 후량을 정벌하고 구마라집을 장안으로 모셔간 때가 401년(58살)이니 16년간의 긴 세월 동안 양주에 체재한 셈이다.

양주는 옛날부터 씰크로드의 중간 도시인데다 중국의 전진기지로 중요한 곳이었기 때문에 이곳에서 구마라집은 여광의 군사(軍師)를 맡는 한편, 불경을 수집·연구하면서 중국어를 완벽하게 익혀 훗날 역경작업의 기초를 다진다. 양주에 있을 때 이미 구마라집의 명성은 중국 불교계에 자자했던 모양으로, 비록 그 신빙성이 의심받고는 있지만 398년에 승조가 양주에 찾아와서 사사받았다는 기록이 있을 정도이다.

요흥은 구마라집을 국사(國師)의 예로 맞이하여 장안 소요원의 서명각에 모신 뒤 시간이 날 때마다 자신이 직접 역경작업에 참여할 정도로 구마라집의 일에 열성적이었을 뿐만 아니라, 스스로 『통삼세론』『통일체법공』이란 소논문을 남길 정도로 불교사상에도 상당히 조예가 깊었다. 이전의 개인적인 번역작업에서 벗어나 국영(國營) 역장이 설립되고 조직적인 역경작업이 이루어진 것은 바로 구마라집 때부터인데, 이렇게 역경방식이 크게 호전될 수 있었던 데는 구마라집의 조직력 탓도 있겠지만 무엇보다도 요흥의 막강한 후원이 있었기에 가능한 일이었다. 413년(70살) 임종할 때까지 12년간 구마라집은 역경작업 및 대승불교 강설에 혼신의 힘을 쏟아붓는다. 『출삼장기집』에 따르면 35부 294권을 번역했으며, 구마라집의 강설을 듣기 위해 몰려든 학승의 수는 3천명에서 5천명에 달했다고 한다.

자신의 공사상 이해 및 역경 수준에 자부심이 있었던 구마라집은 임종하기 전에 "내가 번역한 경전에 잘못이 없다면 내 몸을 화장한 후에도 혀만은 타 없어지지 않을 것이다"라고 고별사를 남긴다. 소요원에서 다비식을 했는데 과연 구마라집의 혀만은 아무런 손상도 입지 않고 말짱했다고 한다. 구마라집이 장안에 온 이후 대승의 공사상에 관한 소위 '육가칠종'의 백가쟁명시대는 말끔히 정리되고, 난해한 번역이 많았던 이전의 대승경전은 알기 쉽게 다시 번역되니, 구마라집은 단순한 역경가가 아니라 대승사상의 오의를 알기 쉽게 풀어낸 공사상가라 할 만하다. '타지 않는 세 치 혀'의 전설은 이를 웅변한다.

구마라집의 번역 가운데 중국 불교사에 가장 커다란 영향을 미친 것은 대승경전과 중관 논서이다. 대승경전으로 『대품반야경』『소품반야경』『묘법연화경』『아미타경』『유마힐경』『금강반야바라밀경』『미륵하생경』『미륵성불경』이 있고, 중관 논서로는 『중론』『백론』『십이문론』『대지도론』이 있다. 이외에도 『좌선삼매경』(407년에 『선법요(禪法要)』로 재역)과 『지세경』 등 선학계통 경전, 『십송률』『십송비구계본』 등 계율관련 경전, 『성실론』과 같은 아비다르마 불교 계통의 논서가 있다.

대승경전은 구마라집 이전에 장안에서 축법호가, 낙양에서 지참이 초역한 경전이 있었지만, 구마라집은 요흥의 요청에 따라 이를 다시 번역한다. 일단 구마라집의 번역이 유포되자 사람들은 이전 번역을 별로 중시하지 않는다. 이러한 현상에는 두 가지 원인을 상정해볼 수 있다. 첫째, 이전 번역자의 공사상에 대한 이해가 구마라집에 비해 깊지 않았다. 승조의 「유마힐경서」에 따르면, 후진의 왕 요흥은 "지겸과 축법호의 번역에서 도리가 역문을 통해서 잘 드러나지 않음(理滯於文)을 유감으로 여기고 항상 심오한 진리가 번역자의 수준에 가려버림(玄宗墮於譯人)을 우려했다."[46] 둘째, 구마라집의 번역

---

46) 대정장 55권, 58b10.

문은 당시 중국인의 심금을 울리는 매력이 있었다. 공자가 이상적인 문장의 모습으로 제시한 '문질빈빈(文質彬彬, 글은 품격과 깊이를 고루 갖춰야 한다는 뜻)'의 이념이 구마라집의 번역문 속에서 생생하게 살아난다. 승조의 평가를 빌리면, 구마라집의 "문장은 간결하나 뜻이 깊고, 원문의 본뜻은 은근하나 또렷하게 드러나니, 미묘하고도 심원한 부처님 말씀이 여기서 비로소 확실해졌다."[47]

구마라집의 한역은 결코 단순한 직역에 그치지 않았다. 때로는 거의 창작에 가까울 정도로 의역에 치중한 것도 있다. 일본의 학자 가등순장(加藤純章)은 『대지도론』이 나가르주나의 저술이 아니며 실은 카슈가르나 구자국 등 서역지방에서 편집 제작되었을 것이라는 작업가설, 그리고 구마라집 자신이 이 과정에 어느정도 관여했던 것이 아닌가 하는 의문을 제기한다.[48] 『십이문론』에 관해서도 『중론』 등에 의거해서 구마라집이 편찬한 것이라는 일본학자 목촌선창(木村宣彰)의 지적도 있다. 중관사상을 연구하는 학자들이 더불어 점검해야 할 문제들이다.

구마라집의 역장 분위기는 상당히 특이한 면이 있었다. 역장에서 강설(講說)이 동시에 이루어졌으니 역장이 곧 포교장 노릇을 한 셈이다. 미리 허가 받은 사람만을 출입시켰던 현장의 역장 분위기와는 달리 구마라집의 역장은 아주 자유로운 분위기였다. 승예가 쓴 「대품경서」에 "번역문이 확정되기도 전에 구마라집의 초역을 옮기는 사람도 있었다"[49]고 전할 정도로 자유분방한 모습이었다. 『십송률』의 경우는 역문이 확정되기도 전에 필사본이 서역으로 유통되는 일도 있었는데, 현재 대영박물관에 그 사본이 보존되어 있다. 이 모두가 그가 번역 자체에서 만족을 느끼기보다는 대승불교의 선양이라는 포교 의미에 더 역점을 두었기 때문에 가능했을 것이다.

---

47) 대정장 55권, 58b16~17.
48) 加藤純章 「『大智度論』의 總合的 硏究」(일본 문부성 연구성과보고서), 1996.
49) 대정장 55권, 53b13~14.

후진의 왕 요흥의 절대적인 원조가 있었기에 구마라집의 역경작업이 순조롭게 진행될 수 있었다고 여러 번 강조했는데, 실제로 그 이전까지의 역경작업이 주로 개인 차원의 소규모 작업에 그쳤던 데 비해서 구마라집 때에는 요흥의 국가적 규모의 지원하에 본격적인 국영 역장이 운영된다. 당시 역장의 규모는 꽤 컸던 모양으로, "요흥은 대장군 상산공과 좌장군 안성후에게 명하여 학승 1,200명과 더불어 장안의 대사(大寺)에 모이게 한 뒤 구마라집 법사에게 원본을 다시 번역해주기를 간청했다. (…) 구마라집은 서역본을 손에 들고 중국어 역문을 구술하였는데, 도속(道俗)이 모두 경청하여 한 번 말하면 세 번 따라 복창하였다(一言三復)"는 기록이 전한다(『출삼장기집』「유마힐경소」).[50]

그 결과, 수많은 중국인 제자의 조력을 받으며 후세에까지 그 영향력이 시들지 않는 수많은 번역어가 동아시아 사회에 정착하게 된다. '공(空)'이란 번역어가 실질적으로 확정된 것도 구마라집 때이며, '열반(涅槃)'이란 말이 산스크리트어 '니르와나'(nirvāṇa)의 역어로 정착된 것도 구마라집에 이르러서이다. 중요한 대승경전은 대부분 그 이전의 역본과 하나하나 대조하면서 세심하게 다시 번역하였고, 『중론』『백론』 등 중관 논서 등도 초고본을 만든 뒤 이를 토대로 몇년에 걸쳐 다시 점검하면서 최종본을 확정짓는 등 치밀함을 보여주었다. 요즘 세상에서 이루어지는 일부 번역작업과 대비해보면 후인을 깨우쳐주는 바 크다.

중국뿐 아니라 동아시아 불교계에서 자주 독송하는 경전 가운데 『관음경』『아미타경』『금강경』『법화경』이 있는데, 이 모두가 구마라집이 번역한 역본이니 구마라집의 한역이 동아시아 불교계에 끼친 영향은 가히 절대적이라 할 만하다.

선종에서 제일 중시한 경전은 바로 구마라집이 번역한 『금강경』이었다.

---

50) 대정장 55권, 58b12~16.

북종선이 달마 이래의 전통에 따라 구나발타라(求那跋陀羅)가 번역한 4권본 『능가경』을 중시한 것과는 사뭇 그 강조점이 달라진다. 제5조 홍인(弘忍)이 혜능(慧能)에게 가사와 함께 『금강경』을 전수했다는 『육조단경』의 이야기는 유명하거니와, 돈황본 『육조단경』에는 혜능이 신도들에게 "『금강경』 한 권을 잘 지녀 익히면 능히 견성해서 반야삼매에 들 수 있다"고 했다는 구절도 나온다. 구마라집의 한역 『금강경』이 선종의 근본경전 역할을 했음을 알 수 있다. 또한 구마라집이 번역한 『미륵하생경』 『미륵대성불경』은 오호십육국 시대의 미륵신앙에 기본 텍스트 역할을 하였다.

남북조시대 남조의 양나라에서는 구마라집이 번역한 이른바 '삼론'(『중론』 『백론』 『십이문론』)에 대한 연구가 활발해지며, 진(陳)나라 때에 이르러 그 분위기는 절정에 달한다. 당시에는 금릉의 섭산(攝山)이 삼론학의 본거지 노릇을 하여 고구려의 승랑(僧郎)에서 승전(僧詮), 법랑(法朗)에 이르기까지 삼론학이 크게 흥했으며, 수(隋)대에는 법랑의 제자 길장이 삼론종을 연다. 길장에게 수학한 고구려의 혜관(慧灌)이 625년 일본에 삼론종을 전해 일본 삼론종의 비조가 되니, 구마라집과 고구려의 인연은 꽤 깊은 편이다.

구마라집의 한역 『대지도론』과 『법화경』에 의거해서 수나라 때 천태(天台) 지의(智顗, 538~597)는 천태종을 만든다. 구마라집이 번역한 『성실론』은 후대에 '삼론'의 보조텍스트로 읽히게 되지만, 일본에서는 한때 성실종을 형성할 정도로 크게 흥하였다. 고구려의 혜자·혜관, 백제의 혜총(惠聰)·관륵(觀勒)은 일본에 삼론과 더불어 『성실론』을 전했으며, 특히 백제의 도장(道藏)은 『성실론소』 16권을 찬술하여 일본 나라(奈良)의 동대사에서는 『성실론』을 읽을 때는 도장의 저술을 사용했다고 한다.

한편, 구마라집의 역경작업의 파장은 사상계에만 국한된 것이 아니라 불교예술의 진작에도 큰 영향을 끼친다. 『법화경』의 "부처님을 위해서 불상을 세워 부처님의 상호를 새긴다면 무상도를 얻을 수 있다"는 구절은 불교예술의 발전에 지대한 공헌을 하였고, 돈황 등지의 석굴 등에서 발견되는 '유마힐경 변문' '서방정토 변문' 등도 모두 구마라집의 역문과 깊은 관계가 있는 것으로 확인되고 있다.

14. 구마라집의 문하: 승조와 축도생

수많은 학승들이 구마라집의 문하생으로 들어왔지만 그 가운데서도 후에 '관중사자(關中四子)' 혹은 '사성(四聖)'으로 칭송된 축도생(竺道生), 승조(僧肇), 승예(僧叡), 도융(道融), 이 네 인물이 특출하다. 구마라집의 공사상은 이들 제자를 통해서 동아시아 사회에 널리 보급되기 때문에 여기서는 승조와 축도생 두 사람의 사상을 간략하게 살펴봄으로써 우회적으로 구마라집의 사상을 약술하기로 한다.

승조는 특히 공사상을 선양하여 후에 삼론종(三論宗)의 조사로 치켜세워질 정도로 존중받는다. 그의 저서 『조론』은 대승불교의 공사상을 역사상 처음으로 중국인의 언어로 형상화한 가히 기념비적인 작품이다.

『조론』은 텍스트의 성격상 「종본의」 「부진공론」 「반야무지론」 「열반무명론」 「물불천론」으로 구성된 소논문집이지만, 「종본의」를 중심으로 다른 소논문이 우산대처럼 펼쳐지고 있는 상당히 체계적인 작품이다.

「종본의」에서 승조는 위진현학의 기본 범주이던 '유무(有無)'와 대승불교의 '공(空)' 사이에 명확한 경계선을 긋는다.

> 본무(本無), 실상(實相), 법성(法性), 성공(性空), 연회(緣會), 이는 모두 같은 말이나. 왜 그런가? 뭇 현상은 연(緣)이 모여서 생긴다. '연(緣)이 모여서 생긴다'는 말은 '아직 생겨나지 않았을 때는, 곧 연(緣)이 모이지 않았을 때는 존재하지 않는다'는 말과 같으니, 연(緣)이 떠나면 현상은 없어진다. 현상이 본체론적 실재(眞有)로서 있다면 없어지는 일이 없게 된다. [이러한 일은 있을 수 없

다.] 이로 미루어보아 다음과 같이 알 수 있다. 현상이 지금 있다 하더라도 현상의 성(性)은 본래 항상 공(空)하며, 성(性)이 본래 항상 공(空)하기 때문에 '성공(性空)'이라 한다. 현상은 그 성(性)이 공(空)한 것이기 때문에 '법성(法性)'이라 말한다. 현상의 본성이 이와 같기 때문에 '실상(實相)'이라 말한다. 현상의 실상(實相)에서 [현상의 성(性)은 본래 없는 것(無)이니, 있는 성(性)을 밀쳐내어 없게 하는 것(推之使無)은 아니다. 이런 뜻에서 '본무(本無)'라 한다.

승조의 글은 난해하기로 정평이 나 있기 때문에 문장 보충기법을 써서 생략되어 있는 말은 보충해 넣고 빠진 말은 채워넣어 보았다. 승조는 본무(本無), 실상(實相), 법성(法性), 성공(性空), 연회(緣會) 등 위진현학의 영향으로 '공성'을 해석하는 데 동원되었던 다양한 용어들을 다시 '공성'의 입장에서 회통시켜, 이 모든 표현들을 다 '공성'을 가리키는 동의어로 엮어낸다. 이 때 핵심은 '공=제법무자성'에 있다. 당연한 귀결로 '본무'의 '무(無)'는 '무자성(無自性)'을 뜻하게 되며, '본무'를 '이무위본(以無爲本)'으로 이해하던 위진현학적인 본체론의 냄새는 말끔히 가신다. 승조의 기본 관점은 구마라집과 마찬가지로 '연기=공성=제법무자성'에 입각해 있음이 분명하다.

본체론적인 무(無)와 공(空)의 구별, 더 나아가 공사상과 허무론의 구별은 「부진공론」의 주제이기도 하다. 「부진공론」에서 '부진공(不眞空)'은 '실체적 존재로서 있는 것이 아니기 때문에 공이다(不眞故空)'를 뜻한다. 생략되어 있는 주어는 '법(法)'이고, '진(眞)'은 '실유(實有)'이다. '공'을 '전무(全無)'로 오해해버리는 허무론적인 해석을 경계하여, 승조는 「부진공론」에서 유(有)와 실유(實有), 무(無)와 전무(全無)를 구별함으로써 '공'의 진의를 유무(有無)의 틈바구니에서 가려낸다. '부진(不眞)' 곧 '실체적 존재(實有)로서 있는 것이 아니기' 때문에 '공'이라 하는 것이지 현상의 '있음(有)'마저 부정하는 것은 아니다. 「부진공론」은 현상을 왜 '공'하다고 하는가 하는 문제를 제기하여 '공'에 대한 허무론적 오해를 불식시키는 데 그 취지가 있다.

「부진공론」에서 승조는 『방광반야경』의 한 구절 즉 "[현상은] 비유하자면 환화인(幻化人)과 같다. 환화인이 없는 것은 아니나, 환화인은 진인(眞人)이 아니다"라는 구절을 인용한다. 승조의 해석에 따르면, 여기서 환화인은 '언표적 존재(假有)'이고 진인은 '실체적 존재(實有)'이다. 현상은 자성(自性) 곧 존재론적 본성이 없기 때문에 환화인과 같다. 하지만 환화인은 실체적 존재로서는 없을지라도 현상으로서는 엄연히 있는 것이다. 「부진공론」의 한 구절을 인용해보자.

[현상이] '유(有)'라고 한다면, 그 유(有)는 '본체론적 실재(眞生)'라는 말이 아니다. [현상이] '무(無)'라고 한다면, 사물은 이미 형태를 갖추고 있기 [때문에 '연생법으로서의 현상마저 없다'는 말은 아니다.] 사물의 형태마저 없지는 않기 때문에 '비무(非無)'라고 말한다. [현상은 본체론적 실재가 아닌 것(非眞) 곧 존재론적 본질을 지닌 존재가 아니기(非實有) 때문에 '비유(非有)'라고 말한다. 이렇게 볼 때 비로소 '부진공(不眞空)'의 뜻이 명료하게 드러난다.

승조는 한편으로는 인연에 따라 형성된 현상 곧 연생법으로서의 현상을 긍정하면서(有), 다른 한편으로는 현상의 배후에 또는 저변에 깔린 형이상학적 실체를 부정한다(無). 공(空)과 유무(有無)의 팽팽한 긴장관계가 여기에 자리잡고 있으며, 본질주의자의 유무에 대한 부정, 공사상가의 유무에 대한 긍정이 승조의 사상으로서 정착해 있다. 이렇게 볼 때 승조의 사상을 '위진현학의 아류'로 보는 기존 학계의 시각은, 공사상에 대한 오해에서 나온 편견이라 할 수밖에 없다. 주희(朱熹)가 『주자어류』(126권 5항)에서, 승조의 공사상을 장자의 설을 도습(盜襲)한 '환망적멸지론(幻妄寂滅之論)'으로 폄하하는 것도 같은 맥락에서 이해할 수 있다. 그 당시 사상계의 풍조에서 지식인들이 위진현학의 용어를 공유하는 것은 그야말로 당연한 일이었다. 「물불천론」에서 승조도 『장자』의 몇구절을 인용하고 있기는 하다. 하지만 우리가 보았듯이 이는 장자의 설을 답습한 것이 아니며, 『장자』를 공사상의 입장에서 재해석하고 있는 것이다.

승조의 「반야무지론」은 글제목을 글자 그대로 풀이하면 반야=무지라는 말이 되지만, 이때 '무지(無知)'는 단순히 '지(知)'의 대개념으로 설정되는 무식과는 거리가 멀기 때문에 해석에 각별히 주의를 요한다. 「열반무명론」에서 열반을 '무명(無明)'으로 묘사하는 것과 동일한 맥락이기도 하다. 우리의 정신발전 단계는 크게 무지(無知)-지(知)-무구(無垢)의 3단계로 설정되는데, 반야무지의 '무지'는 마지막 단계인 무구지(無垢智, amalā prajñā) 또는 무루지(無漏智, anāsravā prajñā)로 '지가 없는' 무식한 상태가 아니고, 지식의 본성인 언어적 사유분별을 넘어선 무분별적 지혜를 뜻한다. 무분별적 지혜를 체득할 때 붓다와 같은 '일체지자'가 될 수 있으며, 이러한 일체지자의 경지가 열반이기 때문에 열반은 '무명'이다. 곧 언어적 사변으로는 접근하기 어려운 경지이기 때문에 '이름없는' 것이 아니고 '이름붙일 수 없는' 것이다. 따라서 '무지'나 '무명'은 각각 공성의 세계에서 인식주관과 인식대상의 차원이 일상적 차원과 다르다는 것, 언어적 사변이 미칠 수 없는 영역이라는 것, 진제의 세계라는 것을 나타낸다.

와수반두가 '무아'를 주제로 「파아품」이라는 논문을 저술하였듯이, '반야'라는 단일주제로 소논문을 작성한 이는 불교사상사에서 승조가 처음이며, 그 논문이 「반야무지론」이다. 「반야무지론」에서 승조는 "성자의 지혜(聖智, 반야)는 극히 심오하여 헤아리기 어렵고, 상이 없고(無相) 이름붙일 수 없어서(無名) 말과 형상으로 인식할 수 있는 것이 아니다"라고 전제를 단 뒤, '광언(狂言)'일지언정 지혜의 본질에 관해서 말로 규명해보겠다고 한다. 다음의 인용문은 그러한 시도 아래서 쓴 글이다.

『방광반야경』에서는 "반야는 일체의 상이 없으며, 생멸상도 없다"고 설하고 있으며, 『도행반야경』에서는 "반야는 아는 바가 없으며 보는 바도 없다"고 설하고 있다. 이러한 말은 지혜[智, 반야]의 통찰작용(智照之用)을 밝힌 것이다. 그런데 반야에 '상이 없다' '아는 바가 없다'고 하는 것은 무엇 때문인가? 결론부터 말하면 상이 없는 지혜(無相之知), 아는 바 없는 통찰(不知之照)이 있기 때문임이 명백하다.

왜 그런가? 무릇 아는 바가 있으면 모르는 바가 있게 된다. 성인의 마음은 아는 바가 없기 때문에 모르는 바도 없다. 아는 바가 없는 지혜(不知之知)가 결국은 '모든 것을 아는 자(一切知, 一切智者)'이다. 이 때문에 경전에서는 "성자의 마음은 아는 바가 없으며 모르는 바도 없다"고 설한다. 이 말을 판단근거로 삼아야 한다. 다시 말하면 성인은 자신의 마음을 비우고 자신의 통찰로 그득 채우며, 온종일 [지혜로] 알면서도 아직 [지식으로] 아는 바가 없다. 이 때문에 성인은 [지혜의] 빛을 안으로 갈무리하고 마음을 비워 깊이 통찰하며(玄鑒) 안다는 표시를 내지 않으니, [이러한 성인이] 최고의 깨달음을 얻은 자이다.

그러므로 지혜[智]는 그윽한 진리를 밝히는 거울[鑒]이 있으나 지식은 없다(無知). 지혜로운 마음[神]은 응대하는 작용[用]이 있으나 사려분별은 없다(無慮). 지혜로운 마음은 사려분별이 없기 때문에 세상을 떠나 홀로 군림할 수 있으며, 지혜는 지식이 없기 때문에 세상사를 초월해서 깊이 통찰할 수 있다. 지혜는 세상사를 초월해 있지만 세상사를 배척하는 일이 없으며, 지혜로운 마음은 세상을 떠나 있으나 온종일 세상에 있다. 이 때문에 세상사에 따라 한없이 응대하면서도, 항상 깊이 살펴보아 통찰작용(照功)이 있다. 바로 이것이 반야(無知, 智)가 아는 바이며, 성자의 지혜로운 마음(聖神)이 만나는 바 정신세계이다. 그렇지만 반야는 "차 있지만 실체적 존재(實有)가 아니며, 비어 있지만 전혀 없는 것(全無)도 아니며, 존재하나 언어적 사변으로는 접근할 수 없는 것"(實而不有 虛而不無 存而不可論)이다. 이것이 바로 성자의 지혜(聖智, 반야)이다.

이 인용문에서 볼 수 있듯이 승조는 지식과 지혜를 명확하게 구분함으로써 진제와 속제의 불상즉의 관계를 강조하고 있다. 하지만 글의 내용을 찬찬히 살펴보면 승조는 지혜의 초월성보다는 내재적 작용의 측면에 더 비중을 두고 있음을 알 수 있다. 지혜의 본질[體]에 관해서 '실이불유 허이불무 존이불가론(實而不有 虛而不無 存而不可論)'으로 파악하여 지혜의 실체성과 허무성을 부정하고 있으며, 지혜의 불가언설성(不可言說性)을 강조한다. 언어적 사유를 초월한다는 면에서 지혜의 초월성을 볼 수 있는 한편 지혜의 작용[用]에 관해서 승조는 지혜가 '세상사에 따라 한없이 응대한다'고 강조하여 이를 '통찰작용(照/照功)'으로 규정한다. 지혜의 통찰작용은 '상이 없는 지혜(無相之知)' '아는 바 없는 통찰(不知之照)' '아는 바가 없는 지혜(不知之知)' 등 부정적 어법으로 묘사되지만 그 속에 깔려 있는 정신은, 승조가 『조론』 끝부분에서 '촉사이진(觸事而眞)'이라고 함축적으로 표현한 정신, 곧 진제와 속제의 '불상리'의 관계에 대한 강조이다. 위 인용문의 뒷부분에 나오는 문답내용까지 아울러 살펴보면 「반야무지론」의 주된 강조점은 '불상즉'의 측면보다는 '불상리'의 측면에 있음을 알 수 있다. 그렇다면 「반야무지론」 저술의 주된 동기는 반야를 진제와 속제의 '불상즉'의 관계에만 치우친 태도, 반야의 초월일변도적인 이해를 시정하는 데 있는 것이다.

이상으로 승조의 『조론』에 구현된 공사상을 고찰해보았다. 형이상학적 실체론의 부정, 공(空)과 유무(有無)의 구별, 진제와 속제의 불상즉·불상리의 관계 등 이 모두는 나가르주나의 공사상을 중국인의 문체를 빌려 재현시킨 것으로 보아 틀림없다.

승조의 『조론』은 후에 선종에서 중요한 논서로 활용될 정도로 중국 불교 사상사에서 큰 비중을 차지하지만, 이와 더불어 중국 불교사상사의 핵심적인 키워드 가운데 하나인 '불성론'과 관련해서 반드시 거론되는 인물이 구마라집의 문하인 축도생이다.

도생은 강남의 여산(廬山)에서 오랫동안 혜원이 세운 백련사(白蓮社)의 일원으로 활약한 일이 있으며 구마라집에게 사사받은 뒤 409년 당시 동진의 수도 건강(남경)으로 내려가 활약하다가 말년에 다시 여산으로 들어가 입적했다. 도생은 '중생에게는 모두 불성이 있다'는 『열반경』의 불성사상을 선

양하였으며 그의 '불성론'은 수·당대의 천태종, 화엄종, 선종의 공통적인
사상 기반이 된다.

도생의 현존 저술로는 『법화경소』가 유일한데, 이를 근거로 도생의 불성
론을 3가지로 요약할 수 있겠다. 첫째, 중생에게는 붓다의 지혜(佛知見)가 선
천적으로 존재하지만(本有), 장애로 말미암아 드러나지 않을 뿐이다. 붓다가
붓다의 지혜를 열어서[開] 장애를 없애주면[除] 그것을 성취할 수 있다(『법화
경소』「방편품」). 둘째, 중생은 모두 앞으로 붓다가 된다(皆當作佛, 『법화경소』
「비유품」). 셋째, 붓다가 아닌 중생은 없으며(莫不是佛) 중생은 모두가 다 이
미 열반을 성취했다(『법화경소』「견보탑품」).

첫번째 주장에서 볼 수 있듯이, 축도생은 붓다의 지혜는 '불성(佛性)'과
동의어이기 때문에 불성이 선천적으로 내재해 있다는 '불성본유설(佛性本有
說)'의 입장을 취한다. '본유'의 견지에서 보면 세번째 주장에서와 같이 붓
다가 아닌 중생은 없다. 하지만 그것은 이념적인 것일 뿐 아직 현실적으로
실현된 것은 아니다. 따라서 두번째 주장에서처럼 중생은 앞으로 붓다가 될
것이다. 위 세 주장을 종합하면 도생의 불성론은 이렇게 간추릴 수 있겠다.
"일체 중생은 모두 선천적으로 불성이 있으며, 불성이 있기 때문에 성불할
수 있다."

도생의 불성사상의 혁신성은 그가 '일체중생 실유불성'의 입장을 철저히
밀고나가 '일천제(一闡提, icchantika. 인도에서는 성불할 수 없다고 여겨지던 부류
의 사람)까지 빠뜨리는 일이 없이' 중생은 누구나 성불할 수 있다고 주장한
점에 있다.

'일천제 성불론'은 당시로서는 혁신적인 주장이었다. 당시 동진의 수도
건강에는 아직 대승열반경의 완역본이 없었고 법현(法顯)의 6권본 한역만이
있었다. 축도생은 이 6권본 열반경을 강설하면서 경문에는 나오지도 않는,
오히려 경문의 내용과는 정반대가 되는 해석, 곧 "일체중생 실유불성"을 주
장하며 "일천제도 성불할 수 있다"는 말을 했다고 한다. 당연히 축도생의

주장은 처음에는 외도로 몰렸으나 축도생은 『유마경』의 '4가지 의지처(四依)'를 인용하면서 "뜻에 따르지 말에 따르지 않는다"고 말하며 꿈쩍도 하지 않았다. 후에 『대본열반경』(북본 『열반경』)이 번역되고 나서는 그 안에 도생이 한 말과 똑같은 말이 있는 것을 보고 다들 축도생의 깊은 이해력에 감탄하고는 그를 비난하는 소리가 뚝 끊겼다고 한다(『출삼장기집』 「도생법사전」).[51]

축도생이 "뜻에 따른다"고 말했을 때 그 '뜻'은 대승불교의 공사상을 의미한다. 대승열반경은 후반부 30권에서 '중도' '제일의공(第一義空)'으로 불성을 풀이한다. 곧 아직 번역도 이루어지지 않은 부분을 자신의 공사상 이해에 비추어 열반경 해석에 적용하고 있는 셈이니 대단한 통찰력이라 아니할 수 없다. 축도생의 '일천제 성불론'은 결국 중국에서 구마라집 시대에 이르러 명확하게 정립된 공사상이 열반학을 통해 '중국적인 모습으로' 구현된 것이다. 어떻게 이러한 대전회가 가능했을까? 대승 공사상의 논리적 귀결이 그럴 수밖에 없다고 말하기는 어려운 것 같다. 당나라 때의 법상종은 대승 공사상에 입각해 있으면서도 '일천제 성불 불가능론'을 내세우기 때문이다.

중국의 사학자 진인각(陳寅恪)은 『열반경』을 불교경전 중 가장 '좌파 경전'으로 분류하면서 축도생의 불성사상을 당시의 '시대적 상황의 반영'으로 해석한다.[52] 동진을 무너뜨리고 남조의 송을 세운 이는 유유(劉裕)이다. 유유는 평민의 신분에서 천자의 자리에 등극한 후 세습귀족이 장악하던 권력을 비귀족계급에게로 넘겨버렸다. 축도생의 성불론은 이러한 파격적인 신분질서의 혁명에 상응하는 '정신적 혁명'이었다는 것이다.

공성 또는 '진공(眞空)'에 관한 논의를 기저로 한 양진시대의 반야학은 동진과 송의 교체기 이후에는 '묘유(妙有)'에 관한 논의를 주류로 하는 불성론(佛性論. 『열반경』과 『법화경』이 그 대표적 경전이다)으로 바뀐다. 이러한 변화는 축도생을 기점으로 일어나기 때문에, 중국불교의 방향을 전면적으로 튼 인

---

51) 대정장 55권, 111a9~18.
52) 陳寅恪 『魏晉南北朝史講演錄』, 黃山書社 1987.

물로 축도생을 평가할 수 있다. 곧 인도불교에 대한 소화·흡수에 급급했던 태도에서 "육경(六經)이 모두 다 나를 주석한 것일 뿐"이라는 주체적인 태도로 바뀌며, 이때부터 진정한 의미의 '중국적'인 불교사상이 형성되기 시작하는 것이다.

"일체중생 실유불성"의 불성사상은 수·당대의 천태종, 화엄종, 선종의 공통적인 사상 기반이 되며, 단지 각 종파별로 자기 종파의 특색만을 가미한다. 천태종의 성구(性具, 一切諸法 悉具佛性에서 온 말), 화엄종의 성기(性起, 稱性而起에서 온 말), 선종의 즉심즉불(卽心卽佛) 등이 그러하다. 법상종만 '오종성각별설'을 내세워 중국적인 불교사상의 주류에서 벗어났으나, 이 역시 단명한 종파로 끝나서 이미 중국 불교계의 주류를 형성한 '일체중생 실유불성'의 불성사상을 제어할 만한 힘이 없었다.

대승열반경에 관해서는 먼저 동진의 법현이 인도에서 원본을 가져와 불타발타라(佛陀跋陀羅, Buddhabhadra, 359~429)와 함께 6권본 『불설대반니원경』을 한역하였다. 이는 완역본이 아니고 대승열반경의 앞부분 약 10권 분량만 들어 있었기 때문에 이후에 그 후반부를 씰크로드 남도에 있는 우전국에서 가져오게 된다. 북량(北涼)의 담무참(曇無讖)이 이를 40권 『대반열반경』으로 한역한 것이 오늘날 완역으로 남아 있는데 '대본(大本)' 또는 '북본(北本)'이라 칭하여 '남본(南本)'인 36권본 『대반열반경』과 구분하기도 한다.

6권본 법현 역본과 '북본' 『대반열반경』은 같은 대승열반경인데 왜 '일천제'에 관해서는 이렇게 상반된 입장을 취하고 있는 것일까? 인도에서는 대승불교라 하더라도 일천제 성불 불가론이 지배적이었다는 정황을 고려한다면, 우전국에서 기져온 『대반열반경』에 일천제 성불론이 전개된다는 것은 무엇을 말하는가? 문제제기에 그치기로 하겠지만, 우전국에서 '북본' 『대반열반경』 후반부 30권의 재편집 또는 개작이 이루어졌을 가능성을 상정해볼 수도 있을 것이다.

15. 북량의 비운의 역경가 담무참

오호십육국시대의 역경사에서 화려한 종말을 장식하는 시기가 북량(北涼, 401~439) 때이다. 북량은 흉노족 출신의 저거몽손(沮渠蒙遜)이 세운 나라로 처음에는 지금의 감숙성 장액(張掖)에 수도를 정했다가 412년에 고장(姑臧)으로 천도한다. 북위의 태무제에 의해서 멸망할 때까지 38년이라는 그다지 길지 않은 세월 동안 북량은 돈황에서 무위에 이르는 감숙성 서부 일대, 소위 '하서주랑(河西走廊)'을 지배하는데, 당시 저거씨가 불교를 믿었기 때문에 북량은 불교 역경사업의 중심지 가운데 하나로 자리잡게 된다.

북량의 유명한 역경가로 담무참(曇無讖, 385~433)이 있다. 담무참은 중인도의 바라문 출신으로 어려서 달마야사(達摩耶舍)를 만나 출가한다. 처음에는 소승을 익혔으나 후에 백두선사(白頭禪師)를 만나 『대열반경』을 전해받아 읽은 뒤 "우물 안 개구리 식 좁은 소견으로 오랫동안 세상을 어지럽혔다"고 참회하고는 대승으로 바꾼다(『양고승전』 「담무참전」). 20살 무렵에 대・소승의 경전 2백만 자 이상을 암송할 수 있었다 하니 대・소승에 모두 정통했음을 알 수 있다.

담무참이 왜 중국에 가게 되었는지는 확실하지 않으나 인도 국왕과 어떤 알력이 있었던 것 같다. 아무튼 담무참은 『대열반경』 전반부 10권과 『보살계경』『보살계본』을 수중에 갈무리하고, 카슈미르・구자・선선(鄯善)으로 연결되는 씰크로드 북도를 통해서 돈황에 도착하며, 또다시 저거몽손의 청에 응해 고장에 정착하게 된다. 2~3년간 중국어를 배운 뒤 곧바로 역경작업을 시작하여, 『대반열반경』을 비롯해서 『대집경』『보살지지경』『보살계경』『보살계본』 등을 번역한다. 특히 담무참의 성명작인 『대반열반경』은 414년 번역에 착수하여 처음에는 전반부밖에 번역을 못했지만 나중에는 우전국에서 중반부와 후반부 원전을 구해서 421년이 되어서야 번역을 끝마치게 되니, 이것이 소위 '북본 열반경'이다.

담무참의 중국어 실력이 썩 좋았으리라고는 생각할 수 없는 노릇이지만 현존하는 역문이 유려하고 이해하기 쉬운 것을 보면 당시 역장에 담무참을 보좌하는 뛰어난 조수가 있었음을 알 수 있다. 담무참의 역장에서는 혜숭(慧嵩)·도랑(道郞) 등 중국인 학승들이 필수 역할과 윤문작업을 하였으며, 역장 전체의 사무를 총지휘하여 역경 순서를 잡기도 하였다. 도랑에 따르면,『대반열반경』을 번역할 때 담무참은 "손에 산스크리트어 원본을 들고 중국어 번역을 말로 했다. (…) 번역할 때는 경건하고 신중하여 아리송한 구절은 거의 남기지 않았다. 본뜻에 충실하여 경전의 취지를 보전하는 데 힘썼다"(『출삼장기집』「대열반경서」).

"박학다식하기로는 구마라집에 버금가고 주술에 능하기로는 불도징에 필적한다"는 인물평을 보면(『양고승전』「담무참전」), 담무참에게는 뛰어난 역경가의 면모 말고도 '신이승(神異僧)'의 모습도 있었던 모양이다. 서역에서는 그를 '대신주사(大神呪師)'로 불렀으며, 바로 이러한 명성 때문에 북위의 태무제는 담무참을 북위로 보내달라고 저거몽손을 회유한다. 저거몽손으로서는 보내고 싶지 않았으나 그렇다고 보내지 않을 수도 없는 노릇이었다. 결국 저거몽손은 담무참을 죽이기로 결심한다. 우전본『열반경』에 만족하지 않은 담무참은 완전한 산스크리트어 원본을 구하러 인도로 떠나지만 도중에 저거몽손이 보낸 자객에 의해 피살당한다. 세수 49세였다.

'북본 열반경'은 남조 송나라에 전해져 구마라집의 제자인 혜엄, 혜관 및 사령운 등 여러 사람이 이를 6권본『내반니원경』(법현과 불타발타라의 공역)과 대교하여 36권본『열반경』(남본)으로 재편집한다. 남조에서 열반학파가 등장하게 되는 것은 바로 이 '남본 열반경'에 의거하는 것이니 따지고 보면 그 원천은 담무참인 셈이다.

16. 남북조시대 불교계의 동향

동진이 멸망하고(420년) 수(隋)나라가 전국을 통일할 때(589년)까지 중국은 선비족이 지배하는 북조(북위, 동위-북제, 서위-북주)와 한족이 지배하는 남조(송, 제, 양, 진)로 양분되어, 대체로 진령(秦嶺)-회수(淮水)를 경계선으로 삼아 남북이 팽팽하게 대치하는 형국을 유지한다.

중국 역사학에서는 이 시기를 '남북조시대'(420~589)라 명명하여 이전 시기와 구별하지만, 시대설정 자체에 다분히 한족 중심의 사관이 개입되어 있고, 뿐만 아니라 북량을 '오호십육국시대'와 '남북조시대'에 모두 넣을 수 있게 되는 모호함이 생기기 때문에, 이러한 시대구분도 역시 재고의 여지가 있다 하겠다. 북방민족과 한족의 대립구도에서 보면 오호십육국-동진 시대의 구도가 다시 남북조시대로 연속된다고 볼 수도 있으니 엄밀한 의미에서 '단절'은 찾아보기 어렵다.

역경사의 관점에서 나는 북량의 불교사를 오호십육국시대에 포함시키겠으며, 따라서 이 글에서 말하는 '남북조시대'는 북량이 멸망한 439년부터 시작되는 것으로 이해하면 좋겠다. 담무참을 남북조시대의 역경사에서 다루지 않고 오호십육국시대에서 거론한 것도 이 때문이다.

남북조시대에서 우리가 중시해야 하는 나라는 선비족의 척발규(拓跋珪)가 세운 북위(北魏, 386~534)이다. 서쪽으로 신강 동부, 남으로는 진령 회수까지 지배했고 149년을 유지했으니 그 영토의 크기와 왕조의 존속기간에서 동시대 다른 왕조의 추종을 불허한다. 북위는 처음에는 평성(平城, 산서성 대동), 이후에는 낙양(493년)에 도읍을 정했다. 439년 태무제 때 북량을 멸망시키고 양주를 손아귀에 넣는데, 이를 계기로 강북의 불교 중심지는 오호십육국시대의 장안과 양주에서 평성, 낙양으로 이동하게 된다.

북조에서는 북위 태무제의 법난(446~452), 북주 무제의 법난(574~578)이 있기도 했으나, 이는 뒤집어서 보면 그만큼 불교계의 세력이 제어를 필요로 할 정도로 사회·정치 방면에서 막강한 영향력을 떨치기 시작했다는 반증도 된다. 북제 때 위수(魏收, 506~572)가 편찬한 『위서』에 「석노지(釋老志)」가 추가될 정도로 불교의 사회적 세력은 컸으며, 이러한 불교의 위세는 중국의 '삼대석굴'로 일컫는 돈황·운강·용문 석굴이 모두 북위 때 조성되거나 증축된 일로부터 미루어 짐작할 수 있다.

남조는 역대로 건강(建康, 남경)에 도읍을 정하고 한결같이 불교를 장려했기 때문에 자연히 남조 불교의 중심지는 건강이 되었다. 강력한 전제군주제를 취한 북조와는 달리 남조는 귀족제사회였다. 동진시대 때 이미 현학을 등에 업고 귀족·지식인사회에 깊이 파고들어간 불교는 남조 때 대다수 왕, 공, 귀족의 절대적 호응 아래 큰 어려움 없이 귀족·지식인사회의 지적 자양분이 된다. 이렇게 보면 남북조시대의 역대 정권은 전반적으로 불교에 우호적이었음을 알 수 있다.

불교의 사회적 세력이 커나감에 따라 국가권력과 불교계의 관계가 문제시되는 것은 당연한 일이다. 북위 태조 황시(396~397년) 연간에 도인통(道人統, 승려의 통수권자)에 임명된 법과(法果)는 태조를 '당금(當今) 여래'로 칭송하며 사문도 마땅히 예를 다해야 한다고 말했다고 한다(『위서』「석노지」). 이러한 낯뜨거운 어용사상은 스승인 도안의 "국왕에 의존하지 않고서는 불사를 일으키기 어렵다"는 판단을 과대적용한 것이겠지만, 아무튼 이후의 북조 불교계에 고스란히 이어져 북조 불교의 '국가불교적' 성격을 형성한다. 한국 불교의 특성 가운데 하나로 꼽히는 '국가불교'도 이러한 흐름의 연장선 위에서 파악할 수 있겠다.

이와는 대조적으로 똑같이 도안의 제자이지만 강남지방의 여산에 정착한 혜원은 『사문불경왕자론』을 써 사문의 출세간적 태도를 견지한다. 이렇게 황제에 대한 승려의 예우가 남북조에서 달리 나타나는 까닭을 학계에서는 일반적으로 북조의 전제군주사회와 남조의 귀족제사회의 반영으로 본다.

남북조시대 때 역경사업은 거의 대부분 왕의 칙령(勅令)에 따라 이루어지는 국가적 사업이었다. 역대 제왕의 불교우호정책은 역경사업에 관한 왕실과 민간의 대대적인 지원을 불러일으켰고 이 탓에 역경의 질과 양 모두 만전을 기할 수 있었다. 북조에서는 북위의 문성제·헌문제가, 남조에서는 '황제보살'로 불린 양의 무제·간문제가 독실한 불교신봉자로 손꼽힌다. 남조의 양나라에서 불교사원은 2,846곳이나 되었으며 승려의 수는 82,700명으로 동진시대에 비해 거의 3배나 많아졌으니, 당시 불교가 어느 정도 융성했는지 알 만하다. 북위 때 낙양의 영명사(永明寺)는 100여개국의 사문 3,000명이 운집하는 등 공전의 성황을 이루었다. 역경사업도 낙양 천도 이후 그 어느 때보다 활발해지는데『낙양가람기』에 따르면 북위 헌문제가 건립한 낙양 영녕사(永寧寺)의 역장은 이전 시대의 그 어느 역장보다 규모 면에서나 시설 면에서 뛰어나, 보리달마(菩提達磨)가 '지상에서는 찾아볼 수 없는 천궁(天宮)'이라고 극찬했을 정도였다.

남북조시대 때 외국의 역경승들은 육로와 해로 두 가지 경로를 통해서 중국에 들어온다. 중앙아시아와 인도로부터 파미르고원을 넘어 천산남로에 자리잡은 실크로드 북도나 남도를 지나거나, 아니면 천산북로로 우회해서 돈황 어귀로 들어온 뒤, '하서주랑(河西走廊)'을 통해서 중국 안으로 들어오는 경로가 육로였다면, 해로는 바닷길을 통해서 광주나 청도 등 연안도시로 들어온 뒤 흩어지는 길이었다.

양진시대에 이미 대승경전의 대부분이 번역되었기 때문이었을까. 부분적인 중역을 제외하면 남북조시대의 역경가들은 주로 전시대에 미진했던 역경분야, 곧 유식(唯識)사상과 관련된 경전이나 논서를 번역·소개한다. 대승경전으로는『능가경』『화엄경』등이, 철학적 논서로는『십지경론』『섭대승론』등의 유식 논서들이 그 대표적 예에 속한다. 이러한 역경작업을 통해 유식사상이 유입됨으로써 중국의 불교사상계는 한층 다양하면서 활기찬 모습을 보인다.

양진시대와 대비해볼 때 남북조시대 불교계의 사상적 특징으로 두 가지를

100

꼽을 수 있다. 첫째, 열반학·삼론학·성실학·비담학·지론학·섭론학·구사학·율학·선학 등 각 학파가 출현하여 '불교학의 백화제방 시대'를 연출한다. 둘째, 양진시대 불교학의 주류가 공성(空性) 또는 '진공(眞空)'에 관한 논의를 기저로 한 반야학이었다면, 남북조시대 불교학은 대체로 '묘유(妙有)'에 초점을 맞춘 열반학 또는 불성론이 주류를 형성한다. 대승경전으로 말하면 『반야경』에서 『열반경』 『법화경』으로 무게중심이 옮겨가며, 철학적 논서로 말하면 유식 논서의 연학이 성행하면서 중관 논서를 대신하게 된다.

이러한 변화는 축도생을 기점으로 일어나기 때문에, 뇌영해(賴永海) 같은 중국의 학자는 그의 저서 『중국불성론』에서, 중국불교의 방향을 '불성론' 쪽으로 틀어 소위 '중국적'인 불교의 기초를 다진 이로 축도생을 평가하기도 한다. 중국의 사학자 진인각은 그의 저서 『위진남북조사 강연록』에서, 『열반경』을 불교경전 중 가장 '좌파 경전'으로 분류하면서 축도생의 불성사상을 당시의 '시대적 상황의 반영'으로 해석한다. 동진을 무너뜨리고 남조의 송을 세운 이는 유유(劉裕)로 본래 평민의 신분이었다. 천자의 자리로 등극한 후 유유는 세습귀족이 장악하던 권력을 비귀족계급의 손으로 넘겨버린다. 진인각에 따르면, 축도생의 불성론은 이러한 파격적인 신분질서의 혁명에 상응하는 정신적 혁명이었다.

축도생에 의해 첫 단추를 꿴 불성론은 남북조시대에서 이루어진 유식 논서의 번역을 계기로 사상적으로 세련미를 더하게 되고 수(隋)대 이후 지배담론으로 정착한다.

17. 남조의 '마하연' 구나발타라

남조 역경사의 첫장을 장식하는 인물로 구나발타라(求那跋陀羅, Guṇabha-dra, 394~468)를 꼽을 수 있다. 구나발타라는 중국에서 '공덕현(功德賢)'이란 이름으로 의역되기도 한다. 본래 중인도의 바라문 출신으로 전통적인 힌두교 교육을 받았으나 『아비담심론』을 읽고는 불교로 개종했다. 자세한 경위는 알 수 없으나 처음에는 아비다르마 불교를 익혔다가 후에 대승불교로 바꿨으며 인도에서 이미 대승불교도를 표방했는지 송의 효무제 때는 왕의 칙명으로 '마하연(摩訶衍, 대승을 뜻하는 산스크리트어 mahāyāna의 음역)'이란 별칭으로도 불리었다.

인도에서 스리랑카를 거쳐 광주로 들어왔는데 이때가 송 원가 12년(435년), 그의 나이 42살이었다. 광주 운봉사(雲峰寺)에 머물다 왕의 칙명을 받아 당시의 수도 건업(남경)의 기원사(祇洹寺)로 거처를 옮기게 되며 그 이듬해인 436년부터 역경작업에 들어간다.

이후 건업, 단양군(안휘성 선성), 형주(荊州, 호북성 강릉), 이 세 곳에서 역경이 이루어진다. 인도에서 이미 『대품반야경』『화엄경』에 조예가 깊었는지라 형주에서는 『화엄경』을 강설하기도 한다. 송의 문제, 효무제에서 명제에 이르기까지 역대 제왕의 환대를 받았으니 개인적으로 좋은 역경환경을 만난 편이다. 송 태시 4년(468년) 임종하니 세수 75세였다.

구나발타라의 역경목록은 적어도 13부 73권을 헤아리며 대상범위도 넓지만, 대표적인 역경으로 『잡아함경』『능가경』(4권본)『상속해탈경』『승만경』등을 들 수 있다. 역경목록을 통해 그의 사상경향을 보면 대체로 유식사상, 그것도 여래장사상에 가까운 유식사상 계열이 아닐까 한다. 『승만경』『허공장보살경』 등은 여래장사상을 설하는 대표적인 대승경전이며, 『능가경』『상속해탈경』 등은 유식사상의 소의(所依) 경전이다.

『상속해탈경』은 현장이 번역한 『해심밀경』 8품 가운데 「지바라밀다품」과 「여래성소작사품」에 해당하는 이역으로 비록 후반부 일부분에 지나지 않지만 인도 유식사상의 소의경전이 처음으로 동아시아 문화권에 본격적으로 소개되었다는 점에서 그 사상사적 의의는 크다고 할 수밖에 없다. 게다가 인도에서 『능가경』『해심밀경』 등의 편집시기가 유식사상의 창시자라 할 수 있는 아상가(Asaṅga, 無着)와 와수반두가 활동하던 시기 곧 4세기 후반부였다는 사실을 감안하면, 인도에서 불교문헌이 편찬된 뒤 불과 5, 60년 만에 중국어로 번역된 셈이니, 인도 불교사상이 당시의 중국 지식인사회로 얼마나 빨리 유입되었는지 미루어 알 수 있다.

『아함경』은 후한시대 안세고 때부터 번역이 이루어지기는 하였지만 이 모두가 부분적인 선역(選譯)에 머물러 온전한 번역이 없는 상태였다. 말 그대로의 전역(全譯)은 오호십육국−동진 시대부터 이루어지기 시작하여, 구나발타라 이전에는 승가제바(僧伽提婆)가 『증일아함경』『중아함경』을, 불타야사가 『장아함경』을 완역한 적이 있고, 마지막으로 구나발타라가 『잡아함경』을 번역함으로써 비로소 4부 『아함경』의 체계가 제대로 갖춰지게 된다. 학계의 연구성과에 따르면 구나발타라가 번역한 『잡아함경』의 원본은 설일체유부에 전승돼온 것이다. 그렇다면 구나발타라는 대승불교도가 되기 이전에 설일체유부의 교학을 익혔음에 틀림없다.

구나발타라가 번역한 『능가경』은 '4권 능가'라 불리는데, 이러한 별칭은 보리류지(菩提流支/菩提留支)나 실차난타(實叉難陀)가 번역한 10권본 『능가경』과 구별하기 위한 것이다. 구나발타라의 역본인 4권본 『능가경』은 중국 선종사에서 중요한 역할을 한다. 남해를 통해 중국 북방으로 들어온 보리달마가 제자 혜가에게 법을 전할 때 함께 전해준 경전이 바로 이 4권본 『능가경』이었다. 『능가경』을 중시하는 전통 탓에 달마의 선학 계통을 '능가사(楞伽師)'로 부르기도 하며, 또한 『능가사자기(楞伽師資記)』에서는 구나발타라를 능가사의 시조로 존중하기도 한다. 통일신라시대 때 우리나라에서 만든 것으로 평가받는 대승불교 경전 가운데 『금강삼매경』이 있는데, 이 경전의 성립과정에도 4권본 『능가경』이 깊숙이 개입하였을 것으로 추정되니, 구나발타라의 『능가경』 번역이 동아시아 불교계에 끼친 영향이 지대함을 알 수 있다.

18. 북조의 '역경 원장(元匠)' 보리류지

보리류지(菩提流支/菩提留支, Bodhiruci, 535?~?)는 북인도 출신의 승려로 '도희(道希)'란 이름으로 의역되기도 한다. 그의 이름자 가운데서 산스크리트어 '보디'(bodhi, '깨달음'을 뜻함)는 흔히 깨달을 '각(覺)'으로 번역되는 말이다. 그런데 이 경우에는 무슨 일인지 상례와는 달리 '도(道)'로 의역하고 있으니 재미있는 일이다.

당나라 때 현장이 황제의 칙명을 받아 노자의 『도덕경』을 산스크리트어로 번역하였다는 기록이 혜립(慧立)의 『자은전』('대자은사삼장법사전'의 약칭)에 보인다. 이때 『도덕경』의 '도(道)'를 산스크리트어로 옮길 때 '보디'가 옳은가 '마르가'(mārga, '길'을 뜻함)가 옳은가 하는 문제로 도교의 도사와 현장 사이에 논란이 있었는데, 현장은 굳이 '마르가'를 고집했다고 한다. 노장사상의 '도'를 과정으로, 불교의 '깨달음'을 결과로 구별해서, 불교의 깨달음을 '도'보다 높은 경지로 치켜세우려는 현장의 의도를 엿볼 수 있는 일화이다. 그렇지만 보리류지의 이름이 '도희'로 의역되는 사례에서 보듯이, 남북조시대에 이미 노장사상의 '도'가 산스크리트어 '보디'의 역어로 쓰이고 있는 것을 보면, 노장사상의 '도'란 좁은 뜻의 과정만을 뜻하지는 않으며 결과까지도 아우르는 넓은 뜻으로 쓰이고 있음을 살펴볼 수 있다. 따라서 '도'의 번역을 둘러싼 『자은전』의 기술은 무언가 착오에 의한 것으로 볼 수밖에 없으며 사료로서는 신뢰할 수 없다.

보리류지가 파미르고원을 넘어 씰크로드를 타고 중국 낙양에 도착한 때는 북위가 낙양으로 천도한 이후인 508년이다. 불교가 맹위를 떨친 북위였지만 역경사업에 관한 한 낙양 천도 이전에는 이렇다 할 만한 성과가 없었다. 그러다가 보리류지가 낙양에 온 이후부터 35년간 북조의 역경사업은 전례없는 성황을 보인다. 이 시기에 활약한 역경가는 보리류지 이외에 늑나마제(勒那摩提, 508년 이후 활동), 불타선다(佛陀扇多, 520~539년 활동), 구담반야류지(瞿

曇般若流支, 516~543년 활동), 비목선지(毘目仙智, 538~541년 활동) 등이 있다. 우연의 일치인지는 모르겠으나 이들 역경가 대부분이 아상가와 와수반두의 초기 유식사상 계열의 경론을 번역하고 있으니, 보리류지의 역경시기는 중국 역경사에서 중요한 한 획을 긋고 있다고 해도 과언이 아니다. 중국의 지식인층에게 소개된 대승불교의 공사상은, 이 시기를 기점으로 구마라집이 소개한 나가르주나의 중관사상 일변도의 편식중에서 벗어나 아상가와 와수반두의 유식사상까지 아우르는 폭넓은 깊이를 더하기 때문이다. 이 때 문인가『당고승전』에서는 보리류지를 일러, 역경가 중에서도 역경 '원장(元匠)'[53] 곧 으뜸가는 역경가로 칭송하고 있다.

보리류지는 낙양 영녕사에 머물며『금강반야경』과『입능가경』(10권본), 그리고『금강반야경론』『무량수경론』『법화경론』『십지경론』(이상 4가지 논서는 모두 와수반두의 저서) 등의 경론을 번역한다. 번역목록에서 보리류지의 사상 경향이 아상가와 와수반두의 초기 유식사상에 뿌리내리고 있음을 알 수 있는데, 이 가운데 불교계에 미친 영향력이 큰 성과물로『무량수경론』과『십지경론』(늑나마제와의 공역이라는 것이 학계의 통설)을 꼽아야 할 것이다.

보리류지의 생몰연대에 관해서는 정확하게는 알 수 없다. 단지 동위 때 업성(鄴城, 하북성 임장 서남지역)으로 천도(534년)한 후 몇년 지나 임종했다 하니 통틀어서 6세기 전반부 30년간을 역경작업에 헌신한 셈이다.

『무량수경론』(『왕생론』또는『정토론』으로 불린다)은 후대 중국의 정토종에서 말하는 이른바 '정토 3경 1논' 가운데 '1논'으로, 담란(曇鸞, 476?~542)의『왕생론주』와 더불어 정토종의 기본 논서가 된다.『무량수경론』의 정식 이름은『무량수경우파제사원생게』이다. 이중 '우파제사(優婆提舍)'는 산스크리트어 '우빠데샤'(upadeśa)의 음역이다. '우빠데샤'는 경전의 핵심내용을 명석판명하게 드러내주는 것이기 때문에 해당 경전을 읽을 때 일종의 길잡이 노릇을

---

53) 대정장 50권, 428a27.

한다. 흔히 불설(佛說)을 12가지 유형으로 분류하여 '12분교(分敎)'라 칭하는데 이중 12번째로 꼽히는 '논의(論議)'가 산스크리트어로는 '우빠데샤'이다. 현대식으로 이해하면 '경전의 오의에 대한 해석'으로 이해하면 되겠다. '논모(論母)'니 '아비다르마'니 하는 말도 실은 '우빠데샤'와 이름만 다를 뿐 근본 취지는 똑같다. 보리류지의 역경목록에는 『무량수경론』이외에도, 『금강경』 『법화경』에 대한 외수반두의 우빠데샤인 『금강반야경론』 『법화경론』이 들어 있다. 대승불교 경전에 대한 외수반두의 경전 해석학이 보리류지의 역경작업을 계기로 중국에 전해진 것이다.

『십지경론』은 육상(六相. 총상, 별상, 동상, 이상, 성상, 괴상)에 따라 『화엄경』 「십지품」의 내용을 해석한 외수반두의 저술이다. 보리류지의 한역 『십지경론』이 유포되자 이 논서를 의지처로 삼아 중국에서는 '지론학파'(늑나마제-도광으로 이어지는 남도파와 보리류지-도총으로 이어지는 북도파가 있다)가 형성되니, 이후 이 논서는 중국뿐 아니라 우리나라의 화엄사상 형성과정에도 깊숙이 관여하게 된다.

19. 남조의 유랑(流浪)의 역경가 진제

보리류지를 위시한 역경승 집단이 북조의 역경사를 대표한다면, 남조의 대표적인 역경가는 진제(眞諦, 499~569)이다. 웬일인지 중국에서 진제는 이름이 두 가지이다. 첫번째 이름은 산스크리트어로 '빠라마르타'(Paramārtha)인데 원음을 살려 '파라말타(波羅末陀)'로 하거나 의역을 써서 '진제'라 한다. 두번째 이름은 산스크리트어로 '구나라따'(Guṇarata)인데 '구나라타(拘那羅陀)'로 음역하거나 '친의(親依)'로 의역하기도 한다. 『당고승전』 등에서는 '구나라타'란 이름자를 사용하고 있으나, 학계에서는 일반적으로 '진제'란 이름자를 즐겨 쓴다. 잦은 왕조교체기에 중국에 왔기 때문에 진제의 중국생활은 그리 순탄치 못했으며 한마디로 말해 떠돌이로 일생을 마쳤으니, 그의 두 가지 이름은 파란만장한 그의 일생을 대변해준다.

구사론 내지 유식사상 분야에 관해서 학계의 연구가 심화되면서 진제와 현장의 번역서에 대한 대비 연구가 진행되고 있고, 특히 진제의 번역은 백제나 통일신라시대의 불교사상계에도 깊은 영향을 미쳤기 때문에, 앞으로 동아시아의 불교학계에서 진제에 관한 연구는 이전보다 훨씬 탄력을 받을 것이다. 진제는 역경사에 있어서도 중국의 '4대 역경가' 가운데 하나로 꼽힐 만큼 중요한 인물이다. 여기서는 진제의 비중을 고려하여 진제의 생애와 사상, 역경 문제, 기타 관련사항에 관해 자세하게 다루기로 하겠다.

진제는 서인도 우선니(優禪尼, Ujjayanī) 사람으로 바라문 출신이다. 어려서부터 여러 나라를 다니며 많은 스승 밑에서 학문을 익혔는데 처음에는 4베다 및 베다의 보조학문, 정통 인도철학의 제학파의 사상 등을 두루 섭렵하고 그 이후에 불전을 배웠다. 역경목록 가운데 상키야학파의 논서인『승거론』, 인도 논리학에 관한 논서인『반질론』과『타부론』, 불교사에 관한 논서인『부이집론』등이 포함되어 있는 것을 보면 다른 역경가에 비해 진제의 학문세계가 훨씬 넓고 깊었음을 알 수 있는데 이 모두가 성장기의 다양한 학문 편력에 힘입었을 것이다.

진제가 중국과 인연을 맺게 되는 것은 부남(扶南, 지금의 캄보디아)에서의 일이다. 진제가 왜 부남으로 건너갔는지 자세한 내막은 알 수 없으나 당시 부남에서는 서역의 우전국처럼 대승불교가 성했고 이 때문에 홍법을 위해 갔던 것은 아닐까 추측한다. 양무제는 부남국으로 사절단을 보내 대승불교의 논서와 대덕 삼장을 보내달라고 요청하였고 이 요청에 따라 부남국 측에서는 당시 부남국에서 명성이 자자했던 진제를 보내게 된다.

546년에 해로를 따라 광주에 도착했는데 이때 진제의 나이 48살이었다. 548년(50살)에 양나라의 수도 건강(남경)에 이르러 양무제의 후대를 받으며 역경작업에 들어갈 준비를 한다. 하지만 몇달 후 후경의 반란이 일어나면서 양무제는 죽고 이윽고 남조는 대혼란의 시기로 빠져들어간다. 진제가 정처 없는 유랑생활에 들어간 것도 바로 이때부터이다. 진제가 중국에 전파하려고 했던 것은 대승불교 가운데서도 난해하기로 이름 높은 유식사상이었다. 그런 만큼 진제에게는 무엇보다도 여유 있는 시간확보가 필요하였고 이를 위해서는 우선적으로 정치적 안정과 재력 있는 집권자의 후원이 절대적으로 필요하였다. 불행하게도 진제는 어느 것 하나 제대로 된 혜택을 누릴 수 없었다.

이후 절강성, 강서성, 광동성, 복건성 등지로 떠돌면서 자투리 시간을 내어 『결정장론』 『대승기신론』 『여실론』 『금광명경』 등을 번역한다. 559년에는 남월(南越, 광동성 일대)에서 앞서 번역한 경론을 교열하는 등 치밀한 역경가의 모습을 보이기도 한다.

기약없는 떠돌이생활에 절망감을 느꼈는지 진제는 몇번이고 인도로 돌아가려고 하였다. 진나라(557~589) 때 스리랑카로 돌아가려고 배를 탔으나(562년) 역풍이 불어 광주로 되돌아오니 숙세의 악연이 어지간히도 두터웠던 모양이다. 그렇지만 이 일이 계기가 되었는지 진제는 당시 광주 자사(刺史)였던 구양외(歐陽頠) 부자의 후원을 얻어 비교적 짧은 기간이나마 상대적으로 안정된 역경환경을 누리게 된다. 『구사론』 『섭대승론』 등 진제의 역경작업 중 하이라이트에 해당하는 번역이 이루어진 것도 바로 이 시기였다. 구양외 부자의 후원으로 광주 제지사(制止寺, 지금의 光孝寺)에 머무르면서 무엇보다도 다행스러운 일은 조그맣지만 강설과 역경작업을 차분히 이끌어갈 수 있는 역장이 진제 주변에 형성된다는 점이다. 역경작업의 조수 및 필수 역할을 한 혜개(慧愷, 518~568)가 진제에 합류했으며, 승종(僧宗)·승인(僧忍)·법인(法忍)·법태·법준(法准)·지교·도니·조비 등 제자들이 모여들어, 한편으로는 진제의 강설을 듣고 다른 한편으로는 진제의 역경작업을 도왔다. 대략적이나마 역경연대를 확인할 수 있는, 이 시기의 번역물을 나열해보면 다음과 같다. 『대승유식론』(563), 『섭대승론』 및 『섭대승론석』(563~564),

『삼무성론』(563), 『현식론』(563), 『전식론』(563), 『십팔공론』(563), 『구사론석론』(564~567). 역경연대를 통해서도 확인할 수 있듯이 진제는 『섭대승론』과 『섭대승론석』, 그리고 『구사론』을 특히 중시했으며, 이 두 논서만은 몇차례나 거듭 번역하면서 교정을 보는 등 정성을 기울였다. 구마라집과 마찬가지로 진제는 역경작업과 더불어 거의 대부분 강설을 병행했는데 제자들이 그 내용을 기록하여 '의소(義疏)' '주기(注記)' '본기(本記)' '문의(文義)'라는 이름을 붙여 정리한다. 『섭대승론』과 『구사론』에 관해서는 각각 8권, 53권에 달하는 의소(義疏)를 지었다 하나 안타깝게도 어느 것 하나 남아 있지 않으니, 제자들의 주석 문헌을 통해서 진제의 사상을 정리해보는 수밖에 없다. 『구사론』의 번역이 끝난 이후에 와수반두의 전기를 기록한 『바수반두전(婆藪盤豆傳)』도 작성되었으리라고 추측하는데, 이러한 작업도 구마라집이 나가르주나와 아리야데와(提婆)의 전기를 정리한 일과 묘하게 일치된다. 아마도 개인 행장을 꼼꼼히 기록하기를 좋아하는 중국인 제자들의 요청이 있었을 것이다.

호시절을 만나 만년에 역경의 뜻을 마음껏 펼칠 수 있었던 구마라집과는 정반대로 진제의 말년은 끝까지 불우하였던 것 같다. 568년에는 자신의 죽음이 가까워졌음을 알았는지 곡기를 끊고 자살(?)하려고 했을 정도였다. 주변의 만류로 그치기는 했으나 설상가상인지 믿고 의지하던 직전(直傳)제자 혜개의 죽음을 접한다. 혜개는 당시 진제를 대신해서 『구사론』을 강설하던 중이었다. 진제는 제자를 뒤이어 강설을 진행하지만 결국 병으로 인해 『구사론』 「혹품」(현장 역 「번뇌품」)에서 멈추게 된다. 스승과 제자, 2대의 임종을 『구사론』이 지켜본 셈이다. 569년 정월에 입적하여 조정(潮亭)에서 다비식을 치르고 탑을 세우니, 세수 71세였다.

진제의 사상적 본령은 초기 유식사상에 있었지만 유식사상 연찬을 위한 기초학문으로서 특히 『구사론』을 강조하였고, 이러한 전통은 중국 당대 및 우리나라 통일신라시대로 죽 이어진다. '유식 3년 구사 8년'(구사론을 8년 익힌 뒤라야 유식사상을 3년 안에 익힐 수 있다는 말)이란 말이 일본의 승려에 의해 학계에 회자되고 있지만, 이 말도 그 연원을 따지고 보면 진제에 있다. 아상가 및 와수반두의 저술 및 사상에 대한 연구 곧 '구사학'과 '섭론학'이 중국 불교사상계에 본격적으로 자리잡게 된 것은 진제의 역경 및 강설이 있었기에 비로소 가능한 일이었다. 진제를 '구사사(俱舍師)와 섭론사(攝論師)의 개조'로 부르는 것은 이 때문이다.

남북조시대 말기의 어지러운 정국 탓에 섭론학 및 구사학은 한동안 정지상태에 머물러 있었다. 수나라의 통일 이후에나 섭론학이 유행하는데 그것도 원출생지인 강남지역이 아니고 강북지역이었으니 이 역시 진제의 일생을 꼭 닮았다.

587년 담천(曇遷, 542~607)은 수나라 황제의 칙명을 받아 당시의 도읍 장안의 대흥선사(大興善寺)에서 『섭대승론』을 강의하여 '북토 섭론종의 개종조'의 영예를 안게 되나 그는 진제의 제자가 아니었다. 이후 진제의 직전제자 도니가 590년 대흥선사에서 섭론학을 설강하면서 강북지역에서 섭론학이 크게 융성한다. 섭론학의 주장은 당시 북도계 '지론학(地論學)'과 공통적인 측면이 많았기 때문에, 먼저 성립한 지론학파가 나중에 성립한 섭론학파로 흡수되면서 한 학파로 통합되지만, 이 이후 당나라 때에 섭론학파의 일부는 법상종으로 흡수되고, 또다른 일부는 화엄종으로 통합된다.

북조의 지론학파와 남조의 섭론학파에 대해서, 구마라집 계통의 직손이라 할 수 있는 삼론학파와 천태종 계열의 시선은 곱지 않았다. 수나라에서 당나라 초기에 걸쳐 '공유(空有)논쟁'이 불교계의 주요 논쟁거리로 자리잡는 것도 이 때문이다. 동아시아의 불교사상사의 맥락에 한정해서 말하면, 소위 '공유논쟁'에서 '공(空)'은 구마라집으로부터 전개된 중관사상을 뜻하며, '유(有)'는 보리류지와 진제, 더 나아가 현장에 의해서 유입된 유식사상을 뜻한다. 원효(元曉, 617~686)가 공유논쟁의 화쟁을 꾀하고 있는 것도 이러한 사상적 배경에서 나오니, 통일신라시대의 사상계를 이해하는 데 빠뜨릴 수 없는 인물이 진제인 것이다.

진제의 유식사상은 당나라 때 현장의 유식사상과 상당히 대조적이기 때문에, 일반적으로 학계에서는 양자를 구분하여 진제가 소개한 유식사상을 '구유식'으로 부르고, 현장이 소개한 유식사상을 '신유식'으로 구분한다. 두 사람의 활동연대에 선후의 차가 있기 때문에 '신·구'라는 구별을 일단 꾀하는 것이겠지만, 이는 두 사람의 사상적 입장의 차이를 명시할 수 없다는 점에서 '개념적 구별'이라 할 수는 없다.

진제가 번역한 중요한 유식 논서 가운데『중변분별론』『섭대승본론』『섭대승석론』『유식론』『사진론』『구사석론』은, 이후 현장에 의해서 각각『변중변론』『섭대승론본』『섭대승론석』『유식이십론』『관소연연론』『구사론석』으로 또다시 번역된다. 이러한 중역 현상을 어떻게 설명해야 할까? 현장 문하에서는 진제의 오역 탓으로 돌리는 경향이 짙지만 그렇게 간단하게 처리하고 넘어가기에는 석연치 않은 점이 너무 많다.

진제의 제자 혜개는『섭대승론』을 번역할 때 필수 역할을 했는데 당시의 번역성과에 대해서 "이 번역은 문장과 내용이 치우침 없이 잘 어울려 있다(文質相半)" "문장과 내용이 모두 완벽하다(文義俱竟)"고 평가한다「섭대승론서」). 또다른 제자 법태는 진제 자신의 평가를 다음과 같이 전한다. "지금 번역한 이 두 논서(곧『구사론』과『섭대승론』)는 글과 이치가 두루 갖추어져 있으니(詞理圓備) 이제 나는 여한이 없다"(『당고승전』「법태전」). 이로 미루어볼 때 적어도『구사론』과『섭대승론』에 대해서만큼은 진제의 '오역'을 운운하기는 어려우며, 실제로 이제까지 학계의 연구결과를 보더라도 과문한 탓인지는 몰라도 진제의 '오역'을 지적한 사례는 아직껏 없다.

제일 무난한 해석은 진제와 현장의 유식사상은 그 연원이 다르다고 보는 관점일 것이다. 즉 아상가와 와수반두로 대표되는 인도의 초기 유식사상에 대한 두 사람의 이해방식이 서로 달랐기 때문에 서로 다른 번역을 필요로 했을 것이라는 견해이다(여징『중국불학원류약강』). 이러한 견해에 입각해서 임계유는 유식사상의 연기론을 '알라야식 연기'(알라야식을 삶의 세계의 본질로 보는 입장)와 '진여연기'(진여=아말라식=제9식=여래장을 삶의 세계의 본질로 보는 입장)의 두 가지 계통으로 크게 나눈 뒤, 이 가운데 진제의 유식사상을 진여연기 사상으로, 현장의 유식사상을 알라야식 연기 사상에 배당시킨다(임계유『중국불교사』제3권). 아직 검토의 여지는 남아 있지만 두 사람의 사상 내용에 대해서 '개념적 구별'을 꾀하고 있다는 점에서 진일보한 견해라고 평가할 수 있겠다.

진제의 진여연기 사상은 한편으로는 "중생은 모두 불성을 지니고 있다"는 불성론에 논리적 토대를 제공하고 있으며, 또 한편으로는 화엄사상의 '법계연기' 사상으로 이어지면서 강인한 생명력을 보인다. 이 점에서 통일신라시대의 사상계도 진제에게 많은 빚을 지고 있는 셈인데, 원효가 진제의 '제9식'이란 용어를 쓰면서도 제9식을 '가설' 곧 실체적 존재가 아닌 언표적 존재로 해석함으로써 진제와 현장의 화쟁을 꾀하고 있는 점은 진제의 사상 해석 문제와 연계해서 주목해야 할 중요한 지적이다.

앞에서 진제의 역경목록 가운데『대승기신론』을 언급하였지만 그것은『당고승전』이후 일반적으로 통용되고 있는 말 그대로의 '전승'일 뿐, 현재까지 학계에서 규명한 '진상'과는 거리가 멀다. 동아시아 불교계에서 사상적인 영향력이 큰 만큼『대승기신론』을 둘러싼 논의는 치열하고도 길며 20세기 초엽 이후 아직까지도 끝을 보지 못한 채 계속 이어지고 있다. 우리나라 학자의 견해도 이 긴 논의 속에 하나라도 인용되고 있다면 얼마나 뿌듯하겠냐마는 아직은 소박한 바람으로 그칠 뿐이다.

진제의 번역목록에 관한 최초의 기록은 수나라 때 법경(法經) 등이 편찬한『중경목록』(594)인데, 여기에는 "『대승기신론』1권에 관해서 사람들은 진제 역이라고 하나『진제록』(진제의 제자들이 남긴 진제에 관한 여러 기록을 말하는지, 아니면 지교가 지었다는『번역력』을 가리키는지는 불분명)에는 이 논서가 들어 있지 않다. 따라서 진위가 의심스러운 경론 속에 넣는다"는 기술이 있다. 그런데 3년 후 비장방(費長房)이 지은 『역대삼보기』(597)에는 전혀 다른 설명이 덧붙여진다. "태청 4년(550년) 부춘(富春) 육원철 집에서 진제가 번역했다"는 기술이 바로 그것인데, 무슨 일인지 이 이후의 경록에서는 모두 『역대삼보기』와 같은 논조를 택하여 번역 일시와 장소에 관해서 이견은 있을지라도 『대승기신론』의 '진제 번역설' 쪽에 동조한다.

「기신론의 작자에 대하여」(1902)를 필두로 「의사경과 위망경」 등 일련의 논문에서, 일본의 망월신형(望月信亨)은 법경의 『중경목록』과 『역대삼보기』의 견해가 다른 점에 착안하여 양 목록을 세밀하게 검토하여 『중경목록』 쪽이 훨씬 신뢰할 만한 경록임을 입증하고는, 이를 토대로 『대승기신론』의 '마명 작, 진제 역'의 전통적인 견해를 모두 부정한 뒤, 결론으로 563~592년 사이에 중국인이 지은 위서(僞書)라는 '중국찬술설'을 주장하였다. 망월신형의 새로운 주장이 제기된 후 갑론을박이 진행되면서 『대승기신론』의 저자 및 역자에 관해서 크게 4가지 학설이 형성된다. 첫째는 '마명 작' '진제 역'을 모두 부정하는 입장이고(望月信亨, 舟橋水載, 村上專精), 둘째는 '마명 작'은 부정하나 '진제 역'은 긍정하는 입장이며(常盤大定), 셋째는 '마명 작'은 긍정하나 '진제 역'은 부정하는 입장이고(鈴木忠友), 넷째는 '마명 작' '진제 역'을 모두 긍정하는 입장(羽溪了諦)이다. 이밖에도 『대승기신론』을 5~6세기에 인도에서 성립한 논서로 보는 입장(宇井伯壽, 宮本尊正, 渡邊照宏)도 있지만, 이는 아상가와 와수반두 이후의 또다른 마명이란 인물을 상정하는 점에서 '인도찬술설'에 입각하고 있을 뿐, 실제로는 첫번째 입장의 변종이라 할 수 있다.

중국의 양계초는 일본 학계의, 특히 망월신형의 학설을 접하고는 이를 절대적으로 지지하며 환호성을 지른다. 1922년에 쓴 『대승기신론고증』 서문에서, 양계초는 "이 논문이 우리 선조가 지은 것이라고 증명해주니 나는 이루 말할 수 없이 기쁘다"라고 기쁨을 금치 못한다. 양계초 이후 왕은양(王恩洋), 여징(呂澂), 인순(印順)에 이르기까지 중국 학계는 '중국찬술설'을 지지한다. 일본 학계가 '인도찬술설'과 '중국찬술설'로 나뉘어 아직 결론을 보지 못하고 있는 것과는 사뭇 분위기가 다르다.

중국과 일본의 연구성과를 결론만 추려 개관해보았지만, 이를 통해서 중국과 일본의 학계가 모두 기본적으로 망월신형의 학설을 채용하고 있음을 확인할 수 있다. 곧 『대승기신론』의 '진제 역'은 와전으로 보는 것이 현재 학계의 일반적인 통설인 것이다. 하지만 『대승기신론』에 관해서는 '중국찬술설' '인도찬술설' 등 아직도 결론을 보지 못한 문제가 산적해 있으니 눈 밝은 우리나라 불교학자가 한번 도전해보기를 기대한다.

망월신형의 『대승기신론』 '중국찬술설'은 상세한 문헌증거 제시 및 설득력있는 작업가설이 따라붙고 있기 때문에 나도 기본적으로 망월신형의 취지에 동조하는 편이다. '인도찬술설'은 본질적으로 망월신형의 학설 가운데 알갱이는 그대로 인정하면서 지엽적인 것만 약간 수정한 일종의 '변종'이며, 또한 '중국찬술설'을 부정할 만한 결정적인 논거나 대안이 부족하다고 생각하기 때문이다. 그렇지만 '중국찬술설' 하나만 놓고 보더라도 아직도 많은 문제가 산 너머 또 산으로 눈 밝은 학자의 손길을 기다리고 있다. 동아시아 불교계에 끼친 『대승기신론』의 막대한 영향력을 감안할 때, 『대승기신론』의 찬술경위에 대한 좀더 통일적인 설명, 이를 통해서 『대승기신론』의 사상사적 또는 문화사적 의의를 점검해보는 일 등은 아직도 우리에게 남아 있는 과제인 것이다.

소위 '진제 역'의 『대승기신론』 현재 판본에는 진제의 직전제자였던 혜개의 서문이 붙어 있다. 이 서문에는 "승성 3년(554년) 9월 10일 형주 시흥군에 있는 건흥사에서 대승을 널리 알리고 비전(秘典)을 밝게 드러내어 미혹한 무리를 인도해달라고 진제에게 간청하였고, 이에 『대승기신론』 1권을 번역하였다. 『대승기신론』의 근본 취지를 밝히는 것으로 『현문』 20권, 『대품현문』 4권, 『십이인연경』 2권, 『구식의장』 2권이 있다. 통역자로 인도인 월지 수나(月支首那) 등이 있었고, 필수로 지개(智愷, 혜개) 등이 있었으며, [번역을 마치는 데] 꼬박 2년이 걸렸다"라고 쓰여 있으나 이 서문 역시 597~730

년 사이에 작성된 위작(僞作)으로 판명되었으니 믿을 만한 내용이 못 된다.

『대승기신론』의 중국 찬술경위에 대해서 결정적인 단서를 제공하는 문헌 증거는 당나라 초기의 혜균(惠均)과 통일신라시대의 진숭(珍嵩)이다. 혜균은 길장의 제자로, 『사론현의』라는 저서에서 "『대승기신론』 1권은 마명보살이 지은 것이라고 하나 강북의 논사들은 마명이 지은 논이 아니라고 말한다. 예전에 지론사(地論師)가 논을 지으면서 마명보살의 이름을 빌렸을 뿐이다"라고 써서 "지론사가 『대승기신론』의 찬술자"라는 당시 학계의 소문을 전하고 있으며, 좀더 구체적으로 진숭은 『탐현기사기(私記)』에서 "『대승기신론』은 『점찰경』(점찰선악업보경)에 따라 만든 것인데, 『점찰경』이 위경(僞經)이므로 『대승기신론』도 위론(僞論)이다"(일본의 풍산 쾌도(快道)의 『기신론의기현담』에 인용됨)라고 주장하여 『대승기신론』의 찬술경위를 밝히는 데 중요한 단서를 제공한다.

『대승기신론』의 '중국찬술설'에서 제시하는 찬술경위에 대한 다양한 가설은 절대적으로 혜균과 진숭의 말을 핵심 사실로 인정한 위에서 전개되고 있는바, 일본의 망월신형은 말할 것도 없고 중국의 여징도 그 한 예로 들어간다. 진숭의 예에서 우리는 통일신라시대 불교학이 얼마나 치밀했는지 그 높은 수준을 헤아려볼 수 있다. 진숭은 화엄사상가로 여겨지는데, 법장(法藏)이 『대승기신론의기』에서 혜개의 서문을 의심 없이 그대로 인정한 것과는 정반대의 태도를 취하고 있는 것이다!

『대승기신론』이 중국인이 지어낸 가짜 논서라 하더라도 『대승기신론』의 사상적 가치는 결코 무시되지 않는다. 불교가 이역문화에 수용될 때 필연적으로 겪게 마련인 문화적 충돌을 고려하지 않으면 교과서주의에 빠지기 십상이다. 『대승기신론』은 『점찰경』과 『능가경』(10권본)의 영향 아래 지론학·섭론학 등 남북조시대의 다양한 사상 갈래를 종합적으로 회통하여 하나의 통일된 체계를 이루고 있으니, 가히 인도불교와 중국불교의 합작품이면서 남북조시대 불교사상의 종합적 산물이라 할 만하다. 그렇다면, '격의'에서 비롯된 인도불교의 중국화 과정이 『대승기신론』에서 첫 열매를 거둔다고 긍정적으로 평가할 수 있을 것이다.

20. 남북조시대 유식사상의 과제: 알라야식과 아말라식

유식사상에서는 사람의 마음을 5감각 및 의식(전6식), 마나식(제7식), 그리고 알라야식(제8식)으로 심층분석한다. 이 가운데 우리가 살펴보고자 하는 '알라야식'은 산스크리트어 '알라야-위즈냐나'(ālayavijñāna)의 번역어로, 음역 '알라야'와 의역 '식(識)'이 합쳐져 형성된 말이다. 한역에서는 역자에 따라 '알라야'에 대해서 '아리야(阿梨耶)' '아려야(阿黎耶)' '아뢰야(阿賴耶)' 등 다양한 음역을 쓰나, '식'은 모두 똑같이 채택해서 사용하고 있기 때문에 여기에서는 편의상 '알라야식'으로 통일하겠다.

'알라야'는 곳간이나 저장소를 뜻하고, '식'은 인식 또는 마음을 뜻한다. 따라서 '알라야식'은, 일반적으로 우리의 삶의 세계를 구성하는 모든 현상들이 그것으로부터 나와서 다시 그 안으로 되돌아가 차곡차곡 저장되는, 마치 지하저장고와 같은 '심층마음'을 가리킨다.

우리가 알고 있는 유식사상에 관한 상식적 견해는 대부분 당나라 때 형성된 법상종의 학설에서 나온 것이지만 시대를 거슬러 올라가서 남북조시대에 이르면 그 당시 불교계에서 이해했던 유식사상은 법상종의 그것과 상당히 다르다는 것을 알게 된다.

크게 말하면 남북조시대의 유식사상은 "일체중생 실유불성"이라는 『열반경』의 불성사상을 축으로 삼아 전개된다. 예를 들어 지론학의 두 갈래인 북도파와 남도파는, 불성을 알라야식으로 보는 점에서는 같으나, 북도계는 알라야식이 현재 상태에서는 불성의 일체 공덕을 전부 지니고 있는 것이 아니기 때문에 수행을 통해서 앞으로 증득해야 한다고 보는 데(當常) 반하여, 남도계에서는 선천적으로 알라야식이 불성의 일체 공덕을 다 지니고 있다고 (現常) 보는 등의 차이만 있을 뿐이다. 알라야식을 불성과 동일시하는 해석 방식은 급기야 알라야식을 '무몰식(無沒識)'으로 보는 어설픈 오해도 낳는 다. 정영사 혜원의 『대승의장』이나 법장의 『대승기신론의기』에서도 그러한 해석을 볼 수 있는데, 이러한 오해의 사상적 연원은 아마도 지론학에 있으리 라고 생각한다. '무몰식'과 같은 해석은 '알라야'의 장음 '아'(ā)를 단모음 '아'(a)로 바꾸어놓아야만 가능한 해석으로, 산스크리트어 문헌에서는 도저 히 성립할 수 없는 일이다.

알라야식과 불성의 고리가 끊어지는 것은 섭론학에 이르러서인데, 섭론학 에서는 알라야식과 아말라식의 차원을 구별한 뒤, 아말라식과 불성을 동일 시함으로써 불성사상의 맥을 잇는다. '아말라식'에서 '아말라'는 산스크리트 어 '아말라'(amala)의 음역으로 한역에서는 역자에 따라 '암마라(菴摩羅)' '아마라(阿摩羅)' '아말라(阿末羅)' 등으로 음역한다. '더러움이 없다(無垢)' 는 뜻이기 때문에 아말라식은 '무구식'으로 번역되기도 한다. 단적으로 말해 서 '아말라식'은 대정각을 이룬 붓다의 마음을 가리키며, '진여' '여래장' '자성청정심' 등 다양한 명칭으로 표현된다. 중생은 너나없이 모두 아말라식 을 지니고 있으니 예외없이 성불 가능하며 심지어는 소승에서 벗어나지 못 하는 사람(定性小乘)도 성불할 수 있다. 이러한 섭론학의 학설은 법상종의 학설과 정면으로 배치되며 원효의 사상과 가깝다.

섭론학과 법상종의 격전은 무엇보다도 '아말라식'의 본질을 둘러싸고 벌 어진다. 자은(慈恩)대사 기(基)는 『성유식론술기』에서 "[무구식(無垢識)은 오직 무루법(無漏法)만의 의지처로 본질적으로 더러움이 없는 것이다. 예전 에는 '아말라식(阿末羅識)' 또는 '아마라식(阿摩羅識)'이라 불렀다. 예전의 논사는 아마라식을 '제9식'으로 상정했으나 이는 잘못이다"[54]라고 하여, 진

---

54) 대정장 43권, 344c10~11.

제가 아말라식을 '제9식'으로 상정하는 것은 잘못이라고 비판한다. 진제가 아말라식을 '제9식'이라 부르는 것은 사실이지만, 과연 '제9식'을 알라야식 과는 별도의 체성을 지닌 별개의 실재로 인정했는가 하는 점은 분명하지 않다. 법상종의 비판이 '오캄의 면도날'인지 아니면 '허수아비 공격의 오류'에 빠진 것인지 남북조시대 불교사상의 과제거리로 남겨두기로 하겠다.

21. 수·당시대 불교계의 동향

수·당시대에 이르면 현대의 우리에게도 낯익은 몇가지 불교계의 풍경이 눈에 띈다. 그중에 두 가지만 추려보자.

첫째, 사찰의 사유재산권을 인정하는 추세가 강해지면서 불교계에도 유교의 종법(宗法)질서와 비슷한 사찰 운영방식이 출현한다. 여기서 주목해야 할 점은 스승이 제자에게 전해주는 것이 단지 사찰의 물질적 자산에만 한정되지 않는다는 사실이다. 정신적 자산 곧 사찰의 대표간판 격인 불교학설까지도 고스란히 제자로 전해지며 이는 다시 손제자로 전승되는 새로운 정신적 위계질서가 불교계의 전면에 나타나는 것이다.

남북조시대까지는 한 사원이 불교의 다양한 사상유파 가운데 어떤 한가지 학설만을 계승한다는 그러한 학설상의 '전문화'는 존재하지 않았다. 한 사원의 주지는 꼭 정해진 어느 한가지 학계에 속할 필요는 없었으며 따라서 한 사원의 정신적 풍토는 불교계의 다양한 사상에 대해서 비교적 '열린 체제'를 유지할 수 있었다.

수·당시대에 대두하는 전문화의 노정은 이전의 사상적 다양성을 약화시키며 상대적으로 '닫힌 체제'로 향하였다. 이리하여 이른바 '종파(宗派)'가 출현하게 되니 천태종·화엄종·법상종·선종 등의 종파와, 그를 계승·선양하는 전문사찰이 바로 이 수·당시대에 형성된다.

일본 불교학계에서는 수·당시대의 종파불교를 '신불교(新佛敎)'라는 명칭으로 포착하여, '중국적' 불교가 동아시아 사회에 모습을 드러낸 것으로 파악하기도 하는데, '신불교'란 용어는 기본적으로 '종파불교'를 견지하는 일본 불교계의 전통에서 나온 용어이기 때문에 우리로서는 비판적으로 음미해볼 필요가 있다.

둘째, 종파의 대두와도 연관되는 현상이겠지만, 경제적·정신적 자신감을 갖게 되면서 수·당 불교계는 인도불교의 산스크리트어 원전에 대한 태도 및 역경작업에 대한 태도에 큰 변화를 보인다. 곧 인도불전의 원래의 의미를 깊이 좀더 깊이 끝없이 캐묻는 모범생적인 태도보다는 이미 중국어로 번역된 불전에 대해서 중국어로 주석하거나 해석하면서 나름대로 이해한 바를 저서의 형태로 당시의 중국 지식인층에게 묻는 도전적인 태도로 바뀐다. 강하게 말하면 인도불전을 땅 속에 묻고 가능한 한 중국의 번역불전에만 의존해서 불교적 사유를 개진하려는 시도가 수·당 불교계에서는 지배적인 흐름이었다.

이러한 변화에는 긍정적인 측면과 부정적인 측면이 혼재해 있어 한마디로 평가하기는 어려운 게 사실이다. 부정적인 면을 부각시키면, 인도불전의 진의 파악이라는 힘들고 복잡한 해석학적 사유의 노정을 포기하면서 좀더 쉽고 단순한 도식화의 길로 치닫기 때문에 원전에 대한 곡해가 따르게 마련이다. 다른 한편, 긍정적인 각도에서 보면 중국불교의 가능성을 꾀하기 위해서는 어차피 '창조적 오해'는 피할 수 없는 일이기 때문에 '원전 신비주의'로부터 벗어났다는 점에서 진일보한 측면이 있다. 어쨌든 수·당시대의 불교종파 가운데서 인도불전에 제일 충실했던 법상종이 고작 40여년밖에 존속하지 못했던 것을 보면 수·당시대의 불교계는 이미 '중국적' 불교의 정착단계로 접어들었다고 말할 수 있을 것이다.

이와 같은 불교계의 분위기 속에서도 역경작업은 왕실 및 귀족층의 지원을 받으며 꾸준히 이루어진다. 역경은 구체적으로 어떻게 진행되었는가? 찬녕(贊寧)의『송고승전』이나 지반(志磐)의『불조통기』의 기록에 따르면, 당나라 시대의 역장은 10개 부서로 이루어진다. ① 역주(譯主/譯家, 산스크리트어 사본을 읽으며 번역·강해), ② 증의(證義, 번역문의 타당성 여부 검토), ③ 증문(證文/證梵語梵文, 사본을 제대로 읽었는가 검토), ④ 서자(書字/度語, 역주가 중국어를 몰라 번역을 못한 부분이 있을 때 이를 원문 그대로 중국어로 음사. 역주가 중국어에 능숙할 때는 불필요), ⑤ 필수(筆受/綴文, 산스크리트어 음역을 의역으로 고치는 등 번역문 교정), ⑥ 참역(參譯, 번역문을 다시 산스크리트어로 고쳐본 뒤 산스크리트어 원문과 맞는지 대조함으로써 번역문의 타당성 재검토), ⑦ 간정(刊定, 길거나 중복되는 번역문을 간결한 문장으로 교정), ⑧ 윤문(潤文, 윤문작업), ⑨ 범패(梵唄, 번역문을 낭독하기 좋도록 교정), ⑩ 감호대사(監護大使, 번역작업을 보호하는 고급관리. 번역이 끝난 후 황제에게 번역본을 진상). 이 얼마나 치밀한 조직인가! 이런 정도로 번역의 엄밀성이 보장되는 경우는 지금도 그리 흔치 않은 일일 것이다.

22. 중국 역경사의 최고봉 현장

수·당시대 역경사에서 가장 걸출한 업적을 남긴 이는 현장이다. 중국의 '4대 역경가' 가운데에서도 현장의 역경작업은 그 질과 양 모두 단연코 수위에 꼽힌다. 일반적으로 구마라집이 74부 384권, 진제가 49부 142권, 불공이 111부 143권을 번역했다고 하는데, 현장은 75부 1,335권을 번역했다고 하니, 역경분량만 놓고 보더라도 다른 세 사람의 것을 전부 합쳐도 현장의 성과에는 반도 못 미친다.

현장은 다른 역경가와는 달리 중국인이었고 게다가 17년간에 걸친 긴 인도 유학기간 동안 산스크리트어 및 인도불교의 교의에 정통했기 때문에 다른 역경가에 비해서 역경가로서의 월등한 자질을 지니고 있었다. 더군다나 '오종불번(五種不飜)'으로 일컬어지는 번역원칙, 역장의 체계적 운영 등 역경작업에 대한 이론 및 실기를 겸비한 탁월한 조직가이기도 해서 현장의 역장에서 쏟아져나온 번역본은 타의 추종을 불허할 정도로 우수한 번역으로 정평이 나 있다.

현장의 모습을 총체적으로 파악하기 위해서는 역경가로서의 모습뿐만 아니라 사상가로서의 활동, 역사가로서의 활동도 동시에 고려해보지 않으면 안된다.

현장의 제자 자은대사 기가 창시한 것으로 인정되는 법상종(法相宗)은 그 사상 토대가 현장에 있었으며, 동아시아 불교계에 본격적인 불교논리학(因明學)을 소개하고 도입하여 이를 유식사상 연찬을 위한 기초학문 가운데 하나로 정립한 이도 현장이었다. 현장의 서행구법(西行求法) 행장을 기록한『대당서역기』는 7세기의 고대인도, 서역지방, 중앙아시아 지역의 역사 및 문화를 복원하는 데 빠뜨릴 수 없는 일차자료이며 아직까지도 동서교류사의 위대한 금자탑으로 평가받고 있다. 우리에게 익숙한『서유기』에 등장하는 삼장법사도 실은 당나라 때의 현장을 모티브로 삼은 것이다.

현장의 중요성을 고려하여 현장의 생애 및 사상, 그리고 그가 동아시아 불교사에 끼친 영향 등을 다각도로 살펴보기로 하겠다.

현장의 전기에 관한 일차자료로는 언종(彦悰)의『대당대자은사삼장법사전』, 명상(冥詳)의『대당고삼장법사행장』, 도선(道宣)의『속고승전』(흔히『당고승전』이라 부름)이 있다. 먼저 이러한 전기자료를 토대로 현장의 생애를 복원해보자.

현장의 속가 이름은 진위(陳禕)로, 하남성 낙양 구씨현(언사현 남부) 사람이다. 수나라 개황 20년(600년)에 태어났다. '현장'은 법명인데, 달리 '당삼장(唐三藏)' 혹은 '당승(唐僧)'이라 부르기도 한다. 전자는 현장이 경(經)·율(律)·논(論) 삼장에 통달했기 때문에 붙인 존칭이고, 후자는『서유기』의 영향을 받아 민간에서 붙인 속칭이다.

현장의 형은 법명을 장첩(長捷)이라 하는 출가승려였다. 현장은 어려서부터 형을 따라 낙양 정토사(淨土寺)에서 생활하며 11살 때 형에게서 『유마경』과 『법화경』을 배웠고, 13살 때 승려고시에 합격하여 출가하였다. 동진출가인 셈이다. 어려서부터 호학심이 많아 다른 사미승들과 어울려 놀지도 않고 오로지 불교경전만 벗삼아 지냈는데, "출가란 무위법(無爲法)이다. 애들 장난만 하고 있다가는 백년을 허송세월하기 십상이다"(『당고승전』 「현장전」)라는 마음가짐을 지녔다고 하니 모범생으로 진지한 어린시절을 보낸 셈이다.

23살(622년)에 구족계를 받을 때까지, 현장은 경(景)법사로부터 『열반경』을, 엄(嚴)법사로부터 『섭대승론』을 배웠으며, 그외에도 『아비담론』 『비바사론』 『잡심론』 『팔건도론』 등을 익혔는데 이미 그 학덕이 널리 알려졌다. 25살 때 호북성 형주에 있는 천황사(天皇寺)에 머물면서 『섭대승론』과 『잡심론』을 강설했다 하니 현장의 학문적 자질이 아비다르마 불교와 유식사상에 뛰어났음을 알 수 있다.

현장은 형주에서 북상하며 상주(相州, 하남성 안양) 및 조주(趙州, 하북성 조현)를 지나게 된다. 이 사이 조주에 있던 도심(道深)에게서 『성실론』을 배운다. 그 당시 현장의 구학 순례에 관해서 기록은 "두루 뭇 현인을 뵙고 들은 바를 곱씹었다(遍謁衆賢 備餐其說)"고 전하고 있다(『대당대자은사삼장법사전』).

현장이 당나라의 수도이자 당시 정치·경제·문화의 중심지였던 장안에 입성한 것은 625년, 그의 나이 26살 때이다. 장안은 당시 세계적인 무역거점 가운데 하나였으며 씰크로드의 기점이자 종착지였다. 장안에서 현장은 도악(道岳) 및 승변(僧辯)에게서 『구사론』을, 법상(法常)에게서 『섭대승론』을 배웠는데, 당시 명성이 자자했던 법상과 승변 두 사람은 현장의 그릇을 알고 '석문의 천리마(釋門千里駒)'(『대당대자은사삼장법사전』)라는 애칭을 붙여준다.

현장의 지적 순례는 『열반경』, 『법화경』, 유식사상, 아비다르마 불교 논서 등 폭넓은 영역에 걸쳐 있었지만, 그의 수학 여정이 주로 지론학과 섭론학이 성행했던 지역과 겹치는 사실에서도 알 수 있듯이, 남북조시대 불교사상계의 지배적인 담론이었던 불성(佛性)의 문제가 그의 관심을 사로잡았던 것 같다. 현장이 인도로 긴 구법 여정을 떠난 이유도 바로 이 점에 있었을 것으로 생각한다. 고창국의 왕에게 보낸 『계사고창왕표(啓謝高昌王表)』에서 현장은 "부처님께서 깨친 일미(一味)의 세계가 당상(當常)과 현상(現常)으로 갈리고, 대승의 한결같은 종지가 남도와 북도로 나뉘어 쟁론이 분분한 지 이미 수백 년이 지났지만 아직도 결착을 보지 못하고 있다"고 자신이 인도로 유학간 동기를 밝히고 있다. 현장은 유식사상에 대한 좀더 깊이있는 연구를 통해서 당시 시대사상의 난문, 곧 지론학 남도파와 북도파의 이설, 섭론학과 지론학의 갈등을 해소하고 싶었다. 이 때문에 후에 나란다 사원에서 수학할 때 스승인 계현(戒賢, Śilabhadra)이 유학목적을 묻자, 현장은 "스승에 의지해서 『유가사지론』을 배우러 왔다"고 대답한다(『대당대자은사삼장법사전』).

현장이 언제 장안을 떠나 인도로 갔는지 그 정확한 연도에 관해서는 학설이 구구한 편이다(정관 3년설, 정관 2년설, 정관 원년설). 양정복(楊廷福)의 『현장연보』(중화서국 1988)가 나온 후 정관 원년 곧 627년설을 취하는 학자들도 있지만, 중국 학계나 일본 학계에서는 대체로 『대당대자은사삼장법사전』 『대당서역기』 『법원주림』 등의 기술에 따라 정관 3년설 곧 629년설을 취하는 형편이다. 검토의 여지는 남겨놓기로 하고 여기서는 통례를 좇아 629년설을 택하기로 하자.

629년(30살) 당나라 조정은 백성들이 장안성 밖으로 나갈 수 있도록 몇년 동안 굳게 닫혀 있던 성문을 여니, 이때를 틈타 현장은 인도행에 나서게 된다. 현장은 주로 서역 출신의 상인들 및 서역 여러 국가의 왕의 비호를 받으며, 난주-고장(감숙성 무위)-돈황에서 이오(신강 합밀)-고창-아기니(신강 언기)-굴지(신강 고차) 등 씰크로드 북도와 우스베키스탄-아프가니스탄 등 중앙아시아 지역을 거쳐 북인도 카슈미르에 이르렀으며, 이후 633년(34살)에 유학의 최종목적지였던 중인도의 나란다 사원에 도착한다. 나란다 사원은 당시 인도 불교문화의 중심지였으며 또한 불교의 최고교육기관이기도 하였는데, 계현을 수장으로 삼아 승려 수천명이 운집해 있었으며, '삼장법사(三藏法師)'로 떠받드는 뛰어난 학승만도 10명이나 되었다. 현장은 계현을 스승으로 모시고 전후 두 차례에 걸쳐 모두 7년간 나란다 사원에 머물면서, 원래의 유학 목적이었던 유식사상을 배우는 한편 인도의 타학파의 철학까지도 폭넓게 익혔으며, 사이사이 인도 각지의 불교유적지를 순례하며 불상, 불사리, 그외 불교의 산스크리트어 원본 사본을 수집하는 등 치밀한 귀국 준비작업을 하였다.

인도에서 현장이 학문으로써 일가를 이룬 시기는 640년(41살) 무렵이다. 이 시기에 현장은 계현의 권유를 받아들여 나란다 사원에서 『섭대승론』『유식결택론』을 강설했다고 한다. 계현은 유식학파의 뛰어난 인재였던 호법(護法, Dharmapāla)의 맥을 잇는 직전제자였다. 당시 나란다 사원에는 사자광(師子光)이란 논사가 중관사상의 핵심 논서인 『중론』『백론』을 강설하고 있었다. 사자광은 중관학파의 수장이었던 청변(淸辯)의 제자였던 탓에, 당시 중관학파의 라이벌 학파였던 유식학파의 『유가사지론』을 비판하곤 하였다. 청변과 호법의 소위 '공유논쟁'이 현장의 인도유학 당시 재연된 셈이다.

『중론』『백론』 등 중관학파의 논서뿐만 아니라 『유가사지론』 등 유식학파의 논서도 모두 익힌 현장은 유식사상과 중관사상이 동전의 양면처럼 대승 공사상의 양 측면임을 이해하고 있었다. 따라서 현장은 '공유논쟁'이 사자광의 유식사상에 대한 오해에서 비롯된 것으로 보고 사자광과 몇차례나 논전을 벌였다. 논쟁은 마침내 사자광이 편견에서 벗어나 현장의 강설을 들으러 오는 것으로 끝난다. 논쟁의 자세한 내막은 알 수 없는 노릇이나 이 과정에서 현장은 양파의 학설을 화쟁(和諍)시키기 위해서 산스크리트어로 『회종론(會宗論)』 3천 송을 지었다 한다(『대당대자은사삼장법사전』). 『회종론』 말고도 『제악견론(制惡見論)』을 지었다고 하나 두 저서 모두 전해지지 않는다. 사료를 중시하는 중국문화에서, 더욱이 중화의식이 한창 성하던 당나라에서, 현장의 쾌거를 알리는 이러한 중요한 저술이 남아 있지 않다는 것은

124

참으로 이상한 일이다. 그다지 신뢰할 수 없는 기록으로 보인다.

현장의 인도 유학생활 중 하이라이트는 641년(42살) 곡녀성(曲女城)에서 거행된 무차대회이다. 이 논변대회는 당시 인도의 대왕이었던 계일왕(戒日王)이 주관해서 개최한 것이었다. 현장은 계일왕의 요청에 따라 논주(論主)로 등장하여, 후대에 '진유식량(眞唯識量. 또는 唯識無境比量)'으로 회자되는 유명한 논증식을 제시하였는데 18일 동안 아무도 이를 논파할 수 있는 사람이 없었다. 이리하여 현장은 대승 편에서는 '대승천(大乘天)'이란 영예를 안게 되며, 소승 편에서는 '해탈천(解脫天)'이란 존칭을 듣게 되어, 그 명성이 인도에 널리 퍼진다(『대당대자은사삼장법사전』).

'진유식량'에 관해서는 이후 동아시아 불교계에서도 논란거리로 대두되기 때문에 여기서 잠시 그 구체적 내용을 알아보자. 자은대사 기의 『인명입정리론소』에 보면 '진유식량'은 다음과 같은 논증식으로 구성돼 있다.[55]

> (주장) 궁극적 진리에서 보면, 세상에서 익히 알고 있는 색깔·형태는 시각과 떨어져 독자적으로 존재하는 것이 아니다.
> (근거) 색깔·형태는 우리 유식사상에서 인정하고 있는 18계 가운데 첫번째 조, 곧 눈[眼]-색깔·형태-시각 가운데 포함되는 것으로, [불안(佛眼) 등] 눈[眼]에는 포함되는 것이 아니기 때문이다.
> (예시) 시각이 그런 것과 마찬가지이다.

이 논증식의 치명적인 약점은 정반대의 주장이 설일체유부의 입장에서 제시될 수 있으며, 또한 그 주장이 논리적으로 똑같이 정당한 주장으로 성립할 수 있다는 데 있다. 동아시아 불교계에서 이 약점을 처음으로 지적한 사람은 원효이다. 원효는 설일체유부의 입장에서 다음과 같은 정반대의 논증식

---

55) 대정장 44권, 115b26~27. "大師立唯識比量云, 眞故極成色不離於眼識宗, 自許初三攝眼所不攝故因, 猶如眼識喩."

이 성립할 수 있다고 보았다.

　(주장) 궁극적 진리에서 보면, 세상에서 익히 알고 있는 색깔·형태는 시각과 떨어져 독자적으로 존재하는 것이다.

　(근거) 색깔·형태는 우리 부파에서 인정하고 있는 18계 가운데 첫번째 조, 곧 눈[眼]-색깔·형태-시각 가운데 포함되는 것으로, 시각에는 포함되는 것이 아니기 때문이다.

　(예시) 눈[眼]이 그런 것과 마찬가지이다.[56] (일본학자 善珠의『인명론소 명등초』에 인용됨)

말하자면 칸트가 말한 '이율배반'(Antinomie)이 성립하는 셈인데, 불교논리학은 물론이고 인도 논리학에서는 이와 같이 이율배반이 성립하는 논증식을 그 근거가 잘못된 것으로 보아 올바른 논증식으로 인정하지 않는다. 인도의 정통 논리학파인 니야야학파에서는 이러한 논증식을 '주장과 다름없는 근거'로 평가하며, 불교논리학에서는 '모순된 주장이 성립할 수 있는 취약한 근거(決定相違)'로 평가한다.

　인도에서 문법학과 논리학을 다 익힌 현장이 이런 실수를 할 리가 없을뿐더러 이러한 엉성한 논증식을 인도의 논사들이 깨지 못했다는 기록은 더더구나 믿을 수 없는 일이다. 그렇다면 이 기회에 '진유식량'에 관한 기록의 진실성을 의심해보아야 하는 것이 당연한 일이라고 본다.

　641년(42살) 무차대회가 끝난 여름날 현장은 귀국길에 오른다. 수많은 산

---

56)『인명론소 명등초』권3(속장경, No. 2270). "今此決定相違者, 本是新羅元曉大德之所製也. 後順憬師, 得此比量, 不能通釋. 乾封年中, 遣於大唐, 令決其疑所以得知. 定賓律師, 理門疏云, 新羅順憬師, 乾卦年中, 傳彼本國元曉師, 作相違決定, 來至此國云, 眞故極成色定離於眼識, 因喩同此. 三藏於時躊躇未釋得知, 本是曉製. 彼師, 判比量論云, 今謂此因勢而無功, 由須自許言更致敵量故, 謂彼小乘立比量言, <u>眞故極成色定離於眼識, 自許初三攝眼識不攝故, 猶如眼根</u>. (…)" (밑줄은 인용 부분)

스크리트어 사본과 불상 등을 가져갔기 때문에 걸음이 굼떴던 모양으로 643년(44살) 말에야 우전(신강 화전)에 도착한다. 씰크로드 남도가 현장의 귀국행로였던 것이다. 우전에서 당나라 조정에 귀국의사를 밝히자 당 태종은 칙령을 내려 현장의 귀국을 축하한다. 645년(46살) 정월 현장은 드디어 당나라 수도 장안성에 도착한다. 장장 17년간의 유학생활을 무사히 마친 것이다. 한 통계에 따르면 현장의 행정은 25,000킬로미터에 이르렀다고 한다. 그 긴 여정 끝에 부처님의 사리 150과, 금은 불상 7구, 산스크리트어 불전 520묶음 657부를 안고 귀국했으니 대단한 성취임에 틀림없다.

귀국 즉시 현장은 당 태종에게 역경사업의 지원을 요청했고 이후 역경작업에 드는 비용 일체는 당 조정이 맡게 된다. 맨 처음에 구성한 장안 홍복사(弘福寺)의 역장은 대규모의 역경사업을 알리는 첫 신호탄이었다. 이후 몇차례 역장의 위치가 바뀌기는 하지만 역장의 조직은 대체로 일관성을 유지하였으며, 대단히 체계적이고 엄격하였다. 현장은 전국적인 규모로 대·소승의 교설에 정통한 승려들을 모집하여, 이들을 중의(證義) 12명, 철문(綴文) 9명, 증범어범문(證梵語梵文) 1명, 자학(字學, 번역문의 오·탈자를 바로잡음) 1명으로 조직화하였다(『당고승전』). 이밖에 따로 참역(參譯), 간정(刊定), 윤문(潤文), 범패(梵唄) 등을 몇명 두었다. 현장 자신은 역경작업의 리더인 역주(譯主)를 맡았고, 당시의 경사유수(京師留守) 양국공(梁國公) 방현령을 감호대사(監護大使)로 삼았다. 이렇게 보면 현장의 역장은 분업식으로 철저한 역할분담이 이루어졌다는 점에서 지금 보아도 감탄할 만큼 '체계적'이었다.

현장 이전에 역장은 번역장소였을 뿐 아니라 강설이 행해지는 강원이기도 했다. 그렇지만 현장의 역장은 그 이전과는 판이한 성격을 지닌다. 현장은 역경작업이 진행되는 동안 외부인의 출입을 철저하게 통제하였다. 이는 강설에 드는 시간을 아껴 전적으로 역경작업에 매진하기 위한 조처였을 것이다. 신라의 원측(圓測)이 문지기를 매수해서 현장의 역장에 몰래 숨어들어갔다는 후세의 날조도 따지고 보면 이같은 역장의 '엄격성'과 무관하지 않다.

장안에 대자은사(大慈恩寺)가 세워지자 현장의 역장은 대자은사 경내 번경원(飜經院)으로 옮겨진다. 이후 대부분의 역경작업이 이곳 대자은사에서 이루어지기 때문에 현장의 일생에서 가장 중요한 장소 한 곳만을 손꼽는다면 자연스럽게 대자은사가 들먹여진다. 지금의 서안에서 대안탑(大雁塔)으로 불리는 곳이 대자은사의 터이다. 홍복사와 대자은사 말고도 또 한 곳 중요한 역장을 꼽는다면 옥화궁(玉華宮)을 들 수 있다. 말년에 이곳에 머물면서 아비다르마 논서 일부, 법상종의 소의 논서인『성유식론』, 그리고『대반야경』(600권)을 번역하기 때문이다.『대반야경』의 번역이 끝난 후 현장은 병마에 걸려 쓰러진다. 더이상 번역에 쓸 여력은 없었다. 오랜 서역여행으로 생긴 병마인지라 이미 회복은 불가능했다.

현장은 평생 미륵불을 믿었다. 법상종이 미륵신앙과 연계되는 것도 아마 이러한 배경 때문이라 생각한다. 병마에 걸린 후 현장은 일심으로 '나무미륵여래'를 염불하며 미륵보살이 머무르는 도솔천에 왕생하기를 기원했다. 664년 2월 한 제자가 현장에게 물었다. "화상께서는 틀림없이 미륵세계에 태어나십니까?" 현장은 "틀림없어"라고 대답하고는 곧 원적에 든다. 장소는 옥화궁, 세수 65살이었다.

현장이 번역한 경론은 모두 75부 1,335권으로, 이는 한 사람이 이루어낸 업적으로 믿기에는 너무도 많은 분량이다. 하지만 이도 현장이 인도에서 가져온 경론 중 극히 일부분일 뿐이다. 미처 번역하지 못한 나머지 경론은 대안탑에 묻어두었다고 하나 안타깝게도 지금은 전해지지 않는다.

현장의 역장은 당나라 황실의 적극적인 지원을 받았기 때문에 중국 전역에서 내로라하는 뛰어난 학승을 손쉽게 결집할 수 있었다. 전국의 학승을 모으는 과정에서 특기할 사항은, 정작 현장의 본령인 유식사상 분야에서 당시에 대가로 꼽혔던 학승 가운데 대부분은 섭론학의 맥을 잇고 있었다는 사실이다. 한 예로, 법보(法寶)는 현장의 역장뿐만 아니라 의정과 실차난타의 역장에서도 증의(證義)로 활약한 뛰어난 인물이었다. 또한 그의『구사론』주석서는 흔히 '보소(寶疏)'로 불릴 정도로 유명하니 그가 구사학과 유식학에 정통했음을 알 수 있다. 법보는 와수반두의 학설이 구사론, 금강반야론, 유식론, 법화론, 불성론, 열반론의 순으로 전개된다고 보고, 뒤쪽으로 갈수록 와수반두의 사상의 진수가 드러난다고 보았다. 열반론을 유식론보다 중시하는 데서도 알 수 있듯이 법보의 해석에는 섭론학의 '일성개성불(一性皆成佛)' 사상이 짙게 깔려 있다. 즉 법보의 사상은 현장의 오성각별(五性各別) 사상보다는 진제의 섭론학에 가까운 것이었다.

현장의 역장에 증의로 참가한 인물들 가운데 영윤(靈潤)도 섭론학에 조예가 깊었다. 영윤은 섭론학과 법상종의 사상적 차이를 14항목으로 정리하였는데, 그 가운데 법상종의 사상적 특징을 가장 잘 드러내는 것으로 오성각별 사상을 꼽는다. 오성각별 사상이란 성불 가능성의 유무, 그 가능성의 결정성 여부에 따라 중생을 성문종성, 독각종성, 보살종성, 부정종성, 무성유정종성과 같은 5부류로 나누는 것이다. 이에 반해 섭론학의 일성개성불 사상은 종성의 차별에 개의치 않고 모두 성불 가능하다고 보는 점에서 법상종의 학설과 상치되는 것이니 영윤의 지적은 적확하다고 볼 수밖에 없다.

인도를 떠날 무렵 현장은 친광(親光)의 『불지경론』에 나오는 '무성유정(無性有情, 성불 불가능한 중생)' 한 구절을 지워도 좋겠냐고 계현에게 청했으나 계현이 끝내 허락하지 않아 결국 번역하지 않을 수 없었다고 한다. 중국을 떠날 무렵 이미 섭론학의 세례를 받은 현장으로서는 '무성유정'의 존재 가능성을 인정하기 어려웠을 터이다. 그렇지만 계현의 단호한 태도에 결국 『불지경론』에 나오는 무성유정의 존재를 그대로 인정하고, 더 나아가 『성유식론』에서 오성각별 사상을 전면 개진함으로써 섭론학과 자신의 차별성을 부각시킨다.

오성각별 사상과 일성개성불 사상의 차이를 간단하게 예시하면 이렇다. 불성론의 대표적인 명제는 『열반경』의 '일체중생 실유불성'이다. 법상종에서는 불성(佛性)을 이불성(理佛性, 이념적인 입장에서의 성불 가능성)과 행불성

(行佛性, 현실적인 입장에서의 성불 가능성)으로 구분하여, 열반경에서 말하는 '불성'이 이불성일 뿐이며 행불성은 보살종성과 부정종성 일부만 지니고 있다고 보았다. 곧 "모든 중생이 현실적으로 성불 가능하다"고 해석하는 섭론학의 일성개성불 사상과는 전혀 다른 해석방식이 성립하는 셈이다. 여기에서 이념과 현실의 대립을 볼 수 있다고 해도 과언은 아니다.

『유가사지론』이나 『능가경』에는 오성각별 사상에 대한 그 어떠한 문헌적 근거도 나오지 않는다. 따라서 학계에서는 오성각별 사상을 호법이 창안한 것으로 보고, 친광 및 계현이 이를 이어받았으며, 동아시아에서는 현장이 이를 계승한 첫번째 인물이라고 추정한다.

자은대사 기는 현장의 오성각별 사상을 법상종의 정설로 채택하였다. 한편 현장의 또다른 제자인 신라의 원측은 오성각별 사상에 반대하여 섭론학의 일성개성불 사상에 동조하였다고 보는 것이 이제까지 학계의 일반적인 상식이었다. 하지만 최근 일본의 소장학자 귤천지소(橘川智昭)는 박사논문에서 "원측도 오성각별 사상의 입장에 서 있다"는 강한 반론을 제기하였다. 원측의 사상을 연구하는 한국 불교학자에게는 연구과제가 또 하나 늘어난 셈이다.

현장의 역경작업을 토대로 그의 제자 자은대사 기는 법상종을 창시한다. 법상종에 관련되는 말로 "4분3유 유식반학(四分三類 唯識半學)"이란 말이 있다. 4분(四分)설과 3유경(三類境)설을 제대로 이해하면 유식사상을 반쯤은 터득한 셈이라는 뜻을 지닌 말이다. 여기에서 말하는 '유식사상'은 실은 인도와 중국의 유식사상 전체를 통틀어서 말하는 것이 아니라 중국 법상종의 유식사상만을 가리키는 것이니 우리는 '4분 3유경'설을 통해서 우회적으로나마 현장의 유식사상을 살펴볼 수 있겠다.

4분설은 마음을 네 가지 존재영역으로 나누어 세밀하게 분석하고 있으며, 3유경설은 마음의 대상을 세 가지 유형으로 나눈다. 마음과 마음의 대상은 능연(能緣)과 소연(所緣)의 관계로 얽혀 있기 때문에 '4분 3유경'설은 결국 마음세계 안의 한 쌍, 즉 능소의 관계항에 대한 현장 나름의 해석이 전승된 결과라고 할 수 있겠다.

먼저 '4분'이란 상분(相分), 견분(見分), 자증분(自證分/自體分), 증자증분(證自證分)의 4가지를 말한다. 이 4가지 마음의 존재영역이 과연 무엇을 가리키는지 적확하게 집어내기는 그리 녹록한 일이 아니지만 일단 다음과 같이 이해해볼 수 있겠다.

우리가 어떤 대상——그 대상이 허구적인 것이든 실재이든——에 마음을 기울인다고 하자. 이때 우리의 마음에는 이 대상을 파악하는 어떠한 인식방식이 있게 마련이다. 한 예로 동트기 전 골목길에서 돌장승을 보았다 하자. 가까이 가서 보지 않으면 생긴 것이 꼭 사람 같아 보이니, 평소에 겁이 많은 사람은 이 돌장승을 보고 강도로 오인할 수 있겠고, 비교적 냉철한 판단력을 지닌 사람은 그대로 돌장승으로 인식할 수 있겠다. 4분설에서는 이 양자의 마음 자체를 '자증분'으로, 사람같이 생긴 '그 무엇'인 인식대상을 '상분'으로, 강도로 보거나 돌장승으로 보거나 하는 마음속의 인식방식을 '견분'이라 부른다. "이것은 강도다" 또는 "이것은 돌장승이다"라는 일차적 판단은 자증분, 견분, 상분, 이 세 가지가 갖춰질 때 비로소 성립한다. 그렇지만 우리는 어떻게 일차적 판단의 옳고 그름을 판별할 수 있을까? 여기에서 일차적 판단을 대상으로 삼는 반성적 마음이 일어나며, 이러한 반성적 마음을 4분설에서는 '증자증분'이라 부른다.

'3유경'이란 성경(性境), 독영경(獨影境), 대질경(帶質境)을 말한다. 『성유식론장중추요』에서 자은대사 기는 현장의 3유경설을 게송으로 전한다.

性境不隨心, 獨影唯從見,
帶質通情本, 性種等隨應

실재(性境)는 마음에 얽매이지 않는다. 환각(獨影境)은 주관적인 것일 뿐이다. 실재의 표상(帶質境)은 실재를 반영한 것인가 주관에 따른 것인가에 따라

주관적인 것일 수도 있고 실재적인 것일 수도 있다.

'3유경' 곧 실재와 표상 그리고 환각이 모두 4분설에서 말하는 '상분'에 귀속되니, 실재를 파악하기 위해서는 마음의 인식방식 곧 '견분'의 중요성, 더 나아가 '자증분'인 마음의 중요성이 강조될 수밖에 없다.

법상종의 전통에서는 흔히 연구자 사이에 '안난진호(安難陳護) 일이삼사'란 말이 회자된다. 이 말은 마음세계에 대해서, 안혜(安慧, Sthiramati)는 1분설을, 난타(難陀, Nanda)는 2분설을, 진나(陳那, Dignāga)는 3분설을, 마지막으로 호법은 4분설을 주장했다는 뜻으로, 법상종의 학설과 선행하는 여타 학설을 구분짓는 데 쓰인다. '일이삼사'의 세세한 차이를 규명할 여유는 없지만, 4분설이 호법의 학설을 계승한 것이라는 점, 또는 적어도 4분설의 기원을 호법에 돌리고 있다는 점만은 명백하다. '4분'의 산스크리트어 원어가 무엇인지 아직도 그 정확한 출전을 알 수 없는 상황에서 4분설이 과연 호법에서 연유하는 것인지 아니면 현장이 창안해낸 것인지 의심하지 않을 수 없는 노릇이다. 4분설뿐만 아니라 3유경설에 관해서도 사정은 같다. 호법의 저술에서 '4분 3유경'설을 찾아낼 수 없는 이상, 앞에서 간단하게 해설한 '4분 3유경'설을 당분간 현장 본인의 사상으로 뭉뚱그려 파악할 수밖에 없을 것이다.

현장의 유식학설은 원측과 규기(窺基, 자은대사 기)라는 두 거목에게 계승된다. 두 사람을 따로 거론하는 이유는 원측과 규기 사이에 유식학설에 대한 서로 다른 이해가 있고, 또 양자가 현장 이후에 서로 다른 학계를 형성하기 때문이다.

원측은 신라 왕손으로 성은 김(金), 이름은 문아(文雅)이다. '원측(圓測)'은 자(字)이다. 원측은 3살 때 출가하여 15살 때(628년) 당나라로 유학한다. 법상과 승변에게서 유식사상을 배웠는데, 이 두 사람은 진제의 맥을 잇고 있었기 때문에 자연히 원측도 진제 계통의 섭론학에 정통했다.

645년 현장이 귀국하자 원측은 다시 현장에게서 호법 계통의 새로운 유식사상에 접하게 된다. 658년 당 고종이 황태자를 위해서 서명사(西明寺)를 짓자 현장은 50여명의 대덕과 함께 잠시 이 절에 머문다. 원측도 그 가운데 한 사람이었다. 다음해 현장은 옥화궁으로 거처를 옮기지만, 원측은 현장과 동행하지 않고 거의 줄곧 서명사에 머물며 유식사상의 전법에 힘쓴다. 이 때문에 원측은 '서명대사'란 별명을 얻는다. 원측은 진제와 현장 양자를 다 '삼장법사(三藏法師)'로 존중하여 양자 사이에 논란거리가 생길 때마다 자주 진제의 학설과 현장의 학설을 회통시켰다. 이 점에서 현장의 학설만을 배타적으로 계승한 규기와는 대별된다.

규기라는 뛰어난 제자가 있었기 때문에 현장의 유식학설은 '법상종'이라는 하나의 종파로까지 성장한다. 규기는 현장의 역장에서 주로 필수 역할을 맡았다. 현장이 번역한 불전 가운데 『성유식론』『변중변론(송)』『유식이십론』『이부종륜론』 등이 규기가 필수로 참여한 것이다(『개원석교록』). 현장은 원래 와수반두의 『유식삼십송』에 대한 10명의 논사들의 주석을 빠짐없이 정리해서 『성유식론』을 번역하려고 하였다. 그런데 『성유식론』이 원래의 역경 목표에서 벗어나, 호법의 학설을 큰 줄기로 삼아 다른 논사들의 주석을 취사선택하는 정도에 그치는 현재의 체제를 갖추게 된 것은 규기의 간언 때문이었다. 진정한 의미에서 '법상종'의 성립은 자은대사 기에서 시작하기 때문에 법상종은 달리 '자은종(慈恩宗)'으로도 불린다.

원측의 학계 즉 '서명법계(西明法系)'는 도증(道證)—태현(太賢/大賢)으로 이어지다 쇠락한다. 규기의 학계 즉 '자은법계(慈恩法系)'는 혜소(慧沼)—지주(智周)로 이어지다 중국 내에서는 쇠락의 양상을 보이나 한국과 일본으로 건너가 명맥을 보존한다. 이 가운데 특히 주목할 사람은 혜소이다. 혜소는 『성유식론요의등』을 지어, 규기의 설을 해설·보충하는 한편 원측과 도증 등 서명법계의 이설(異說)을 하나하나 논박하였다. 자은법계와 서명법계의 논쟁은 결국 정치력의 차이이겠으나 자은법계의 승리로 끝나게 되고, 이 과정에서 혜소의 역할은 결정적이었다. 이 때문에 혜소의『성유식론요의등』은 규기의『성유식론추요』, 지주의『성유식론연비』와 더불어 '유식삼소(唯識三疏)' 또는 '유식삼대부(唯識三大部)'로 불린다.

법상종은 불과 5, 60년밖에 세력을 떨치지 못했지만 중국 불교계에 끼친 영향은 의외로 상당히 컸다. 한 예로 율종(律宗)을 들 수 있겠다. 남산 율종의 창시자 도선(道宣)은 현장의 역장에 참여하여 윤문(潤文) 역할을 맡았던 인물이다. 당시 계율은『사분율』을 근간으로 하였지만 계체(戒體, 계를 받은 후 생기는, 선을 지향하고 악을 멀리하는 힘)의 본질에 관한 해석에서 많은 이설이 공존하고 있었다. 도선은 현장의 유식사상으로부터 영향을 받아,『능가경』『섭대승론』을 전거로 삼아, '계체'란 알라야식에 내장된 종자라고 하는 '심법계체론(心法戒體論)'을 주장하였다.『사분율』은 본래 소승율이지만 이를 대승적으로 재해석할 수 있는 돌파구를 유식사상에서 찾은 셈이니, 중국에서 대승계율이 성립하는 데 있어서 현장의 유식사상이 깊숙이 관여돼 있음을 알 수 있다.

23.『화엄경』의 마지막 역경가 실차난타

현장 이후 당나라 때 역경가 가운데 빠뜨릴 수 없는 인물이 실차난타(實叉難陀, Śikṣānanda, 652~710)이다. 동아시아 삼국의 불교계 전통을 비교해 볼 때 우리나라의 불교계는 유달리『화엄경』을 중시하는 경향이 있다. 중국의 불교계는 시대에 따라 강조되는 경전이 달라지기는 하지만 전체적으로 볼 때 각종 대승불교 경전을 치우침 없이 두루 중시하는 경향이 있다. 한편 일본 불교계는 일반적으로『법화경』을 중시하는 편이다. 이렇게 보면『화엄경』중시 경향은 한국불교의 두드러진 특징 가운데 하나라고 말할 수 있을 것이다.

134

『화엄경』 번역과정에서 가장 주목해야 할 인물이 바로 실차난타이다. 『화엄경』에는 완역 한역본이 두 가지 있다. 첫번째는, 동진시대 북인도인 불타발타라가 번역한 60권본 화엄경으로 『60화엄』 또는 『진역 화엄』으로 불린다. 두번째는, 당나라 때 실차난타가 번역한 80권본 화엄경으로 『80화엄』 또는 『당역 화엄』으로 불린다. 양자는 간단하게 '구역'과 '신역'으로 구분하기도 한다. 양 한역본 이후에 반야가 『40화엄』을 번역한다. 이는 『화엄경』 「입법계품」의 별역(別譯)이므로 완역이 아니지만, 『80화엄』 「입법계품」의 미비점을 시사하고 있다는 점에서 주목할 만하다.

실차난타의 한역 『80화엄』은 『60화엄』에 「십정품(十定品)」 등 새로운 장을 첨가하여 전체의 체제를 정비하였고, 또한 문장이 유려하기 때문에 널리 유포되었다. 하지만 당나라 때 유력 종파 가운데 하나였던 화엄종에 초점을 맞추면 『80화엄』보다는 『60화엄』이 소의 경전으로 활용되었음을 볼 수 있다. 화엄종의 선구자 두순과 지엄이 『80화엄』이 생기기 이전에 활동하였을 뿐만 아니라 실질적인 화엄종의 창시자인 법장도 『80화엄』의 역경작업에는 동참했으나 『80화엄』의 한역본이 생긴 지 얼마 후에 세상을 떴기 때문이다.

『80화엄』이 동아시아 불교사상계에서 본격적으로 조명을 받기 시작한 것은 법장과 동시대인이었던 이통현(李通玄) 장자를 통해서인데, 그의 『신화엄경론』 40권은 『80화엄』 연찬에 빠뜨릴 수 없는 길잡이로 인정된다.

'실차난타'는 산스크리트어 '쉬샤난다'(Śikṣānanda)의 음역이지만 별도로 '학희(學喜)'로 의역되기도 한다. 우전(于闐, 신강 화전) 사람이라 하니 서역 출신임이 분명하다.

당나라 때 무측천은 황제의 자리에 오른 후 『60화엄』이 불완전하다는 얘기가 인구에 회자된다는 말을 듣고 『화엄경』의 산스크리트어 원본을 구해 다시 번역하고자 하였다. 마침 우전에 『화엄경』 원전이 있다는 말을 전해 듣고 우전국에 사신을 보내 『화엄경』 원본과 역경승을 함께 보내달라고 청하였다. 이러한 인연으로 실차난타는 695년 낙양 대편공사(大遍空寺)에 머물며『화엄경』을 다시 번역하기 시작한다. 이리하여 699년에 한역『80화엄』이 완성된다.

실차난타가『80화엄』을 번역할 때, 중국의 의정과 인도승 보리류지는 산스크리트어 원본을 검토하는 데 일조를 하고 신라의 원측과 중국의 법장은 각각 증의와 필수로 참가한다.

보리류지(菩提流支, Bodhiruci, 671~727)는 남인도 사람으로 693년에 낙양에 와서 무측천의 후대를 받았다. 참고삼아 말하면 무측천 때의 보리류지는 원래 이름이 달마류지(達摩流志, Dharmaruci)로, 무측천이 그의 이름을 보리류지로 바꾸어 불렀다 한다. 북조시대의 보리류지와는 다른 사람이다. 보리류지는『80화엄』번역에 참가한 후 독자적으로 번역작업에 착수한다. 그의 번역 가운데『보우경(寶雨經)』이라는 경전이 있는데, 이 경전에 얽힌 이야기는 중국 역경사에서 왕실과 역경승의 밀접한 관계를 파악하는 데 중요한 실마리를 제공한다.『보우경』「서분」끝머리에 보리류지는 "일월광(日月光) 천자가 중국에서 보살로 태어나니, 여인의 몸으로 태어나 자재주(自在主)가 된다"고 경문을 날조한다. 무측천이 이를 읽고 기뻐했던 것은 당연하다. 무측천은 일월광 천자의 화신인 여자 보살을 자신으로 간주하였던 것이다. 참고로 무측천은 보리류지·실차난타·신수·법장과 깊은 친분을 맺었으니, 이러한 친분의 배후에는 역시 여황제로서 불안정한 자신의 지위를 공고히 하려는 의도가 있었음을 알 수 있다.

법장(法藏, 643~712)은 그 선조가 강거(康居) 출신으로 강승회처럼 속성은 강(康)씨였기 때문에 '강장법사(康藏法師)'로 불렸다. 무측천이 '현수(賢首)'라는 사호(賜號)를 내렸다 해서 '현수대사'로도 불린다. 법장이『80화엄』의 번역작업에 참가했을 때 그는 이미 불타발타라가 번역한『60화엄』에 정통해 있었다. 그는『80화엄』의 한역이 완성되었을 때,『60화엄』과『80화엄』을 대조한 뒤『80화엄』「입법계품」에 미비점이 있음을 간파하였다. 이리하여 687년에 인도승 지파가라(地婆訶羅)가 번역한 「입법계품」 가운데 한 부분을 첨가하니 비로소 『80화엄』의 전문이 완비되고, 699년 낙양 불수기사 (佛授記寺)에서 『80화엄』을 강설하기에 이른다.

실차난타는 현장 이후의 인물이므로 시대상으로 보아 당연히 현장의 역풍을 좇았으리라고 생각하기 쉬우나 실제로는 그렇지 않았다. 실차난타는 읽기 쉬운 의역을 중시했으며 또한 구마라집의 번역어를 대다수 채용하는 등 현장보다는 구마라집의 역풍에 가까웠다. 이는 현장의 역풍이 그 이후의 역경가에게 그대로 계승되지는 않았다는 좋은 사례가 된다.

실차난타는 704년에 우전으로 돌아가지만 당나라 중종의 요청으로 708년에 장안으로 다시 돌아온다. 그로부터 2년 후인 710년에 병으로 쓰러지니 세수 59세였다. 실차난타의 시신을 화장하는데 그의 혀만은 타지 않았다고 전하니 이 또한 구마라집에 얽힌 이야기와 똑같다. 『80화엄』 역본의 완벽함을 말해주는 전설 가운데 하나이다.

24. 중국 역경사의 대미(大尾) 의정

중국 역경사에서 의정(義淨, 635~713)은 여러 면에서 현장의 족적을 밟은 중요한 인물이다. 불법을 구하러 인도로 유학간 점도 같고 인도에 다녀와서 줄곧 역경작업에 몰두한 점도 같으며, 역경 이외에도 인도와 중국 사이 행로를 여행기로 남긴 점도 같다. 역경의 공로로 의정은 구마라집, 진제, 현장과 더불어 '4대 역경가'로 추앙된다. 현장이 『대당서역기』를 남겨 7세기 전반기 인도불교의 상황과 씰크로드 연도 및 중앙아시아의 상황을 전해주고 있다면, 의정은 『대당서역구법고승전』과 『남해기귀내법전』을 남겨 7세기 후반 인도불교의 상황 및 남해(南海, 동남아시아) 연도에 관한 많은 기록을 남겨놓았다. 우리가 통일신라시대 성립 전후기의 인도 교통로 및 인도불교 정세를 복원할 수 있는 것도 현장과 의정의 여행기에 힘입는 바 크다. 특히 『대당서역구법고승전』은 7세기 전반기에 신라 및 고구려에서 인도로 유학간 승려들의 행적을 부분적이나마 남기고 있어 당시 우리나라의 불교사를 해명하는 데도 중요한 자료가 된다.

의정에 관한 중요 사료로는 의정 자신이 쓴 『남해기귀내법전』과 『대당서역구법고승전』이 있고, 그 이외에 『송고승전』, 지승(智昇)의 『속고금역경도기』와 『개원석교록』, 원조(圓照)의 『정원신정석교목록』 가운데 나오는 의정의 전기가 일차자료로 활용된다. 이 자료들을 토대로 의정의 생애를 살펴보기로 하겠다.

의정은 제주(齊州, 산동성 제남 일대) 산장(山莊) 사람으로 당나라 정관 9년 곧 635년에 태어났다.[57] 속성은 장(張)씨로, 자(字)는 '문명(文明)'이다. 7살 때 토굴사(土窟寺)로 출가했는데 친교사는 선우(善遇)법사였고, 궤범사는 혜습(慧習)선사였다. 어린 나이에 출가한 것을 보면 독실한 불교집안이었던 모양이다. 645년(11살)에 현장이 귀국했다는 소식이 온 나라에 퍼지자 어린 의정도 이 소식을 듣고는 점차로 현장과 법현의 서역 구법행을 앙모한다.

655년(21살)에 의정은 혜습선사에게서 구족계를 받는다. 이후 5년간 의정은 율전 공부에 전념한다. 법력(法礪)과 도선의 『사분율』에 관한 저술을 공부하는 것도 바로 이때이다. 그후 의정은 낙양에 가서 『대승아비달마집론』과 『섭대승론』을 배우고, 장안에서 유식 논서와 『구사론』을 배운다. 664년(30살) 현장이 세상을 떴을 때도 의정은 장안에 있었을 것으로 추정된다.

671년(37살) 의정은 그토록 염원하던 인도 유학길에 오른다. 장안을 떠나 제주로 돌아와 혜습선사 및 돌아가신 선우법사의 묘에 고한 뒤 남쪽 해로를 택해 양주(揚州)에서 하안거를 보낸 뒤 광주(廣州)로 내려가 페르시아 상인의 배에 오른다. 20일 걸려 실리불서(室利佛逝, 인도네시아 수마트라섬)에 도착

---

57) 범양, 곧 지금의 하북성 탁현 출신이라는 설도 있다. 예전에는 범양설이 지배적이었지만 지금은 진원(陳垣)의 『석씨의년록(釋氏疑年錄)』에 따라 제주설을 많이 따른다. 여기서도 제주설을 따르기로 한다.

한다. 당시에 실리불서는 동남아시아에서 내로라하는 대국으로 교통무역의 중심지였다. 불교 또한 크게 성행하여, 현장이 고창국의 국왕 국문태의 극진한 대우를 받았던 것처럼, 의정도 실리불서 국왕의 환대를 받는다. 의정은 그곳에서 6개월간 머물며 산스크리트어 문법학을 배운다. 후에 의정은 『남해기귀내법전』의 34장 「서방학법(西方學法)」에서 산스크리트어 문법학의 중요성을 강조하여, 인도 유학승이 제일 먼저 통과해야 할 관문으로 산스크리트어 문법학을 손꼽는다.[58]

중국인이 공부하기 위해서 인도로 가면 거기에서 제일 먼저 배워야 하는 것이 『브릇띠수뜨라』(자야디띠야와 와마나가 저술한 『빠니니수뜨라』에 대한 저명한 주석서)이고, 이 이후에야 다른 것을 배울 수 있다. 이러한 순서를 밟지 않으면 모든 게 헛수고가 된다. (…) 이 주석서를 다 익힌 후에 운문이나 산문을 쓰는 법을 배우고, 불교논리학(因明)과 『구사론』에 전념한다. (…) 앞에서 언급한 [문법학에 관한] 글은, 승려나 속인을 막론하고 모두가 배우는 것이다. 이것을 배우지 못하면 '다문(多聞)'이란 칭호를 받지 못한다.

673년(39살)에 의정은 동인도 탐마립저(耽摩立底, Tāmralipti)국에 도착한다. 중국 광동을 떠난 지 일년 이상이 걸린 셈이다. 의정은 그곳에서 중국의 승려 대승등(大乘燈)을 만나 일년간 머물면서 산스크리트어를 배운 뒤, 대승등과 함께 중인도를 향해 구법의 행로에 오른다. 대승등은 현장의 제자이니, 인도 구법승에 끼친 현장의 영향력이 얼마나 컸는지 미루어 짐작할 수 있다. 『송고승전』에는 의정이 25년에 걸쳐서 30여개국을 들렀다고 하니, 이때 25년이란 숫자는 중국을 떠난 시점부터 계산한 것이고, 30여개국이란 숫자는 해로를 통해 들렀던 국가도 모두 계산에 넣은 것으로 인도에 있던 국가만을 뜻하는 것은 아니다.

---

58) 대정장 54권, 228c23~229b10.

의정의 종착지는 역시 당시 불교교육의 중심지였던 나란다사였다. 의정은 675년부터 685년까지 11년간 나란다사에 머물면서 보사자(寶獅子) 등 저명한 스승들에게서 『유가론』『중관론』『인명론』『구사론』을 배운다. 여기에다 『율』만 보태면 티베트불교의 주요 교과목이 전부 망라되는 셈이니 의정의 학습 내력을 통해 티베트불교의 현교과정이 7세기 후반의 나란다사의 교과과정을 그대로 계승하고 있음을 알 수 있다.

나란다사에 있을 때 이미 『근본설일체유부비나야송』을 초고의 형태로나마 번역하고 있는 것을 보면 의정이 나란다사에서 율전도 배웠으리라는 것은 쉽게 알 수 있는 일이다.

현장의 인도유학 동기가 뚜렷했던 데 비해서 의정의 유학목적은 불분명하다. 스승의 영향을 받아 율전을 중시했던 것은 사실이라고 보이지만, 율전 연구에만 매달린 것도 아니고, 역경목록에 밀교관계 경전이 압도적으로 많은 것을 보면 인도에서 밀교경전도 배웠을 것이다. 불교학에 관한 한 무엇이든 배척하는 일이 없이 배우고 익히는 폭넓은 학승이라고 평가할 수 있겠다. 중관과 유식의 화합을 꾀하고, 현교와 밀교의 원융을 꾀했던 것도 당연한 일일 것이다.

의정의 귀로는 인도에 갈 때 밟았던 행로와 똑같았다. 685년(51살)에 나란다사를 떠나, 동인도의 탐마립저국–말레이시아의 갈도(羯荼)국을 거쳐 실리불서국에 도착하는 것이 687년(53살)이다. 여기에서 693년(59살)까지 6년이 넘는 긴 기간을 보내며 인도여행기의 걸작 『남해기귀내법전』을 저술한다.

의정이 낙양에 돌아온 때는 중성 원년 즉 695년(61살)이다. 무측천의 극진한 예우 탓인가 당시의 환영인파는 현장이 귀국했을 때보다 더 성황을 이루었다고 한다. 의정은 산스크리트어 원본 경율론 400부, 금강좌 1포(鋪), 사리 300과를 가지고 왔는데, 이를 칙령에 따라 불수기사(佛授記寺)에 안치시켰고, 의정도 여기에서 거주하면서 역경작업에 착수한다(『개원석교록』). 처음에는 실차난타와 함께 『80화엄』의 번역에 힘썼지만 이후 700년(66살)부터는 낙양 대복선사(大福先寺)와 장안 서명사(西明寺)에 머물면서 독자적인 역장을 운영한다. 그 결과 703년까지 3, 4년간 『입정부정인경』을 비롯한 불경 20부 115권을 번역한다. 일년에 약 30권을 번역해낸 셈이다.

705년(71살)에 다시 황제의 자리에 오른 당 중종은 의정을 지극히 예우하여 칙령으로 장안 대천복사(大薦福寺, 서안 소안탑에 위치) 내에 전문 역경원을 설립해서 의정의 역경작업을 지원하도록 했다. 당시 대천복사 역경원에서 역경작업에 참가했던 사람은 40여명에 이르렀는데, 그 면면을 보면 산스크리트어 원전의 확인작업 및 번역문의 확정 과정에 중앙아시아의 토화라(吐火羅, Tokhara)·중인도·동인도·카슈미르 출신의 승려 및 거사들이 참가하고 있으니, 현장이 구성한 역장에 비해 훨씬 '국제적' 규모였음을 알 수 있다(『개원석교록』). 『개원석교록』에 따르면, 의정은 700년부터 711년까지 11여년 동안 모두 56부 230권을 번역하였다. 선천 2년(713년)에 대천복사 역경원에서 임종하니 세수 79세, 법랍 59세였다.

『개원석교록』에 따르면, 의정은 『금광명최승왕경』(이 한역은 후에 티베트어로 번역되어 티베트대장경에 편입된다), 『공작왕경』 등 56부 230권을 번역하였고, 그 이외에 『남해기귀내법전』 등 5부 9권의 저서를 남겼다. 전부 61부 239권의 번역 및 저술을 남긴 셈이다. 그렇지만 『개원석교록』 이후에 이루어진 『정원록(貞元錄)』을 보면 『근본설일체유부비나야약사』 등 7부의 율을 의정의 역경목록에 추가하고 있으니, 의정의 역경목록을 확정지으려면 아직도 연구가 필요하다.

『송고승전』에서 총평하고 있듯이, 의정은 이전의 역경가들에 비해 밀교관계 경전 번역에 발군의 역량을 발휘했다. 계율에 관심이 많아 『근본설일체유부비나야잡사』와 같이 설일체유부에 전승된 율장을 번역하는 데 각별한 배려를 쏟은 것도 이채로운 성과 가운데 하나이다. 디그나가(Dignāga)의 저서 『집량론(集量論)』을 번역했다고 전하나 후에 산실되었다 하니 참으로 안타까운 일이다. 의정의 역경목록에 유식사상과 불교논리학 관계 논서의 번역이 많은 것도 간과해서는 안되는 부분이다.

의정의 역경작업에서 눈여겨보아야 할 점은 간주(間註)의 형태로 번역문 사이사이에 주석을 달아놓았다는 것이다. 주석은 산스크리트어의 음이나 뜻에 관한 것도 있고, 인도의 문물제도에 관한 것도 있으며, 때로는 산스크리트어인지 속어인지 하는 구별도 들어가 있고, 또 때로는 불교사에 관한 중요한 사료를 기록해놓기도 하였다. 현대적 의미의 '역주연구'의 선구자로 평가해도 손색이 없는바, 의정 이전의 역경가 가운데 이렇게 주석을 병행하는 치밀한 번역작업을 시도한 인물은 없었다. 의정은 심지어 자신의 저술에도 이러한 주석방식을 도입했을 정도이니 의정의 성실하고 치밀한 성격을 알 만하다.

의정은 직역과 의역 가운데 어느 쪽을 선호했을까? 치밀하고 정확한 성품으로 보면 직역 방식을 택했을 것 같으나 꼭 그렇지만도 않은 것 같다. 1931년 카슈미르 길기트(Gilgit) 지방의 한 고탑에서 『근본설일체유부율』 산스크리트어 사본이 출토되었다. 중국의 학자 계선림(季羨林)은 그의 저서 『중인문화관계사논총』에서 이 산스크리트어 사본을 의정의 한역과 대조 연구한 결과, 의정의 번역이 산문 쪽에서는 원문에 충실하지만 운문 쪽에서는 그렇지 않다고 지적한다. 운문과 같이 멋과 맛을 살려야 하는 경우에는 자유로운 의역을 택하는 것이 융통성있는 태도일 것이다. 그렇지만 이것도 원문의 내용을 해치지 않는 범위 안에서나 허용되는 말이다. 아무튼 계선림의 연구가 의정의 역풍에 관한 중요한 연구사례로 등록된 이상, 좀더 연구범위를 확대해서 의정의 역풍을 총체적으로 검토해야 하는 과제가 우리들에게 남아 있는 셈이다.

의정의 저서에는 때로 중국 불교계에 대한 예리한 비판이 곁들여 있어 감칠맛이 돈다. 『남해기귀내법전』은 7세기 후반 인도 불교계의 사원생활에 관해서 상세하게 서술하는데, 이는 인도 불교계에 대한 소개 목적도 있었겠지만 그 이외에도 인도에 견주어 당시 중국 불교계의 부패한 현실을 고발 시정하고자 하는 의도도 숨어 있는 것으로 보인다. 의정은 무엇보다도 인도에서는 승려 신분이 "왕의 백성이 아니"라는 것, "죄를 저지른 자는 승단이 자치적으로 벌한다"는 것 등을 누차 강조한다. 이러한 지적은 뒤집어보면 세속권력에 기생하는 중국 승단의 폐해를 꼬집고 있는 것이다. 인도의 승려가 13가지 생활도구(十三資具)만을 지니고 있는 데 비해 중국의 승려는 101가지 생활도구(百一供身)를 지닌다고 대비시키니, 이는 중국 승려의 재물에 대한 집착이 지나침을 비꼬는 말이다. '용탕(龍湯)'에 관한 이야기에 이르면 가히 포복절도할 노릇이다. 당시 중국의 어떤 사원에서는 병자에게 사람이나 고양이, 돼지의 똥을 먹이고는 이를 '용탕'이라 멋들어지게 불러 돈을 뜯어냈다고 한다. 똥오줌도 때로는 약에 쓴다고 하고, 남산 율종에서도 이를 용인했다고는 하나, 역시 대부분은 사기라고 의정은 폭로하고 있는 것이다.

현장의 『대당서역기』와 의정이 쓴 『남해기귀내법전』은 7세기 인도불교의 상황에 관해서 다시없이 귀한 일차사료로 활용된다. 여기서는 특히 『남해기귀내법전』의 기술을 실마리로 삼아, 당시 아비다르마 불교와 대승불교가 어떠한 관계에 있었는지 그 구체적 정황에 관해서 나 나름의 생각을 정리해보기로 하겠다.

당시 인도불교의 부파 상황은 어떠했을까? 의정은 『남해기귀내법전』 서(序)에서 인도의 4부파를 거론한 뒤, 이에 대한 주석에서 "네 부파는 대중부 · 상좌부 · 근본설일체유부 · 정량부를 말하는데, 대중부에서 7부가, 상좌부에서 3부가, 근본설일체유부에서 4부가, 정량부에서 4부가 갈라져나와 전부 18부가 되었다"고 한다. 원문에서는 각 부파별로 전승하는 율에 관해서도 기록이 있지만 생략했다. 여기에서 특히 주목할 점은 대승교단에 관해서는 아무런 언급이 없다는 점이다. 대승교단에 관해서 언급이 없기는 현장의 『대당서역기』에서도 마찬가지이지만, 기원 전후에서 7세기까지 그 긴 세월 동안 수많은 대승경전과 논서가 저술 또는 편찬되었는데 어찌해서 대승교단이 형성되지 않았는가 하는 것은 지금까지 학계의 풀리지 않는 의문 가운데 하나이다. 아무튼 의정이 전하는 바에 따르면 당시 인도에는 4가지 부파 교단만이 존재한 셈이다. 그렇다면 대승불교는 어디에 존립기반을 두었단 말인가?

의정이 중국에 전한 율은 근본유부율이었고, 그후 8세기경 티베트에 전래된 율도 근본유부율이었다. 이 점으로 미루어보면 7세기경 나란다 사원의 율은 근본설일체유부율이었음에 틀림없다. 그런데 현장도 그러했듯이 의정도 나란다 사원에서 대승경전과 논서를 배웠다. 그렇다면 당시 나란다 사원은 '근본설일체유부'라는 소승교단의 출가승려와 대승을 신봉하는 출가승려가 함께 기거하는 형태로 운영되었을 것이다.

『남해기귀내법전』은 이러한 사원 운영방식에 관해서 좋은 시사를 준다. "[대승과 소승의] 정황을 살펴보면 율은 다르지 않고 한결같이 5편으로 되어 있고, 모두 사제(四諦)를 닦는다. 보살에 예경하고 대승경전을 읽으면 '대승'이라 하고, 그렇지 않으면 '소승'이라 한다."[59]

계율도 양자가 같고, 사제를 닦는 것도 양자가 같다. 대승 신봉자라 하더라도 소승과 계율이 같다면 같이 산다 해도 아무런 문제가 없을 것이다. 양자의 차이는 단지 보살에 예경하는가, 대승경전을 배척하지 않고 수지독송하는가 하는 점에 있을 뿐이다.

원래 인도에서 부파의 분파는 바이샬리 결집에서 보듯이, 계율의 적용 문제 또는 해석에서 비롯되었다. 따라서 부파의 정체성도, 적어도 교단사적인 입장에서 보면 일차적으로는 계율을 중심으로 형성되며, 부파 나름의 학설 및 사상은 그 다음에 오게 된다. 이러한 흐름을 염두에 두고 7세기 대승불교의 상황을 복원해보면 다음과 같은 가설이 가능해진다.

각 부파 내에는 소위 '소승' 곧 아비다르마 교설만을 믿고 따르는 사람도 있었지만 한편으로는 대승불교의 학설을 신봉하는 사람도 있었다. 부파와

---

59) 대정장 54권, 205c10~13.

별도로 대승교단이 형성되었다는 아무런 전거도 없기 때문에, 오히려 부파불교 교단에 더부살이하는 형태로 대승불교 신봉자가 자라나게 되었다고 보는 편이 올바른 지적일 듯싶다. 독자적인 대승계율이 없었던 점, 대승불교의 학설이 발전함에 따라 겨우 일부 대승경전과 논서에 대승계율이 언급되는 점도 이러한 배경 때문이다. 대승불교를 믿으면서 한 부파에 몸을 의탁해 그 부파의 율에 따라 출가·수계하는 것은 당시의 불교 상황에서 보면 종교상 하등 모순된 일이 아니다. 현장의 『대당서역기』에 나오는 '대승상좌부'도 실은 상좌부 내에 대승을 신앙하는 집단을 일컫는 말이었음을 상기하면 우리의 추론도 상당한 타당성을 갖게 된다.

제3장

중국 역경사의 여적(餘滴) 1
: 인도불전과 한역 사이에서

중국 역경사의 여적(餘滴) 1:
인도불전과 한역 사이에서

1. 구마라집의 한역『중론』'귀경게'에서 맞닥뜨리는 몇가지 의문

"논서(論書)를 쓰려는 사람은 자신의 스승이 얼마나 위대한지 세상에 알리기 위해서 먼저 스승의 수승한 능력을 찬탄하면서 스승에게 경배를 올린다."

이 구절은 와수반두가 지은『구사론』첫머리에 나오는 말로, 왜 논서의 첫머리를 귀경게로 시작하는지 그 필요성을 설명하고 있다. 철학적 논서를 보면 저자는 흔히 맨 앞에 자신의 스승을 칭송하는 게송을 붙인다. 산스크리트어로 '망갈라쉴로까'(maṅgalaśloka), 일반적으로 '귀경게(歸敬偈)'라고 부르는 이 게송이 언제부터 논서 첫머리에 붙게 되었는지 그 정확한 연원은 확정짓기 어렵지만, 대충 인도에서 여러 학파의 원형이 성립되기 시작한 시점 곧 기원 전후로 추정하는 것이 학계의 통설이다. 어쨌든 2~3세기의 불교사상가 나가르주나의『중론송(中論頌)』도 스승을 찬탄하는 귀경게 두 수로 시작하는데,『구사론』과 마찬가지로 여기서도 '스승'이란 붓다를 가리킨다.

『구사론』귀경게와 대비해볼 때,『중론송』귀경게는 스승으로서의 붓다에 대한 찬탄뿐만 아니라 붓다의 가르침의 핵심을 '연기(緣起)'로 명시한 점, '연기'의 구체적 내용을 소위 '팔불게(八不偈)'로 제시하고 있는 점이 두드러진다.

논의의 진행을 위해, 우선 산스크리트어 원전과 그에 따른 우리말 번역을 실어보자.

anirodham anutpādam anucchedam aśāśvataṃ/
anekārtham anānārtham anāgamam anirgamaṃ//
yaḥ pratītyasamutpādaṃ prapañcopaśamaṃ śivaṃ/
deśayāmāsa saṃbuddhas taṃ vande vadatāṃ varaṃ//

생겨나는 것도 아니고 소멸하는 것도 아니며, 상주하는 것도 아니고 단멸하는 것도 아니며, 동일한 것도 아니고 별개의 것도 아니며, 나오는 것도 아니고 돌아가는 것도 아닌 '연기(緣起)'는 희론(戲論)이 끊어진 것이며 길상(吉祥)한 것이다. 이와 같은 '연기'를 가르쳐주신, 뭇 설법자 가운데 가장 위대한 설법자이신 정각자(正覺者, 붓다)께 경배합니다.

나가르주나는 귀경게에서 붓다를 '설법자 가운데 최고가는' 이, 곧 '스승'으로 파악하고 있다. 흥미로운 일은 와수반두도 『구사론』 귀경게에서 붓다를 '일체지자(一切智者)'로, 대비심(大悲心)을 지닌 '스승'으로 파악하고 있다는 점이다. 와수반두의 설명에 따르면, '스승'이란 정법(正法) 곧 진리를 가르침으로써 중생을 윤회의 수렁에서 구제하지, 결코 신통력이나 소위 '신의 은총' 따위를 베풂으로써 중생을 구제하는 이가 아니다. 나가르주나가 붓다를 '스승'으로 부르는 것도 같은 맥락일 것이다. 『중론송』 귀경게를 『중론송』 맨 마지막에 나오는 결송(結頌)과 연결시켜보면 나가르주나가 그렸던 붓다의 모습이 좀더 생생하게 다가온다.

150

[중생에 대한] 연민으로 말미암아, [윤회의 원인인] 잘못된 견해를 깡그리 끊어버리도록 진리(saddharma)를 설해주신, 그분 가우따마(Gautama, 붓다)에게 귀의합니다. (게송: 27~30)

중생을 향한 가없는 대비심(大悲心)에서, 중생으로 하여금 삿된 견해를 없애 윤회의 수렁에서 벗어날 수 있도록 진리를 설하는 붓다의 모습, 『중론송』의 처음과 끝에는 바로 이러한 붓다의 모습이 새겨져 있다.

한편, 『중론송』귀경게는 스승으로서의 붓다가 '연기'를 가르쳤다고 명기한다. 이는 곧 나가르주나 자신의 공사상이 '연기'에 토대를 두고 있다는 자기선언이나 마찬가지이다. 따라서 공사상은 그 어떤 논의라 하더라도 결국 '연기'를 구심점으로 삼아 전개되게 마련이다. 게다가 『중론송』귀경게는 '연기'에 관해서, 대승불교 경전에서 관용구로 쓰이는 8가지 부정구 즉 "생겨나는 것도 아니고 소멸하는 것도 아니며……"와 같은 소위 '팔불게'를 수식어로 사용한다. 이는 대승불교의 공사상이 바로 붓다의 가르침인 '연기'에 부합한다는 자기확신과 다름없다. 따라서 『중론송』'귀경게'는 초기불교에서 대승불교로 연면히 이어지는 '한 맛[一味]'을 '연기'라는 한 단어로 집약시켜 표현하고 있기 때문에, 불교사상사의 한 획을 긋는 중요한 사상적 '이정표'라 아니할 수 없다.

『중론송』'귀경게'의 사상사적 의의나 비중을 고려한다면 이를 다른 언어로 번역하는 과정은 그리 간단한 일이 아니다. '팔불게'가 연기의 수식어가 되는 연유는 무엇이며, '희론이 끊어진'다든가 '길상'이 연기의 수식어가 되는 연유는 무엇인지, 하나하나의 용어의 뜻에 대한 적확한 이해도 있어야 하겠지만 불교사상사에 대한 전체적 조망하에서 심층적 의미를 풀어내는 '해석학적 지평'이 요구되기 때문이다.

구마라집은 409년에 나가르주나의 『중론송』 귀경게를 한역한다. 나가르주나의 『중론송』은 게송만으로 이루어져 있기 때문에 게송 원문만 읽어서는 당연히 의미파악이 어려울 수밖에 없다. 이 때문에 구마라집은 한역작업에 임할 때 나가르주나의 『중론송』뿐만 아니라 청목(靑目)이라는 후대의 주석자의 산문 주석도 같이 번역하였다.

구마라집의 번역에서 나가르주나의 '귀경게'에 대한 한역만을 추려내면 다음과 같다.

> 不生亦不滅 不常亦不斷 不一亦不異 不來亦不出
> 能說是因緣 善滅諸戱論 我稽首禮佛 諸說中第一

> 不生이고 不滅이며, 不常이고 不斷이며,
> 不一이고 不異이며, 不來이고 不出이며,
> 善(吉祥)[60]하고 뭇 戱論이 寂滅한, 이 因緣을 설하신,
> 설법자 가운데 으뜸가는 붓다께 머리 조아려 경배합니다.

구마라집의 한역에서 눈에 띄는 특징은 '연기(緣起, pratītyasamutpāda)'를 '인연(因緣)'으로 번역하고 있다는 점이다. '연기(緣起)'가 산스크리트어 'pratītyasamutpāda'의 번역어로 정착한 것이 당나라 때 현장의 공로였다는 점을 고려하면, 현장 이전의 구마라집이 '인연(因緣)'을 번역어로 채택한 것

---

60) 구마라집 한역의 한 구절 '善滅諸戱論'에 대해서 학계에서는 예외없이 '諸戱論을 잘(善) 滅한'으로 해석하고 있지만, 그렇게 되면 산스크리트어 원문에 나오는 'śiva(吉祥)'를 구마라집이 번역하지 않았다는 말이 된다. 이러한 해석은 아마도 구마라집의 한역에 보이는 글자수의 배열로 인한 자연스런 착시현상에 기인한다. 그렇지만 한자 '善'에 '좋은 선' 이외에도 여러가지 사용법이 있고 그 가운데 산스크리트어 'śiva'에 해당하는 뜻도 들어 있음을 감안한다면 굳이 운율을 기준으로 삼아 'śiva'의 번역어를 삭제할 필요는 없다. 구마라집의 한역에 나오는 '善'은 『漢韓大字典』에 그 용례가 나오듯이 '길할 선'으로 읽고 '상서롭다'는 뜻으로 새길 수 있다. 다시 말해서 善=善祥=吉祥이다. 즉 'śiva'를 '善'으로 한역하였다고 보면 되는 것이다. 따라서 '善滅諸戱論'은 '善(吉祥)하고 뭇 戱論이 寂滅한'으로 읽는 것이 온당한 해석이 되겠다. 徐鍇 『說文系傳』 참조 "善者, 吉也, 美也, 繕也." (王今錚·周双利 주편 『漢子八用字典』, 길림교육출판사 1991에서 재인용)

152

도 이상한 일은 아니다. 지금까지도 우리는 '연기' 대신에 흔히 '인연법(因緣法)'이란 용어를 쓰기도 하는데, 이러한 용례는 그 연원이 구마라집에 있다고 볼 수 있다.

그런데 번역과 관련해서, 구마라집의 한역에서 우리는 두 가지 문제에 맞닥뜨리게 된다. 하나는, 아비다르마 불교나 대승 유식사상에서 사용하는 전문술어의 체계에 대비해볼 때 '연기'를 '인연' 또는 '인연법'으로 번역할 수 있는가 하는 문제이다. 왜냐하면 '인연/인연법'이란 말은 '다르마'(dharma) 곧 한역의 '법(法)'에 해당하는 말이기 때문에 '인연/인연법'이란 번역어는 '연기(緣起)'를 '연생법(緣生法)'과 등치시키는 결과를 낳을 수도 있기 때문이다. 다른 하나는, 구마라집이 채택한 번역어 '인연(因緣)'이 일관성있게 산스크리트어 'pratītyasamutpāda'의 번역어로만 사용되지는 않는다는 점이다. 산스크리트어 원전을 하나하나 대조해보지 않으면 그 정확한 문의를 알기 어렵게 되는 문제가 생기는 것이다.

2. 구마라집의 한역 『중론』에서 '인연(因緣)'의 용례

산스크리트어 원전 『중론송』(뿌생본)과 구마라집의 한역 『중론』을 대조해보면 한가지 주목할 만한 사실이 눈에 띈다. 구마라집의 한역 '인연(因緣)'에 해당하는 산스크리트어 원어가 하나만 있는 것이 아니라 실은 전부해서 6가지나 되는 산스크리트어 원어가 존재한다는 점이다. 이를 구체적으로 나열해보면 다음과 같다. (* 괄호 안의 숫자는 『중론송』의 게송 순서를 뜻하며, 편의상 뿌생(Poussin) 교정본에 나오는 게송 순서에 따른다.)

첫째, 'pratītyasamutpāda'의 번역어로 쓰이는 경우로, 여기서 '인연'은 '연기(緣起)'를 뜻한다.

(1-1) 不生亦不滅 不常亦不斷 不一亦不異 不來亦不出 能說是「因緣」 善滅諸
戱論 我稽首禮佛 諸說中第一 (귀경게)

(1-2) 汝破一切法 諸「因緣」[61]空義 則破於世俗 諸餘所有法 (24:36)

(1-3) 是故經中說 若見「因緣」法[62] 則爲能見佛 見苦集滅道 (24:40)

둘째, ‘hetupratyaya’의 번역어로 쓰이는 경우로, 이 경우 ‘인연’은 불교사
상에서 말하는 4가지 원인(四緣) 가운데 하나인 ‘인연(因緣)’ 곧 ‘본질적 원
인’을 뜻한다.

(2-1) 「因緣」次第緣 緣緣增上緣 四緣生諸法 更無第五緣 (1:4)

셋째, ‘pratyayāḥ’의 번역어로 쓰이는 경우로, 여기서 ‘인연’은 ‘원인 일
반’을 뜻한다.

(3-1) 諸煩惱及業 是說身「因緣」 煩惱諸業空 何況於諸身 (17:27)

넷째, ‘hetu+pratyaya’의 번역어로 쓰이는 경우로, 이 경우 ‘인연’은 ‘원
인 및 조건’을 뜻한다.

(4-1) 若衆緣和合 是中無果者 是則衆「因緣」 與非「因緣」同 (20:4)

(4-2) 若先有果生 而後衆緣合 此卽離「因緣」 名爲無因果 (20:8)

(4-3) 若從衆「因緣」 而有和合生 和合自不生 云何能生果 (20:23)

(4-4) 衆「因緣」生法 我說卽是無 亦爲是假名 亦是中道義[63] (24:18)

(4-5) 未曾有一法 不從「因緣」生 是故一切法 無不是空者 (24:19)

(4-6) 受諸「因緣」故 輪轉生死中 不受諸「因緣」 是名爲涅槃 (25:9)

---

61) 게송에 대한 청목의 주석 부분에서 구마라집은 ‘인연’을 ‘인연법(因緣法)’으로 보완한다.
   대정장 30권, 34b16~17. “汝若破衆「因緣法」第一空義者, 則破一切世俗法.”
62) ‘인연’에 ‘법’을 붙여 ‘인연법(因緣法)’이란 말이 산스크리트어 ‘pratītyasamutpāda’의 번
   역어로 쓰이고 있다.
63) ‘衆因緣生法’이 ‘pratītyasamutpāda’의 번역어로 쓰이고 있는 것은 주목할 필요가 있다.
   ‘연기(緣起)’가 ‘연생법(緣生法)’으로 바뀌어 있기 때문이다.

(4-7) 以諸行因緣　識受六道身　以有識着故　增長於名色 (26:2)

다섯째, 'prayojana'의 번역어로 쓰이는 경우로, 여기서 '인연'은 '목적'을
뜻한다.

(5-1) 汝今實不能　知空空「因緣」及知於空義　是故自生惱[64] (24:7)

여섯째, 'evam'의 번역어로 쓰이는 경우로, 이 경우 '인연'은 홀로 쓰이는
일 없이 '이시인연(以是因緣)'이란 관용구 형태로만 쓰이며 '까닭'을 뜻한다.

(6-1) 如是等諸事　皆從生而有　但以是「因緣」而集大苦陰 (26:9)

이상과 같은 용례에서 보듯이 구마라집은 '인연(因緣)'을 다양한 뜻으로
사용하기 때문에 구마라집의 한역만 보면 '인연'이 연기(緣起. 첫번째 용례)를
뜻하는지 연생법(緣生法. 둘째, 셋째, 넷째 용례)을 뜻하는지 헷갈리게 마련이
다. 산스크리트어 'pratītyasamutpāda(緣起)'의 한역만 하더라도, 구마라집은
인연(因緣. 1-1), 인연법(因緣法. 1-2; 1-3), 중인연생법(衆因緣生法. 4-4)과 같
이 3가지 역어를 배당하니 한역만 갖고서는 '연기(緣起)'가 쓰이고 있는 정
확한 문맥은 파악하기 어려울 수밖에 없다.

여기서 다시 '연기'를 '인연' 또는 '인연법'으로 번역하는 첫번째 용례로
돌아가보자.

불교사상에서 '법(法)'은 산스크리트어 '다르마'(dharma)의 한역인데, 이
'다르마'라는 말에는 존재·현상이란 뜻 이외에도 진리(saddharma), 붓다의
교설(buddha-pravacana)이란 뜻이 있다. 그런데 '법'은, 인도불전의 콘텍스트
에서는 존재의 이법(理法) 또는 현상의 실상(實相)을 뜻하는, 산스크리드어
'다르마따'(dharmatā)의 한역인 '법성(法性)'과 구분돼 쓰이고 있기 때문에,

---

64) '空'은 '공성(空性, śūnyatā)'을, '空因緣'은 대승불교에서 '공성(空性)'을 설하는 목적'을
가리키며, '空義'는 '공성(空性)이란 말의 뜻'을 가리킨다.

이 두 용어는 결코 동일한 차원의 것으로 혼용할 수는 없는 노릇이다. 인도 불전에서 쓰이는 용례를 고려하면, '연기'와 관련해서 '법성'은 '연기'와, '법'은 '연생법'과 동일 차원의 용어이며 상호 대치 가능하다. 따라서 구마라집이 '연기'를 '인연법'으로 번역하는 것은 '연기'를 '법'의 차원으로 끌어내리는 것으로, 서로 차원이 다른 것을 동일한 차원에 묶어놓는 억지일 수밖에 없는 것이다.

그렇다면, 논리학에서 말하는 '자비의 원칙'을 살려서 '인연법'의 '법'을 '진리'의 뜻으로 이해해서 '인연법'을 '인연이란 진리'로 해석하고 넘어갈 수도 있겠다. 하지만 이러한 해석은 위의 4-4에서 구마라집이 산스크리트어 'pratītyasamutpāda(緣起)'의 한역으로 왜 '중인연생법(衆因緣生法)'이란 번역어를 할당했는지 설명할 수 없다는 어려움이 있다. '중인연생법'의 '법(法)'은 명백하게 '존재' 혹은 '현상'의 뜻으로 쓰이는 '다르마'이기 때문이다. 따라서 구마라집의 한역 귀경게에 나오는 '인연'은 '인연이란 진리'를 뜻하는 게 아니고 '인연이란 존재' 곧 '다르마'를 뜻한다고 보는 것이 자연스런 해석이 된다.

구마라집이 4-5에서 산스크리트어 'apratītya samutpanna'의 번역어로 '부종인연생(不從因緣生)'을 도입하고 있는 점은 주목할 만하다. '중인연생법(衆因緣生法)'이나 '종인연생법(從因緣生法)'이나 '다르마'를 가리킨다는 점에서는 마찬가지이고, 이는 현장의 번역어에 대비해서 말하면 '연기'가 아닌 '연생법'이다. 대승불교의 공사상에 대해서 명석판명한 이해를 지녔던 구마라집이 산스크리트어 'pratītyasamutpāda(緣起)'와 'pratītyasamutpanna(緣生法)'의 차이를 의식하지 않았으리라고는 생각할 수 없다. 한 예로,『중론송』제18장「관법품」에 나오는 한 게송에 대한 구마라집의 한역을 살펴보면 사태는 명확해진다.

nivṛttam abhidhātavyaṃ nivṛtte cittagocare/

anutpannāniruddhā hi nirvāṇam iva dharmatā// (MK 18-7)

마음 가는 곳이 끊어져 있을 때 말할 것도 끊어져 있으니, 법성(法性, dharmatā)은 불생불멸(不生不滅)이다. [이 점에서 법성은 열반과 마찬가지이다.

이 게송을 구마라집은 다음과 같이 한역하고 있다.

諸法實相者 心行言語斷 無生亦無滅 寂滅如涅槃

뭇 법의 실상 [곧 법성]은, 마음 가는 곳과 언어가 끊어져 있으며, 생[상](生相)이 없고 멸[상](滅相)이 없으며, [희론이] 적멸한 것이 열반과 같다.

이 한역에서, 구마라집은 '법성(法性)'을 '법(法)'과 구별하여 이를 '제법실상(諸法實相)'으로 번역하고 있으며, 귀경게에서 쓰인 '연기'의 수식어로 쓰인 '불생불멸(不生不滅)'도 약간 모습만 바꿔서 '무생무멸(無生無滅)'로 번역하고 있다. 이러한 번역어의 할당으로부터 구마라집이 '법'과 '법성'을 분명하게 구별하고 있음을 확인할 수 있겠다. 따라서 '법성'과 '법'의 개념적 차이를 명확하게 의식하고 있었던 구마라집이 '연기'와 '연생법'의 차이를 의식하지 못했으리라고 볼 수는 없는 노릇이다.

이 문제와 관련해서 우리가 주목해야 할 또 한가지 묘한 사실이 있다. 구마라집의 한역에서 '연기'와 '연생법'의 차이가 분명하게 드러나지 않듯이 '공성(空性, śūnyatā)'과 '공(空, śūnya)'의 구별도 모호하게 처리된다는 점이다. 앞에서 열거한 예문만 보더라도 구마라집의 한역에서는 똑같이 '공(空)'으로 번역하고 있지만, 산스크리트어 원전에서는 실제로 1-2와 5-1에 등장하는 '공'은 산스크리트어 'śūnyatā(空性)'이고, 3-1과 4-5에 나오는 '공'은 산스크리트어 'śūnya(空)'라는 구분이 있다. 전자가 '연기'에 해당한다면, 후자는 '연생법'에 해당하는 것이기 때문에 양자의 차이는 분명하다. 그렇지만 구마라집의 한역에서는 이러한 경계선이 모호하게 처리되고 있다.

그렇다면 다시 '자비의 원칙'을 적용해서, 구마라집의 한역 귀경게에서 구마라집이 산스크리트어 'pratītyasamutpāda'의 번역어로 '인연(因緣)'을 채택한 데에는 무언가 구마라집 나름의 의도가 개입되어 있었으리라고 추측해볼 수 있겠다.

　이 문제에 대해서 우리는 아마도 두 가지 대답을 마련해볼 수 있을 것이다. 하나는, 연기와 연생법 사이에 불상리(不相離)·불상잡(不相雜)의 관계가 있기 때문에 구마라집은 불상잡의 관계보다는 불상리의 관계를 중시하여 '연기'의 자리에 '연생법'을 대체시키는 의역을 꾀했다는 설명이다. 다른 하나는, 산스크리트어와 중국어의 특성 차이로 인해 구마라집 당시의 중국인들이 '연기'니 '공성'이니 하는 추상적인 용어를 이해하기 어려웠기 때문에 '연기'보다는 훨씬 구체적인 '연생법'을 채택했다는 설명이다.

　구마라집의 의도성을 뒷받침해주는 사례로, 우리는 『중론송』 제24장의 한 게송(흔히 '三諦偈'로 불린다)에 대한 구마라집의 한역을 들 수 있을 것이다.

　yaḥ pratītyasamutpādaḥ śūnyatāṃ tāṃ pracakṣmahe/
　sā prajñaptir upādāya pratipat saiva madhyamā// (MK 24-18)

　衆因緣生法 我說卽是無 亦爲是假名 亦是中道義

　산스크리트어 게송은 현대어로 옮기면, "'연기(緣起)' 바로 그것을 우리는 '공성(空性)'이라 말한다. ['연기'] 그것은 인연에 따라 설정된 은유적 표현(因施設/假名)이며, 바로 그것이 중도(中道)이다"로 번역될 수 있는데, 구마라집의 한역은 "중인연생법(衆因緣生法), 바로 그것을 나는 '무(無)'[65]라고 말한다. 또한 가명(假名)이고 중도(中道)라고 [말한다]"로 돼 있다. 구마라집의

---

65) 이 번역에서 '무(無)'는 공성(空性, śūnyatā)의 오역으로, 구마라집의 원래 의도를 되살려 후대에는 모두 '공(空)'으로 바꾸어 표기한다. 굳이 '무(無)'를 살리고자 하면 '무자성(無自性)'의 약어로 보면 무난하다.

한역에서 '연기'는 '연생법'으로 대체되고 있으며 '연생법'을 중심으로 게송의 전체 번역이 재구성되고 있음을 우리는 확인할 수 있으며, 이러한 대체과정에 숨어 있는 구마라집의 의도를 앞에서와 같이 추측해볼 수 있는 것이다.

이상과 같이 구마라집의 한역 '귀경게'에 보이는 '인연'을 검토해본 결과, 우리는 구마라집의 한역이 지니는 두 가지 특징을 추려낼 수 있다. 첫째, 구마라집의 한역에서 '법성'과 '법'의 구별은 비교적 또렷하게 드러나고 있지만 '연기'와 '연생법'의 구별, '공성'과 '공'의 구별은 상대적으로 모호하게 처리되고 있다. 둘째, 한역 '귀경게'에서 쓰이고 있는 번역어 '인연'은 '연기'보다는 '연생법' 쪽에 가깝다.

3. 『중론송』귀경게의 번역을 위한 해석학적 지평

1) 연기와 연생법

앞에서 지적하였듯이, 산스크리트어 'pratītyasamutpāda(緣起)'에 대한 구마라집의 한역 '인연'은 연기와 연생법의 불상리 관계에 대한 배려에서 나왔을 것이다. 그리고 구마라집 당시의 중국의 독서인층은 연기라는 추상적 이법에 관한 설명보다는 구체적인 현상에 즉한 설명을 더 현실감 있게 받아들였을지 모른다. 그렇지만『구사론』이나 대승 유식사상의 용어체계에서는 양자의 불상리 관계보다는 불상잡 관계가 훨씬 더 강조된다고 보는 편이 옳은 일이다.

양자의 불상리 관계는 '연기의 이구(二句)'라 불리는, 연기에 관한 두 문장에서 잘 드러난다. "연기란 무엇인가? 이것이 있을 때 저것이 있다. 이것이 생김으로써 저것이 생긴다. [이러한 사태가] 연기이다"와 같은 연기에 관한 유명한 인용구절에서, "이것이 있을 때 저것이 있다. 이것이 생김으로써 저것이 생긴다"라는 두 문장이 곧 연기의 이구인데, 여기서 '이것' 또는 '저

것'은 뭇 인연에 따라 생멸하는 구체적인 존재 곧 '연생법'을 가리킨다. 따라서 연생법이 뭇 인연에 따라 생멸하는 사태 그 자체가 연기이기 때문에, 이 인용구절에서는 당연히 연기와 연생법의 불상리 관계가 강조될 수밖에 없다.

연기와 연생법의 불상리 관계가 강조되기는 하지만, 그렇다고 해서 양자의 불상잡 관계가 무시되는 일은 전혀 없다. 예를 들어 와수반두는 『구사론』 「세간품」에서 "여래(如來)께서 이 세상에 나오든 나오지 않든 이 법성(法性)은 상주(常住)한다"라는 『아함경』의 한 구절을 인용하며, 이 구절의 해석을 둘러싼 논란을 통해서 연기와 연생법의 불상잡 관계를 해명한다.[66]

아비다르마 불교 시대의 한 부파——야쇼미뜨라의 『구사론』 주석에 따르면 화지부(化地部, Ārya-Mahīśāsakāḥ)——는 이 구절에 등장하는 "법성은 상주한다"는 말을 근거로, "연기는 무위법(無爲法)이다"라는 해석을 이끌어낸다. 법성과 연기의 동일시는 인도의 논사들에게는 상식적인 일이었던 것 같다. 야쇼미뜨라는 그의 『구사론』 주석에서 거의 일관되게 '법성'을 '연기'와 동일시하면서 양자를 대체개념으로 쓰고 있다. 아무튼 '연기'가 법과 법성 중 법성 쪽에 해당한다는 이 지적은 우리의 논의에 좋은 실마리를 제공해준다.

"연기는 무위법이"라는 화지부의 『아함경』 해석은 위 인용문에 나오는 '상주하는 법성'을 '영원한 존재'로 해석할 때만 비로소 성립할 수 있다. 이러한 화지부의 해석을 와수반두는 전면적으로 부정한다. 그 논지는 이러하다. 만약 '상주하는 법성'이 '영원한 존재'와 같은 '또다른 실재'를 가리키는 것이라면, 연기는 상주하는 '현상' 곧 '법(法)'이 된다. 그런데 '연기'의 자구적 의미 곧 '말미암아 생겨남'에서 '생겨남'은 뭇 인연에 따라 생멸하는 현상 곧 연생법의 특징이다. 따라서 상주하는 것에 무상(無常)하다는 속성을

---

66) AKBh(P), 137면, 1.18 이하.

160

덧붙이게 되는 자가당착에 빠진다는 것이다.

여기서 와수반두는 '상주하는 법성'의 본뜻을 새롭게 제시하게 된다. 즉 법성 곧 연기가 상주한다는 『아함경』의 구절은, "언제나 무명(無明) 등으로 말미암아 행(行) 등이 생겨나는 것이지, [무명(無明) 등에] 말미암지 않고 혹은 [무명(無明) 등과는] 별개의 것에 말미암고서는 [행(行) 등은] 어느 때고 [생겨나는 일이 없다]"는 뜻이라는 것이다.[67]

화지부와 와수반두의 차이는, 화지부가 '상주하는 법성'을 허공과 같은 '영원한 존재'로 이해하는 데 반해서, 와수반두는 무명(無明)·행(行)과 같은 연생법이 생겨나는 데 전제되게 마련인 인과관계의 필연성, 즉 '영원한 관계'로 이해하는 점에 있다. 다시 말해서 화지부가 법성 또는 연기를 구체적 존재(法, dharma)의 차원으로 끌어들이는 데 반해서, 와수반두는 법성 또는 연기의 차원과 구체적 존재의 차원을 엄격하게 구별하고 있는 것이다.

와수반두에 있어서 '법성'과 '법'의 구별은 자연스럽게 '연기'(pratītyasamutpāda)와 '연생[법]'(pratītyasamutpanna)의 구별로 연결된다. 한 예로 『구사론』「세간품」에서 와수반두는 연기를 원인(hetu)으로, 연생법을 결과(phala)로 보는 설일체유부(說一切有部, Sarvāstivādin)의 견해를 배척하는데,[68] 이때 와수반두의 논지는 연기와 연생법의 개념적인 구별에 입각해 있다. 요컨대 '연기'는 연생법의 보편적인 존재방식이고, '연생법'이란 인연으

---

67) AKBh(P), 137면, ll.19~23.
68) AKBh(P), 136면, l.9 이하. 李鍾徹 『世親思想の硏究:『釋軌論(Vyākhyāyukti)』を 中心と して』(Bibliotheca Indologica et Buddhologica 9, Tokyo: The Sankibo Press 2001), 85면 주) 6에서 지적하였듯이, 이 구절은 뻰일인시 신세와 현장의 두 한역, 디메트이 번역에 해당하는 부분이 없으며, 따라서 후대에(아마도 9세기에서 11세기 사이?) 삽입되었을 가능성이 높다. 그렇지만 연기와 연생법의 불상잡의 관계에 초점을 맞추고 있는 와수반두의 생각에 대비시켜보면, 이 구절이 와수반두의 생각을 적확하게 표현하고 있는 것도 사실이다. 텍스트 비판에 관련된 문제는 여전히 남게 마련이지만 여기서는 일단 이 구절을 와수반두의 견해로 받아들이기로 하겠다.

로 말미암아 생기는 모든 현상을 통칭하는 표현이라는 것이다.

『구사론』 이후의 저술인 대승 유식 논서 『연기경석』에서도, 와수반두는 연기와 연생법에 관한 구별을 견지한다.[69]

> 무명(無明) 등[의 연생법]은 연기(緣起)가 아니다. 그러면 무엇인가? 연생[법] 이다. 세존께서는 그와 마찬가지 뜻으로 "연기란 무엇인가? 이것이 있을 때 저 것이 있고, 이것이 생겨나기 때문에 저것이 생겨난다는 것이 [바로 연기]이다. 연생법이란 무엇인가? 무명(無明), 행(行) 내지 생(生), 노사(老死)이다"라고 다 른 경전에서도 말씀하시고 계신다. 이 [경전의] 본뜻은 무엇인가? '연기'란 뭇 연생법의 보편적 특질(共相, sāmānya-lakṣaṇa)이며, 이전에 없다가 지금 생기 는 것(abhūtvā-bhāva)이[라는 것이]다.

이상과 같은 전거를 통해서, 와수반두의 해석학적 지평에서는 연기＝법성 ≠연생법의 관계가 성립하고 있음을 알 수 있다. 따라서 연기와 연생법의 불상잡의 관계에 입각해 있는 와수반두의 해석학적 지평을 고려한다면, 구마라집의 한역 귀경게는 연기와 연생법을 명확하게 구별하지 않았다는 과실 때문에 문제 있는 번역이라 하지 않을 수 없다. 하지만 연기와 연생법의 불상리의 관계를 중심에 두면 연기에 관한 언명은 얼마든지 연생법의 관점에서 풀어낼 수 있는 일이기에 구마라집의 한역이 전적으로 틀렸다고만 볼 수도 없는 노릇이다. 게다가 구마라집의 역풍이 전반적으로 엄밀한 직역보다는 자유로운 의역에 가깝다는 점을 고려하면, 우리는 중국의 독서인층을 어떻게 해서든 이해시키려고 애쓴 구마라집 나름의 번역스타일을 인정하지 않을 수 없는 것이다. 어쨌든 『중론송』 귀경게를 번역하는 데도 정공법만을 따지면 '연기'를 중심에 놓는 게 옳겠지만 구마라집과 같이 '연생법'을 중심

---

69) PSVy, 5b4~6. 高田仁覺 「無明(avidyā)に關する世親と德慧の解釋」(『印度學仏敎學研 究』 8-1, 1960), 110~113면 참조.

에 놓는 다른 갈래도 있을 수 있음을 확인하는 데 만족하기로 하자.

2) 희론과 본질주의자

다시 『중론송』 귀경게의 번역 문제로 돌아가보자. 산스크리트어 원전의 번역에서 보았듯이 연기는 "희론이 끊어져 있는" 것이다. 연기의 수식어로 소위 '팔불게'도 있지만 『중론송』 전체를 해독하는 열쇠는 바로 이 '연기'와 '희론'에 대한 해석에 있다고 나는 본다. '팔불게'에 대한 올바른 이해는 물론이고, 나가르주나가 『중론송』 전체에서 보여주고 있는 일관된 언어분석적 방법론의 의의도 이 두 개념을 통해서 여실하게 드러난다고 보기 때문이다.

연생법과 연기의 관계를 고려해서, 나는 '연기'를 '존재의 인과관계'라고 풀이하겠다. 이때 '존재'는 '다르마'의 현대적 풀이이다. 산스크리트어 '다르마'에는 다양한 의미가 있지만 아비다르마 불교나 대승불교의 철학적 논서에서는 주로 '실제로 있는 것' 곧 '존재'를 뜻한다. '존재'라 하면 상당히 정적인 분위기를 지닌 말이지만 불교에서는 이 존재에 무상(無常)의 빛을 쪼이기 때문에, 존재는 흐르고 흘러 가만히 머물러 있지 않는다. 게다가 '연기의 두 문장'에서 보듯이 존재는 중층적인 인과관계의 관계망 속에서 서로 역동적으로 관계맺는다. 헤라클레이토스는 "같은 물에 두 번 발을 담글 수는 없다"고 해서 세상의 부단한 변화를 말한다. 그렇지만 존재와 존재가 끊임없이 서로 맞물려 돌아가는 인과관계를 말하지는 않는다. 모든 존재가 인과관계에 얽힌 채 생성소멸의 흐름에 합류되어 쉼없이 흘러간다. 이렇게 보면 존재는 하나의 '흐름'이라고밖에 달리 표현할 길이 없다. 이러한 존재의 모습을 불교사상에서는 '상속(相續, santāna/santati)'이라고 표현한다. 꼬리에 꼬리를 물고 끊임없이 흘러가는 존재의 모습. 상존한다고 할 수 없으니 '불상(不常)'이고, 그렇다고 해서 단절된다고도 할 수 없으니 '부단(不斷)'이다. 상존도 단절도 아닌 시계(視界)에서 존재의 모습이 그려진다. 다시 말해서 존재를 하나의 과정(process) 또는 사건(accident)으로 바라보며, 인식까지 포함한 존재 일반을 '인과관계 내 존재'(das in der Verhältnisse Sein)로 바라본다는 말이다. 이러한 '인과관계 내 존재'가 '연생법'으로 표현된다.

긴장의 끈을 놓지 말아야 할 것은 이러한 흐름으로서의 인과관계 내적 '존재'는 언제나 '무상(無常)의 상(相) 아래에서' 성립하기에, 생성소멸의 과정을 초월해 홀로 실재하는 그 어떠한 본체(本體)도 부정된다는 점이다.

서양철학의 현상-본질 구도에 익숙한 사람이라면, 존재 저 너머에 또는 존재 저 안에 불변의 실체로서 도사리고 있는 존재론적 본질 또는 본체를 상정할 수도 있을 것이다. 사상사에서 본체는 여러가지 이름으로 다양한 모습으로 등장한다. 인도 같으면 창조주 브라흐만, 내 안에 유령처럼 도사리고 있는 아뜨만 등의 이름을 붙일 터이고, 서양사상 같으면 제일원인, 유일신, 영혼, 절대정신 등으로 이름붙일 것이다. 중국 사상계에서도 위진현학과 같은 경우는 '공(空)'을 본체로서의 '무(無)'로 이해한 적이 있다. 그렇지만 관계성을 중시하는 연기적 사고에서 관계망에서 벗어난 또 하나의 초월적 본체를 인정한다는 것은 자기모순적인 언명으로 귀착된다.

똑같은 맥락에서, 아비다르마 불교 시대 때 각 부파가 아무런 의심 없이 받아들이고 있었던 법체(法體) 곧 다르마의 자성(自性, svabhāva)에 관해서 예리한 메스를 들이댄 것도 나가르주나였다. 나가르주나의 용어법에 따르면, '자성'도 자기 원인적 존재를 가리킨다는 점에서 본체와 매한가지이기 때문이다.

svabhāvaḥ kṛtako nāma bhaviṣyati punaḥ katham/

akṛtrimaḥ svabhāvo hi nirapekṣaḥ paratra ca// (MK 15-2)

또한, 어떻게 자성(自性)이 [인연으로 말미암아] 만들어지는 것이 될 수 있겠는가? [본질주의자의 정의에 따르면,] 자성은 [인연으로 말미암아] 만들어지는 것이 아니며, [자신의 존립을 위해서] 다른 것을 필요로 하지 않는 것이기 때문이다.

이 게송에서 나가르주나가 부정하고 있는 '자성'은 '자기원인적'인 존재론적 본질을 가리킨다. 존재의 배후에 본체를 상정하는 사유경향을 한묶음으로 통틀어서 '본체론적 사고'라 명명해볼 수 있을 것이고, 이와 같은 사유경향을 고집하는 입장을 '본질주의자'로 이름붙일 수 있을 것이다. 이에 반해 공사상에서는 자성이 없는 다르마의 세계, 곧 본체가 비어 있는 존재의 세계만을 이 세계의 전부로 제시한다. 연기 또는 공사상과 본질주의자는 이러한 맥락에서 양립할 수 없다.[70]

『중론송』 귀경게에서 '연기'는 '희론이 끊어진' 자리로 묘사된다. '희론'이 도대체 무엇이기에 '연기'의 대극(對極)에 놓이는 것일까?

'희론(戱論)'은 산스크리트어 '쁘라빤짜'(prapañca)의 한역으로, 어근 pra-√pañc 또는 pra-√pac(상세히 설명하다; 흩뜨리다)에서 나온 명사형이다. 원래는 현시, 전개, 확장, 확산, 확대, 다양화, 상세한 설명을 뜻하는 말인데, '흩뜨리다'는 뜻이 우세했는지 점차로 철학적 영역에서는 현상, 현상계, 환상을 뜻하는 말로 쓰이고, 희곡에서는 '어리석은 말'을 뜻하게 된다. 대승불교를 주요한 모태로 삼은 한역에서는 희론(戱論), 허위(虛僞), 망상(妄想)과 같이 좋지 않은 뜻으로만 쓰인다. 아마도 '흩뜨리다'는 어근의 뜻을 살려서 무언가 진상을 꿰뚫지 못하고 언저리로만 얼쩡거리는, 알갱이를 꿰차지 못하고 모호하게 흩뜨리는 말이라는 뜻으로 '희론'이라 옮긴 것이 아닌가 생각한다.

'연기'를 왜 '희론이 끊어진' 자리로 표현했는지 『중론송』의 다음 게송을 대비시켜 생각해보면 그 연유가 좀더 명확하게 드러난다.

karmakleśakṣayān mokṣa karmakleśā vikalpataḥ/
te prapañcāt prapañcas tu śūnyatāyāṃ nirudhyate// (MK 18-5)

---

70) 이 점에서 나가르주나의 『중론송』에서 나가르주나의 주된 논파의 대상은 본질주의자라고 확정지을 수 있겠다.

업과 번뇌가 소멸함으로써 해탈이 있다. 업과 번뇌는 분별심(分別心, vikalpa)에서 생기고 분별심은 희론(戱論, prapañca)에서 생기지만, 희론은 공성(空性)에서 소멸한다.

소위 '삼제게(三諦偈)'로 불리는 또다른 게송(24:18)에서 확인할 수 있듯이, 이 게송에서 '공성'은 '연기'와 같고, 업이나 번뇌는 생사윤회 세계를, 희론은 생사윤회의 원인을 가리키기 때문에, 희론은 연기와 대극적인 자리에 놓인다.

'분별심'에 관해서 우리는 아마도 대승불교의 유식사상과 대비해서 볼 때 그 뜻을 비교적 명확하게 드러낼 수 있을 것이다. 잘 알다시피 유식사상에서는 우리 마음을 표층적 영역과 심층적 영역으로 나눈다. 심층영역에 해당하는 마음이 소위 '알라야식'이다. 그런데 유식사상의 용어법을 보면 표층마음과 심층마음을 싸잡아서, 곧 우리의 오감각과 의식, 마나식, 알라야식을 전부 '위깔빠'(vikalpa) 곧 '분별심'이라고 부른다.[71] '분별심'은 생사윤회의 대해에서 헤매고 있는 우리 중생의 마음을 뜻한다. 흥미로운 일은 '분별(分別)'이란 말로 중생의 마음이 어떠한 상태인지 마음의 현상태까지 그려내고 있다는 점이다. '분별'이라 하면 여자——남자의 분별, 적——친구의 분별 등 수많은 차별상이 언급되겠지만 이 모든 분별은 나와 대상의 분별 곧 주관-객관의 분별로 통합될 수 있다. 유식사상에서는 이 분별심을 근본적으로 변혁시키지 못하는 한, 주관과 객관으로 경계선이 그어진 분별심이 있는 한, 세상을 있는 그대로 바라볼 수 없고 이 때문에 업과 번뇌의 속박에서 벗어나지 못한다고 한다.

그런데 나가르주나는 이 분별심이 희론에서 생긴다고 한다. 왜 그럴까? 이 문제에 대해서는 『중론송』의 주석자인 짠드라끼르띠(Candrakīrti)가 어느

---

71) 『유식삼십송』의 17번째 게송. "vijñānapariṇāmo 'yaṃ vikalpo yad vikalpyate/tena tan nāsti tenedaṃ sarvaṃ vijñaptimātrakam//"

정도 해결의 실마리를 전해주고 있다. 그는 '희론은 말(vāc)'[72]이라고 풀이하여, 희론이 우리가 사용하는 언어와 무언가 불가분의 관계를 갖고 있음을 말하고 있다. 이즈음에서 우리는 도대체 언어의 어떤 점이 생사윤회의 세계와 관련되는지 캐묻지 않을 수 없다.

언어는 보기에 따라 여러가지 기능 및 속성이 있다. 인간을 '호모 로쿠엔스'(Homo loquens, 언어적 인간)라고 해서 다른 동물종(種)과 확실하게 구분하는 표식으로 언어를 생각하는 사람도 있다. 언어에 관해서, 불교사상은 무엇보다도 언어의 분절(分節)기능에 주의를 기울인다. '분절'이 말 그대로 대나무를 마디마디 쪼개나가는 것을 뜻하듯이, 언어의 분절기능이란 온전한 존재의 세계, 통짜인 존재의 세계를 갈래갈래 나누어 '갈라진 세상'으로 만드는 기능이다. 좀 까다로운 이야기가 되는지 모르지만 언어의 분절기능은 의미의 형성과정에서 잘 드러난다. 한 예로 '하양'이라는 말의 의미가 어떻게 형성되는지를 보자. 유명한 불교논리학자 디그나가의 설명을 따라가보면, '하양'이라는 말은 우선 '하얗지 않은 것'을 동시에 내세우게 되고, 그 다음에 노란 것이 아니다, 까만 것도 아니다, 붉은 것도 아니다 등등 다른 색을 배제함으로써 '하양'의 의미를 드러내게 된다. 이같이 언어는 일차적으로 자타(自他)의 분절을 꾀한 뒤, 차례대로 '타자를 배제(anyāpoha)'함으로써 자신의 의미를 구축한다. 나가르주나가 말한 '희론'이 언어와 깊은 관계를 맺는 것은 바로 이러한 언어의 분절기능 때문이고, 이 점 때문에 희론은 주관-객관의 분별로 대표되는 분별심의 토대로 자리잡는다.

대승불교의 유식사상에서는 알라야식을 '일체종자식(一切種子識)'이라고도 한다. 말 그대로 종자란 종자는 모두 알라야식 안에 내장되어 있기 때문에 알라야식을 일체종자식이라 한다. 그런데 종자 가운데 '업종자(業種子)'로 불리는, 때가 되면 전생에서 행한 업의 과보를 싹틔울 씨앗도 들어

---

72) PP, 373면, ll.9~10. "prapañcair aprapañcitaṃ vāgbhir avyāhṛtam ity arthaḥ."

있지만, '명언종자(名言種子)'[73]라고 불리는 특이한 씨앗도 포함되어 있다. 이 명언종자가 바로 언어능력이다. 이렇게 보면 우리의 마음은 하얀 도화지 같이 그 안에 아무것도 칠해져 있지 않은 백지로 보기는 어렵다. 태어날 때부터 이미 선천적으로 다양한 종자들을 지니고 있으니 말이다. 그런데 알라야식 안에 명언종자가 있다고 한다면 이는 표층마음에서뿐만 아니라 심층마음에서도 언어활동이 존재한다는 말이 된다. 심층마음에서 진행되는 언어활동을 유식사상에서는 '의언(意言, manojalpa, 마음의 속삭임)'[74]이라고 표현하여, 조용히 속삭이듯 진행되는 것으로 묘사한다. 표층마음에서처럼 그렇게 확연하게 언어의 분절기능이 드러나지는 않지만 언어의 분절기능은 여전히 마음 저 깊숙한 곳에서 묵직하게 진행되고 있는 것이다.

표층마음에서 심층마음에 이르기까지 우리 마음속에는 언어의 분절기능이 깊이 뿌리내리고 있기 때문에, 우리의 삶에 관한 그 어떠한 말도 언어의 분절기능에서 벗어나지 못하는 한 결국 통짜인 존재의 세계를 갈가리 찢어놓는 꼴이 되기 때문에, 깨달은 이의 눈으로 보면 '놀고 있네!'라는 한마디밖에 들을 수 없게 된다. 구마라집의 번역어 '희론'의 배후에는 이러한 숨은 맥락이 있는 것이다.

공사상에 따르면, 희론이 사라질 때 비로소 우리는 언어의 분절기능에서 벗어나 존재의 세계를 있는 그대로 통째로 바라볼 수 있으며, 그때 비로소 우리는 분별심을 떨쳐버리고 다람쥐 쳇바퀴 돌리는 듯한 생사윤회의 세계에서 벗어날 수 있다. '연기'란 '희론이 끊어진 것'이라고 했을 때 나가르주나의 의중에는 아마도 이런 생각이 있지 않았을까 나는 생각한다. 그러므로 나가르주나가 '희론이 끊어진'다고 표현한 '연기'는, 깨달음을 통해 증득(證

---

73) '명언종자(名言種子)'에 관한 문헌사적 연구성과로는 橫山紘一「ことばと種子」(『平川彰古稀記念論集―佛敎思想の諸問題』, 東京: 春秋社 1985) 참조.
74) '의언'(manojalpa)에 관한 자세한 논의는 早島理「唯識の實踐」(『講座·大乘佛敎-唯識思想』, 東京: 春秋社 1982), 특히 161~174면 참조.

得)하게 되는 '해탈'이나 '열반'과 다른 것이 아니다. 『중론송』귀경게에는 연기에 관한 또다른 수식어 '길상(吉祥, śiva)'이 나온다. 구마라집의 한역에서는 '상서로울 선(善)'으로 간략하게 번역되어 있는 말이다. 이 말이 '연기'의 수식어로 등장하는 이유도 '연기'가 깨달음을 통해 얻게 되는 열반의 세계와 다름없기 때문이다.

그렇다면 말이란 말은 모두 희론이 되는 것일까? 그렇지는 않다. 희론이 '언어의 분절기능에 얽매인' 말인 이상, '언어의 분절기능에 얽매이지 않는' 말은 희론이라 할 수 없다. 불교사상에서 최고가는 지혜를 지닌 이는 연기를 깨달은 이이다. 대승불교적인 표현을 빌리면 공성을 깨달은 이가 된다. 그런 이의 지혜는 분별심이 끼어들 여지가 없기 때문에, 아니 이미 분별심이 남김없이 없어져버렸기 때문에 '무분별지(無分別智)'라고 불린다. 따라서 그런 이의 말은 '언어의 분절기능'이 지니는 역기능에서 자유로울 수밖에 없다. 여기서 우리는 무분별지와 분별심의 대극적 구도를 상정할 수 있게 되고, 더 나아가 양자의 상징으로 나가르주나와 같은 공사상가와 본질주의자를 그 대극적 구도 안에 설정할 수 있게 된다.

이러한 대극적 구도 안에서 『중론송』귀경게에 등장하는 '팔불게'도 해석할 수 있겠다. 즉 '아니다, 아니다'로 연이어지는 생멸(生滅), 단상(斷常), 일이(一異), 내출(來出) 등은 분별심에서 나온, '연기'와 '연생법'에 관련된 갖가지 본질주의자의 속설들을 네 쌍의 8가지 유형으로 정리한 것일 뿐이다. 따라서 '생멸' 등의 말은 본질주의자의 말 곧 희론이고, 반면에 '불생' '불멸' 등의 말은 무분별심에서 나온 말로 희론이 아니다. 언어라 해도, 언어의 분절기능에 얽매인 사람의 말과 언어의 분절기능에서 벗어난 사람의 말, 이 두 차원이 있는 것이다. 그릇된 언어관에 현혹되어 언어를 깡그리 부정해서는 안될 일이다. 구정물을 버리려다 아기마저 버릴 수는 없는 노릇이다. 이 점에서 구마라집의 한역 『중론』에서, 청목이 귀경게를 일러 '궁극적 진리의 약설'이라고 설명하고 있는 것은 정곡을 찌른 지적이라 아니할 수 없다.[75]

곧 최고가는 지혜를 지닌 성자가 체득한 진리를 약술한 것이 바로 『중론송』의 귀경게라는 메씨지가 들어 있는 셈이다.

4. '팔불게(八不偈)'의 해석

이제 앞에서 말한 '해석학적 지평'을 염두에 두면서, 『중론송』 귀경게에서 연기에 대한 수식어로 등장하는 8가지 부정구, 소위 '팔불게'에 관해 나름대로의 해석을 꾀해보기로 하겠다.

1) 불상부단

『아함경』에서 "영혼이 있느냐 없느냐?"는 질문에, 붓다는 '있다 또는 없다' 가타부타 아무런 직접적인 대답도 하지 않는다. 이를 두고 어떤 이는 붓다가 형이상학적 문제에 관해서 침묵을 지킨 것이라고 말하기도 하고, 한걸음 더 나아가 영혼이 있느냐 없느냐 따지는 것 자체가 생사윤회의 고통을 해결하는 데 아무런 도움도 되지 않기 때문에 붓다는 그러한 형이상학적 문제에 빠지지 말고 실질적인 고통의 해결방안을 모색하라는 뜻에서 '침묵'을 보인 것이라고 풀이하기도 한다. 어찌 보면 그럴듯한 해석으로 보인다.

그렇지만 사정은 그리 단순하지 않은 것 같다. 첫째, 영혼이 있느냐 없느냐 하는 문제는 영혼이라는 본체에 관련된 질문이기 때문에 본체를 부정하는 연기론 또는 무아론의 입장에서는 결코 모호하게 넘어갈 수 없는 중대한 질문이다. 둘째, 불교에서 붓다는 '일체지자(一切智者)'라 불릴 정도로 전지자(全知者)로 추앙받고 있다. 그렇다면 당연히 어떤 질문이든지 막힘없이 대답해야 마땅한 일인데 왜 굳이 대답을 안 했을까 하는 의문이 계속 남게 마

---

75) 대정장 30권, 1c12. "以此二偈讚佛, 則已略說第一義."

련이다.

가타부타 말하지 않는 것을 한역에서는 '무기(無記)' 또는 '불기(不記)'라고 옮기고 있는데 이는 '침묵'과 같은 것일까? 모르기 때문에 침묵에 잠길수 있겠고, '알면서 침묵하는' 경우도 있을 수 있겠다. 그렇다면 일체지자인 붓다의 '불기'는 당연히 '알면서 침묵하는' 경우에 해당할 것이다. 붓다는 왜 답을 알면서 아무런 대답도 없이 침묵을 지킨 것일까?

붓다의 설법을 '대기설법(對機說法)'이라 한다. 상대편의 근기에 따라 설법을 한다는 뜻이다. '근기'라 하면 지적 능력, 수행능력도 포함되겠지만 상대편 내면에 깊게 뿌리박힌 세계관도 중요한 요소로 등장한다. 만약 "영혼이 있느냐 없느냐"라고 물어보는 상대편이 본체론적 세계관을 지닌 본질주의자라면 과연 어떻게 대답할 수 있을까? '있다'고 대답하면 상대편은 틀림없이 영혼이라는 본체가 실재한다고 믿어버릴 것이다. 이것은 기본적으로 불교사상의 근본 테제인 제법무아(諸法無我, 뭇 현상에는 본체가 없다)와 상충된다. '없다'고 대답하면 이 본질주의자는 '아하! 예전에는 있었는데 지금은 없다는 말이구나!'라고 생각하고는 낙담한 나머지 허무주의에 빠질 것이다. '신은 죽었다'고 갈파했던 니체가 허무주의의 대변자가 되었던 연유도 여기에 있을는지 모른다. 공사상의 입장에 따른다면, 본체란 애당초 존재한 적도 없고 존재할 수도 없는데도!

상대편이 본질주의자일 때, 그것도 어떤 광신도처럼 본체론적 세계관에 푹 빠져 옴짝달싹 못하는 때에, 영혼이 '있다'고 대답하면 상대편은 본체가 상존한다고 상견(常見)에 빠질 것이다. 그렇다고 영혼이 '없다'고 대답하면 본체가 예전에는 있었는데 지금은 없다고 '단견(斷見)'에 빠질 것이다. 이렇게 보면 『아함경』에서 붓다가 '불기'한 채로 응대한 상대편 대화자가 지독한 본질주의자임을 알 수 있다. 즉 붓다는 상대편이 본체론의 속박에서 벗어나도록 도와주기 위해서 영혼이 있다든지 없다든지 가타부타 말하지 않은 것이다.

이와 같은 붓다의 응대는, 불교 개론서에서 상투적으로 우려먹고 있는 소위 '형이상학적 문제에 대한 무기'와는 실제로 아무런 관련도 없다. 무아론을 견지하는 불교사상에서 영혼이란 본체는 실재하지 않는다고 보는 것이 당연한 일이기 때문이다.

『밀린다왕문경』에서도 이와 비슷한 대화가 소개되고 있다. 밀린다왕은 나가세나 존자에게 영혼이 존재하는지 안 하는지 둘 중에 하나를 명확하게 말해줄 것을 요구한다. 나가세나 존자는 이 물음에 대해서 '불기'하고, 역으로 다시 밀린다왕에게 이렇게 질문한다. "궁궐 안에 있는 망고는 그 맛이 시던가요 아니면 달던가요?" 궁궐 안에는 망고나무가 없었다. 그래서 밀린다왕은 이렇게 대답한다. "있지도 않은 망고에 대해서 그 맛이 신지 단지 어떻게 말할 수 있습니까?" 결국 밀린다왕도 나가세나 존자의 물음에 '불기'할 수밖에 없었던 것이다.

이렇게 보면 '상존[常]'이니 '단절[斷]'이니 하는 것은 본질주의자가 본체에 대해 지니는 견해 가운데 하나이다. 연기론 또는 공사상에서 영혼이란 본체는 전혀 존재하지 않는다. 존재하지도 않는 것에 대해서 상존한다느니 단절되었다느니 언명할 수는 없는 노릇이다. 그래서『중론송』귀경게에서는 본질주의자를 향해서 '아닐 불(不)'자 하나를 앞에 붙여 '불상(不常)'이라고 부정하며 또한 '부단(不斷)'이라고 부정하기도 하는 것이다.

2) 불생불멸

한편,『중론송』귀경게에서 표명된 불생불멸(不生不滅) 곧 존재는 생겨나는 것도 아니고 소멸하는 것도 아니라는 언명은, 얼핏 보기에는 이해하기 쉬운 말로 보이지만 실상 많은 복선을 깔고 있는 말이다. 왜냐하면 이 말은 불교사상의 콘텍스트 아래에서도 당장 다음과 같은 의문에 부딪히게 마련이기 때문이다.

첫째, 존재의 세계는 무상(無常)하여 한시도 정체되는 일이 없이 생성하고

172

소멸하게 마련인데 이를 '생겨나는 것도 아니고' '소멸하는 것도 아니'라고 한다면, 이러한 주장은 불교사상의 근본 테제 가운데 하나인 '제행무상(諸行無常, 뭇 현상은 상주하는 일이 없다)'에 어긋나지 않는가? 둘째, 게다가 '생겨나는 일이 없다(不生)'라는 말은 소위 '인도 정통철학'에서 말하는 '생겨나는 일이 없는 아뜨만(Atman)' '생겨나는 일이 없는 브라흐만(Brahman)'과 같이 본체에 관한 수식어로도 등장하는데, 그렇다면 '불생'이니 '불멸'은 본체론적 세계관에서 나오는 언명이 아닌가?

어찌 보면 당연한 의문이겠지만 이러한 질문을 통해서 『중론송』 귀경게에 등장하는 '불생(不生)' '불멸(不滅)'의 의미가 좀더 명확해지리라고 생각한다. 결론부터 말하면, 여기서 부정하고 있는 '생'이니 '멸'은 본질주의자가 생각하는 '생성' '소멸'이라는 것이다. 다시 말해서 『중론송』 귀경게는 본질주의자가 상정하고 있는 생성과 소멸을 부정할 뿐, 존재세계의 생성·소멸을 부정하는 것은 아니다. 그렇다면 본질주의자는 대체 어떠한 '생'을 말하기에 나가르주나는 이를 부정하는 것일까?

존재의 '생'이란 무엇인가? 존재가 예전에는 없다가 지금 있는 것이다. 존재의 '멸'이란 무엇인가? 현재 한순간 있다가 없어지는 것이다. 선불교에서 회자되는 시구 가운데 "생이란 뜬구름이 일어나는 것이요, 죽음이란 뜬구름이 흩어지는 것"이란 말이 있다. 존재의 세계를 뜬구름에 비유하고 있으니 존재세계를 바라보는 허허로운 마음을 읽을 수 있을 것이다. 하지만 '뜬구름'이라 하더라도 그것은 인연에 따라 생기고 소멸하는 존재이다. 따라서 우연히 생기는 것이 아니라 인연에 따라, 공사상에 따르면 본체를 전제로 삼을 필요 없이 생성하고 소멸하는 것이다.

그런데 본질주의자는 존재의 생성·소멸을 다른 식으로 이해한다. 본질주의자는 현상의 배후에 상존하는 존재론적 본질, 존재의 배후에 도사리고 있는 본체를 존재세계의 성립기반으로 생각한다. 이 때문에 어찌 보면 자연스럽게, 존재가 생성·소멸할 때 본체는 존재와 어떤 관계를 맺고 있는가 하는 문제가 주요한 관심거리로 떠오르게 마련이고, 본체가 생성의 직접적 원인으로서 자리잡게 된다. 곧 자기동일성을 지닌 상존하는 본체에서 존재가 생긴다고 보는 것이다.

아리스토텔레스는 존재의 세계에서 존재 생성의 으뜸가는 원인을 탐구하는 학문을 '제일철학'이라 불렀고, 이는 나중에 '형이상학'으로 불리게 된다. 아리스토텔레스는 자신의 형이상학에서 제일원인으로서 신(神)을 상정한다. 곧 아리스토텔레스에게 신은 뭇 현상의 첫째가는 존재 원인으로, 신은 자신은 움직이지 않으면서 다른 일체의 존재를 움직이는 자, 곧 '부동(不動)의 원동자(原動者)'라는 묘한 말로 표현된다. 부동의 원동자! 이 말 속에는 어딘지 개운치 않은 본체 냄새가 나며, 본체론적 세계관이 불식되지 않은 채 여전히 남아 있다. 곧 공사상가와 대립되는 본질주의자의 한 모습을 여전히 지니고 있는 것이다.

본질주의자와는 달리 공사상가는 본체를 부정한다. 연기를 '존재의 인과관계'라 풀었을 때, 원인과 결과 양 항에는 존재 곧 연생법이 놓인다. 이 점에 관해서는 이미 앞에서 설명했다. 그런데 원인 쪽에 본체가 오면 그 구도는 공사상가가 구상하는 구도와 '단순한 차이'를 넘어 '모순'으로 나아가게 된다. 존재의 생성을 본체로부터 유출(流出)로 보는 생각, 또는 존재의 생성을 어떠한 본체가 있어 제어하면서 이끌어간다는 생각, 이 모두 본질주의자의 세계관이다. 인도 정통철학 가운데 상키야철학 같으면 전자의 방향을 취하고 있고, 헤겔철학 같으면 후자의 방향을 취하고 있다.

공사상은 이와 같은 본질주의자의 생성에 관한 생각을 부정한다. 본질주의자가 말하는 생성을 부정하니 당연히 본질주의자가 말하는 소멸도 부정한다. 그래서 존재는 '생겨나는 것도 아니요(不生)' '소멸하는 것도 아니(不滅)'라고 『중론송』 귀경게에서 나가르주나는 말하고 있는 것이다.

3) 불일불이 · 불래불출

씨앗에서 싹이 나고 싹이 자라서 줄기가 되며 다시 줄기에서 열매가 생겨 씨앗을 맺는다. 우리가 알고 있는 자연스런 세상의 모습이다. 그런데 존재의 성립기반으로 본체를 상정하는 본질주의자는 이러한 상식적인 세계상에 대해서 삐딱한 시선을 던진다. 곧 '씨앗' 하면 씨앗의 본체, '싹' 하면 싹의 본체를 결부시켜 생각한다는 말이다. 예를 들어 우리가 "씨앗에서 싹이 생긴"다고 할 때, 본질주의자는 씨앗의 본체와 싹의 본체는 동일한 것인가[一] 서로 별개의 것인가[異] 하는, 겉으로는 상당히 고상해 보이는 '사이비 물음'을 제기한다. 왜 '사이비 물음'이냐 하면, 공사상의 입장에서 바라볼 때 존재하지도 않는 본체를 놓고 같으니 다르니 따지는 것은 애초에 문제로 성립하지 않기 때문이다.

창조주 신을 인정하는 본질주의자의 경우, 씨앗이니 싹이니 이 모든 만물은 만물의 본체인 '신에게서 나와[來] 신으로 돌아간다[出]'고 생각하기 십상이다. 또 만물의 본체로 무(無)를 인정하는 본질주의자는 만물이 '무에서 나와 무로 돌아간'다고 생각하기도 한다.

철학의 종언, 형이상학의 종언을 갈파하는 철학자들은, 특히 비트겐슈타인 같은 '비둘기의 발처럼 조용히 다가온 혁명가'는, 철학사에 등장하는 위대한 천재들이 대개 이러한 '사이비 물음'으로 수많은 시간을 허비했다고 폭로한다. 나가르주나가 『중론송』 귀경게에서 '일이(一異)'와 '내출(來出)'을 부정하고 있는 것도 같은 맥락으로, 그 타깃은 본질주의자이다.

'내출(來出)' 곧 오고감이 화제가 되었으니 승조의 시 한 수를 떠올리지 않을 수 없다.

돌개바람은 산악을 쓰러뜨리나 항상 고요하며, 강하는 다투어 흐르나 흘러가지 않는다. 먼지는 흩날리나 움직이지 않으며, 일월은 하늘을 지나나 돌지 않는다(旋嵐偃嶽而常靜 江河競注而不流 野馬飄鼓而不動 日月歷天而不周).

(『조론』「물불천론」)

　　중국의 대유학자 주희는 『주자어류』(126권, 5항)에서 이 시를 인용하고는, 승조의 공사상이 장자의 설을 도습(盜襲)한 '환망적멸지론(幻妄寂滅之論)' 이라고 비아냥거린다. 겉으로 보면 주희의 말이 그럴듯하게 들린다. 승조가 왜 이렇게 요상한 말을 하는지 그 속내를 드러내 보이지 못한다면 주희의 비판을 그대로 받아들일 수밖에 없는 것이다. 『주자어류』「석씨편」에 나오는 주희와 제자 사이의 문답을 보자.

　　겸지(謙之)가 묻기를, 지금 불교는 공(空)을 설하고 노자는 무(無)를 설하니 공과 무는 같습니까 다릅니까?

　　[주희:] '공'은 유무(有無)를 아우르는 말이다. 도가는 유(有)와 무(無)를 반반씩 설한다. 예전에는 전혀 없었다가(無) 지금 눈앞에 존재하기(有) 때문에 [도가에서는] '무(無)'라 한다. 불교가 말하는 ['공(空)']은 '전부 없다(都無)'는 뜻으로, 예전에도 없었고(無), 지금 눈앞에도 없다(無)는 말인데, [『반야심경』에서 "색즉시공 공즉시색(色卽是空 空卽是色)"이라 하는 것과 같다]. [다시 말하면] 크게는 만사만물이, 작게는 백가지 뼈와 아홉 구멍이 한결같이 전부 무로 돌아간다. "하루 종일 밥을 먹어도 한 톨의 쌀도 씹은 적이 없다"고 말하거나 "온 몸에 옷을 걸치고서도 한 오라기 실도 걸친 적이 없다"고 말하는 것[이 그것이다]." (126권, 11항)

　　여기에서 주희는 '공(空)'을 엄연히 존재하는 현상마저 없다고 부정해버리는 '도무(都無)'로 이해한다. '도무'는 '전무(全無)'로도 표현되는데(126권, 12항), 이는 전형적인 허무론적인 공 해석이다. 하지만 어떤 구절에서는 '완공(頑空)' 또는 '현공(玄空)'과 '진공(眞空)'을 구별하여, 불교의 '공'이 현상은 긍정하므로 완전한 허무주의는 아니나, 단지 마음 하나에만 매달려 윤리적 행위 문제에 눈먼 폐단이 있다고 지적한다.

176

[주희:] 불교는 견식이 아주 높다.

어떤 사람이 묻기를, 그들은 왜 공(空)만 설합니까?

[주희:] [불교는] 현공(玄空)을 말하기도 하고 진공(眞空)을 말하기도 한다. '현공'은 텅 비어 아무런 현상도 없는 것이다(空無物), 이에 비해 '진공'은 현상이 있으니(有物), 우리 유가(儒家)의 견해와 대체로 같다. 단지 그 [불교는] 천지사방에 상관없이 한 마음만을 이해할 뿐이니 노자가 하나의 신기(神氣)만을 보존하려고 하는 것과 같다. 이천(伊川)이 말하기를 "자취만 보아도 끊어버린다"고 했다. 그들이 이와 같으니 무슨 쓸모가 있겠는가? (126권, 17항)

인용구절을 보면 주희의 '공' 이해에는 한편으로는 허무론적인 해석이, 또 한편으로는 조금 양보해서 허무론은 아닐지라도 공사상에는 윤리성이 결여되어 있다는 가치판단이 양립한다.

그렇지만 『중론송』에서 나가르주나는 다음과 같이 말하고 있다.

gataṃ na gamyate tāvad agataṃ naiva gamyate/
gatāgatavinirmuktaṃ gamyamānaṃ na gamyate// (MK 2-1)

이미 가버린 것이 어디에 가는 일은 없다. 아직 가지 않은 것도 어디에 가는 일은 결코 없다. 이미 가버린 것과 아직 가지 않은 것을 떠나서[는 존재하지 않는] 지금 가고 있는 것도 어디에 가는 일은 없다.

이 게송의 취지는, '가는 자'라는 본체를 전제로 한 행위는 성립하지 않는다는 데 있다. 곧 "가는 자 가지 않는"다고 말할 때, '가는 자'는 본질주의자가 몽매에도 떨쳐버리지 못하는 본체로서의 행위자이고, '간다'는 행위는 그러한 본체의 행위이다. 따라서 나가르주나와 같은 공사상가로서는 당연히 이 양자, 곧 본체와 본체의 행위를 부정할 수밖에 없는 것이다.

『중론송』에 나오는 이 게송의 속뜻을 이해하게 될 때 우리는 승조의 알쏭달쏭한 시를 해명할 수 있는 열쇠를 손에 쥔 게 된다.

승조의 시에 등장하는 돌개바람·강하·먼지·일월, 이 모든 존재는 공사상의 입장에서 보면 본체가 없는 현상적 존재이다. 따라서 이렇다 할 '본체'의 작용은 어디에도 없는 것이다. 현상을 현상으로만 바라볼 때 돌개바람은 있는 그대로 산악을 송두리째 날려버릴 만큼 대단한 힘을 지니고 있다. 하지만 현상의 배후에 그 어떤 본체가 있다고 생각하는 본질주의자는 자꾸 현상의 힘을 본체와 결부시켜 생각하게 마련이다. 그렇기 때문에 본질주의자가 상정하는 본체 및 본체의 작용을 부정하면서 내놓은 표현이 '돌개바람은 항상 고요하다'는 것이다. 이렇게 보면 승조의 시는 위진현학적인 '무(無)의 본체론'을 교정함으로써 존재를 있는 그대로 존재로만 보라는 주문을 담고 있는 것이다.

그렇다면 우리는 불교사상에 대한 주희의 무지를 이렇게 수정해야 할 것이다. 곧 승조는 『장자』의 설을 답습하는 것이 아니라 『장자』를 공사상의 입장에 따라 재해석하고 있는 것이다.

5. 『중론송』 귀경게의 번역

이제까지 『중론송』 귀경게에 관해서 꽤 긴 해석을 풀어보았다. 이 귀경게를 통해서 나가르주나가 불교사상의 핵심, 곧 연기(緣起)에 대한 이해를 집약적으로 제시하고 있다고 보았기 때문이다.

귀경게에서도 또렷이 드러나듯이 『중론송』의 주제는 '연기'이다. 나가르주나가 붓다의 가르침 가운데 첫번째로 손꼽았던 게 바로 '연기'였던 것이다. 나는 '연기'를 '존재의 인과관계'로 풀어 귀경게를 해설했고, 나가르주나의 타깃을 본질주의자로 규정했다.

여기서 한가지 짚고 넘어가야 할 문제가 있다. 도대체 무엇을 위해서 나가르주나는 『중론송』을 저술했는가, 그 저술의도는 무엇인가?

『중론송』은 문학적 성향이 강한 다른 경전과는 달리 치밀한 체계와 논리를 중시하는 철학적 논서이다. 와수반두가 『석궤론』에서 말하고 있듯이, 논서는 적어도 두 가지 요건을 갖추어야 비로소 '논서'라 부를 수 있다. 첫째, 배우는 이의 번뇌를 제어할 수 있어야 한다. 둘째, 배우는 이를 삼악도(三惡道, 지옥, 아귀, 축생) 및 윤회 생존에서 구제할 수 있어야 한다. 우리가 말하는 '철학서'와는 그 용도가 판이함을 알 수 있다. 논리학마저도 해탈에 이르기 위한 길로 수용하는 인도 전통에서는, 불교의 철학적 논서가 열반에 이르는 길을 제시한다는 것은 어찌 보면 당연한 귀결일 수밖에 없다. 존재의 실상을 있는 그대로 파악할 때 열반으로 향하는 길이 열린다고 보는 것이다. 이러한 논서의 쓰임새에 비추어볼 때, 우리는 『중론송』의 저술의도도 간략하게나마 『중론송』 귀경게에 들어 있다고 볼 수 있을 것이다. 본질주의자가 제시하는 '세간의 무수한 속설' 곧 희론(戲論)을 잔가지치듯 제거하여, 배우는 이로 하여금 '완전한 해방의 영역'인 열반으로 안내하기 위하여 『중론송』을 저술했다고 말이다.

구마라집의 한역 『중론』은, 청목의 주석을 통해 『중론송』의 저술목적을 이렇게 설명하고 있다.[76)]

어떤 사람은 세상이 시바신(神)에게서 생겼다고 하고, (…) 어떤 사람은 시간에서 생겼다고 하고, (…) 어떤 사람은 자기원인적 존재(自然)에서 생겼다고 하고, 어떤 사람은 원자(微塵)로부터 생겼다고 한다. 이러한 잘못 때문에, (…) 갖가지 사견(邪見)에 빠져, 갖가지 방식으로 '나'나 '내 것'을 말하며, 진리를 알지 못한다. 부처님은 [사람들로 하여금] 이러한 갖가지 사견을 끊고 진리를 알게 하기 위하여, 먼저 성문승(聲聞乘)을 대상으로 한 법문에서 십이인연(十二因緣)을 설하셨으며, 이미 십이인연을 익히고 행하여 큰마음(大心, 보살심)을 지녔으며 깊은 진리를 받아들일 만한 바탕이 형성된 사람을 위하여, 보살을 대

---

76) 대정장 30권, 1b18~1c7.

상으로 한 대승법문(大乘法門)을 통해 존재의 실상에 관해서, "뭇 존재는 생겨나는 것이 아니며 소멸하는 것도 아니다. 동일한 것이 아니며 별개의 것도 아니다(一切法, 不生不滅, 不一不異)" 등등 [뭇 존재는] 끝없이 공(空)하여 [본체는] 그 어떤 것도 없다(畢竟空無所有)고 설하셨다. (…) 부처님이 열반에 드신 후 오백년이 지난 상법(像法)시대에 사람들의 인식능력은 둔해지고 뭇 존재에 깊이 집착한 나머지, 십이인연(十二因緣), 오음(五陰, 五蘊), 십이입(十二入, 十二處), 십팔계(十八界) 등에 관한 확정적 정의(決定相)만을 구하고, 부처님의 말뜻을 이해하지 못한 채 단지 문자에만 집착하여, 대승법문 가운데 '끝없이 공하다(畢竟空)'는 설법을 들어도 왜 [뭇 존재가] 공한지를 알지 못하고 [다음과 같은] 의심을 품었다. 곧 만약 모든 것이 끝없이 공하다고 한다면 죄복(罪福) 및 그 과보에 관해서 어떻게 구별한단 말인가? 이같이 [죄복 및 그 과보의 구별이 없다면 일상적 진리(世諦)와 궁극적 진리(第一義諦)[의 구별도] 없어지지 않겠는가? 이같이 '공'의 자구적 정의(空相)만을 취하여 탐착(貪著)을 일으켜 [뭇 존재가] 끝없이 공하다는 사태(畢竟空)에 대해 갖가지 오류를 일으켰다. 용수보살(龍樹菩薩, 나가르주나)이 이러한 [오류를 없애기] 위하여 이『중론[송』을 지었다.

앞에서 개진한『중론송』의 저술의도 및『중론송』의 이해를 위한 해석학적 지평을 밑천삼아 이제 나 나름의 귀경게에 대한 번역문을 제시해보고, 더불어 구마라집의 한역 귀경게에 대한 우리말 번역문을 제시해보는 것으로 이 이야기를 마치기로 하겠다.

구마라집의 한역에서는 팔불게에 관해서 '불생(不生)' '불멸(不滅)'과 같이 산스크리트어 부정사 'an/a'를 '불(不)'로만 번역하고 있으나,『중론송』(18:7)에 대한 한역에서 보듯이 '무생(無生)' '무멸(無滅)'과 같이 '무(無)'로 번역하는 경우도 있다. 자유로운 의역을 택한 구마라집의 한역 자체에서 엄밀한 번역어의 통일성을 찾기는 어렵다는 한계는 있으나 산스크리트어 부정사 'an/a'에 이러한 두 가지 의미가 다 있다는 점을 감안한다면, 전자는 '연생법'에 관련된 번역으로, 후자는 '연기'에 관련된 번역으로 채용할 수도 있겠다. 연기와 연생법 가운데 어느 쪽을 중심어로 삼느냐에 따라 번역의 어감이 달라지겠지만 내용상 큰 차이는 없음을 알 수 있을 것이다.

먼저 산스크리트어 원전과 같이 '연기'를 중심어로 삼은 번역은 일차적으로는 첫머리에 제시한 모습이 되겠지만 이는 다음과 같이 다듬을 수 있겠다.

연기(緣起)에는 [본질주의자가 말하는] '생성'이니 '소멸'이니, '상주'니 '단멸'이니, '동일'이니 '별개'이니, '유출'이니 '귀환'이니 하는 갖가지 언어적 규정이 적용되지 않는다. 연기는 이러한 [본질주의자의] 갖가지 언어적 규정이 끊어진, 완전한 해방의 영역이다. 이와 같은 연기를 가르쳐주신, 설법자 가운데 가장 위대한 설법자이신 부처님께 경배합니다.

한편, '연생법'을 중심어로 삼는 구마라집의 한역 귀경게는 다음과 같이 우리말로 옮겨볼 수 있겠다.

연생법(緣生法)은 [본질주의자가 말하듯이] [영원불변한 원인에서] 생기거나 [완전한 무(無)로] 소멸하는 것이 아니며, [영원불변한 실체로서] 상주하거나 [결과에 상관없이] 단멸하는 것도 아니며, [원인과 결과가 서로] 동일하거나 [서로 무관한] 별개의 것도 아니며, [영원불변한 원인에서] 나오거나 [영원불변한 원인으로] 돌아가는 것도 아니다. 연생법은 [연기와 뗄 수 없는 관계에 있으므로] [본질주의자의] 갖가지 언어적 규정이 끊어진, 완전한 해방의 영역이다. 이와 같은 연생법의 세계를 가르쳐주신, 설법자 가운데 가장 위대한 설법자이신 부처님께 경배합니다.

지금까지 구마라집의 한역『중론』과 산스크리트어 원전『중론송』을 대비시켜 보면서『중론송』귀경게의 한역에 관련된 몇가지 문제점을 검토해보았다. 그 과정에서『중론송』귀경게의 번역을 위해서는 연기와 연생법의 관계,

『중론송』의 주된 논적(論敵), 희론의 의미와 같은 몇가지 해석학적 지평이 필요함을 드러냈으며, 이를 근거로 두 가지 유형의 번역을 마무리삼아 제시해보았다.

이러한 작업은 『반야경』 계통의 대승불교 경전의 정확한 해독에도 기여하는 바 클 것이다. 잘 알려진 예를 하나 들어보자. 현장이 번역한 『반야심경』의 한 구절에는 "제법공상(諸法空相) 불생불멸(不生不滅)"이 있다. 『반야심경』에 대한 구마라집의 한역도 역시 마찬가지로 "제법공상(諸法空相) 불생불멸(不生不滅)"로 되어 있다. 후대 중국의 주석자들은 흔히 '제법공상'을 '제법실상(諸法實相; 뭇 존재의 실상)' 곧 법성(法性)으로 해석하고 이의 수식어로 '불생불멸(不生不滅)'을 연결시킨다. 자연스런 한문 독법상 능히 그렇게 해석할 수 있는 일이다. 그렇지만 산스크리트어 원전에는 '제법공상' 부분이 "sarvadharmā śūnyatālakṣaṇā"로 되어 있어, 그 뜻은 "공성(空性)을 보편적 본질로 삼는 뭇 존재[法]는"이 된다. 곧 '불생불멸'이 법성에 걸리는 것이 아니라 법에 걸리는 것이다. 이런 경우 현대의 번역자는 '불생불멸의 주어를 '법/연생법'으로 하느냐 '법성/연기'로 하느냐 하는 선택치를 놓고 고민하지 않을 수 없는 노릇이다. 이러한 문제상황 역시 『중론송』 귀경게에 대한 분석으로부터 얻어내는 '성찰적 반성' 가운데 하나이다.

제4장

중국 역경사의 여적(餘滴) 2
: 인도문화의 '공(空)'과 중국문화의 '무(無)'의 만남을 돌이켜보며

중국 역경사의 여적(餘滴) 2:
인도문화의 '공(空)'과 중국문화의 '무(無)'의 만남을 돌이켜보며

불교사상의 기본적 모티브는 인식을 포함한 존재 또는 현상 일반을 다르마(dharma), 한역에 따르면 '법(法)'으로 파악하는 데에 있다.

'다르마'는 하나의 흐름이며 연속체이다. 따라서 다르마의 세계에서 우리가 '실재'라 일컬을 수 있는 것은 지금 이 순간 현존하는, 그것도 부단한 흐름 속에서 자기동일성 없이 끊임없이 변화하고 있는 현상뿐이다.

불교사상에서는 현상을 '5온(蘊)' '12처(處)' '18계(界)'라는 카테고리로 또는 '5위(位) 75법(法)' '5위(位) 100법(法)'이란 카테고리로 분류하여 뭇 현상의 인식론적 본질 및 현상간의 상호 인과관계를 고찰하는데, 이와 같은 현상에 대한 시선은 우리의 '경험세계'——일상적 경험세계뿐만 아니라 선정체험까지 포괄하는 넓은 의미의 경험세계——에서 확인 가능한 존재만을 실재로 인정하여, 현상의 실상을 아무런 선입견 없이 있는 그대로 파악하고자 하는 철저한 경험적 태도와 연결되어 있다.

우리의 삶의 세계를 구성하는 현상들은, 그 현상이 우리 내부의 심리현상이건 우리 내·외부의 물리적 현상이건 많은 '현상'들로 구성되어 있고, 이 현상들이 우리의 삶의 세계 전체를 이루고 있기 때문에, 현상 이외에 자재신(自在神)이나 아뜨만과 같은 영원불변의 실체는 부정된다.

현상을 하나의 과정(process) 또는 하나의 사건(accident)으로 보는, 따라서 제과정의 관계성을 중시하는 이와 같은 불교적 사고방식을 '과정적 사고' 또는 '과정 중심주의(process-centrism)'라 일컬을 수 있을 것이다.

한편, 서양철학사의 굵직한 흐름 가운데 하나인 현상-본질 구도에 입각해서 현상 저 너머에 또는 현상 저 안에 불변의 실체로서 도사리고 있는 존재론적 본질을 상정하는 태도도 있을 수 있겠다. 우리는 현상의 배후에 존재론적 본질을 상정하는 사유경향을 한묶음으로 통틀어서 '실체적 사고' 또는 '기체(基體) 중심주의'(locus-centrism)라 명명해볼 수 있을 것이고, 이와 같은 사유경향을 고수하는 입장을 '본질주의자'로 이름붙일 수 있을 것이다.

불교사상에서는 법(法)의 세계, 곧 존재론적 본질이 없는 현상의 세계만을 이 세계의 전부로 제시한다. 이는 다르마 세계를 넘어 그 어떠한 초월적 실재도 존재하지 않는다는 무아사상이 저변에 깔려 있기 때문이다. 우리는 대승불교의 공사상에서 이 무아사상이 인식론적·존재론적으로 깊이를 더해가는 과정을 살펴볼 수 있다.

그렇지만 '공(空)'은 어감상 '무(無)'와 혼동될 여지가 많고 막상 이 때문에 흔히 허무주의로 오인되곤 한다. 중국의 독서인층이 받아들인 공사상에서도 때로는 이러한 허무주의의 냄새가 전혀 불식되지 않은 채 때로는 허무주의 그 자체로 오인된 채 이해되고 있는 경우는 그리 드문 일이 아니다. 이제 위에서 제시한, 불교사상을 바라보는 기본적인 틀 위에서 대승불교의 공사상에 대한 '오해'라고 생각되는 몇가지 견해를 점검하고 이를 시정하는 작업을 해보고자 한다.

1. 유(有)·무(無)와 공(空)의 변별

나가르주나의 『중론송』「관사제품」에는 후대에 중국 천태종(天台宗)에서 소위 '삼제게(三諦偈)'로 불리는 유명한 게송이 나온다.

yaḥ pratītyasamutpādaḥ śūnyatāṃ tāṃ pracakṣmahe/
sā prajñaptir upādāya pratipat saiva madhyamā// (MK 24-18)

연기(緣起)는 공성(空性)이라고 우리들은 말한다. 그 ['공성']은 인시설(因施設, 은유적 표현)로 바로 그것이 중도(中道)이다.

이 게송은 연기(緣起)를 주제로 '연기=공성=인시설=중도'의 무시간적 동격(同格)관계를 말하고 있다. 지리한 감은 있지만 앞으로의 논의를 위해서 이러한 무시간적 동격관계의 의미를 하나하나 캐물어보기로 하자.

'연기(緣起, pratītyasamutpāda)'는 『중론송』 귀경게에서 '희론적멸(戱論寂滅, prapañcopaśama)'로 수식되듯이, 현상(緣生法)에 존재론적 본질(自性, svabhāva)이 내재돼 있다고 보는 본질주의적 접근방식이 철저히 차단되는, 뭇 현상간의 인과관계 그 자체이다. 이 점에서 '연생법'과 '연기'는 엄연히 구별된다. 연기를 '인과관계'라 할 수 있다면, 연생법 곧 인과관계 속에서 생멸하는 뭇 현상은 '관계 내 존재'이기 때문이다.

'공성(空性, śūnyatā)'은 현상에 존재론적인 본질이 없다는 사태를 기술하는 말로, 뭇 존재에는 자성이 없다는 언명인 '제법무자성(諸法無自性)'과 같은 뜻이다. 그러므로 '연기=공성'은 '인과관계는 존재론적 본질이 차단된 경지에서 성립한'다는 언명이 되며, 이를 현상에 적용해서 말한다면, '인연에 따라 생긴 현상에는 존재론적 본질이 없다'는 의미가 된다.

문제는 실체론적 사고에 젖어 있는, 언어개념에 의식적으로든 무의식으로든 존재론적 본질을 상정해버리는 사고패턴이 '연기'나 '공성'을 실체개념으로 오인하는 데 있다. 앞에서 언급하였듯이 아비다르마 불교 시대에는 '연기'를 상주하는 현상(常住法)으로 이해한 부파도 있을 정도였다. '인시설(因施設, upādāya-prajñapti)' 곧 '세간언설에 따른 은유적 표현'은 이같은 실체론적 사고로 '연기'나 '공성'을 해석하지 않도록 배려한 개념장치이다.

'연기'나 '공성'이란 언명은 그 어떠한 구체적 실체와도 연결되지 않는, 존재론적 본질이 없는 현상들의 인과관계 그 자체에 대한 임의적 표현일 뿐이다. '연기' '공성'의 이같은 심볼(symbol)적 성격이 '인시설(因施設)' 또는 가설(假設, upacāra)로 제시되는 것이다. 이 생각을 현상에 적용해보면, '현상은 존재론적 본질이 없는 언표적 존재(假有, prajñapti-sat)'라는 말이 된다.

또 한가지 문제가 남는다. 현상에 관해서 아직도 불식되지 않는 오해가 남아 있는 것이다. 그것은 '공(空)'에 관련된 오해이다.

공에 대한 가장 일반적인 오해는 허무론적인 이해, 곧 '비어 있음'을 '텅 비어 아무것도 없음(虛無/全無)'으로 파악하는 해석이다.

본질주의자는 현상의 존재론적 본질을 현상 그 자체의 성립근거로 보기 때문에 존재론적 본질의 부정은 곧 현상 그 자체의 부정이라고 간주한다. 이는 '공'의 의미를 과대적용하는, 전형적으로 허무론적인 발상이다. 본질주의자에게는 왜 존재론적 본질을 현상 그 자체의 성립근거로 보아야 하는가 하는 문제에 대한 성찰이 없다. 하지만 나가르주나의 견해를 우리가 충실하게 재현한다면, 현상 그 자체는 존재론적 본질이 없을 때만 비로소 인연으로 말미암아 생기는 연생법으로서 존재할 수 있는 것이다. 여기서 본질 없는 현상이 있을 수 있는가, 아니면 현상의 성립근거로 반드시 본질을 상정할 필요가 있는가 하는 철학적 주제는 또다른 논고를 기다려야 하는 복잡한 문제이다. 우리가 논의의 출발점으로 삼아야 하는 것은, 공사상이 존재론적 본질이 없는 현상이 상호 인과관계로 얽혀 생성소멸하고 있는 세계의 모습을 우리의 삶의 세계의 실상으로 제시하고 있다는 점이다.

본질주의자는 공사상을 현상을 부정하는 허무론으로 제멋대로 오해하고서는 "너는 우리 앞에 엄연하게 존재하는 현상마저 부정하려 드느냐?"고 따지고 들지만, 나가르주나가 볼 때 허무론에 빠져드는 것은 정반대로 연기론자나 공사상가가 아니라 바로 본질주의자이다. 이와 같은 적반하장 격의 상황을 나가르주나는 『중론송』에서 해학적으로 묘사한다.

> sa tvaṃ doṣān ātmanīyān asmāsu paripātayan/
> aśvam evābhirūḍhaḥ sann aśvam evāsi vismṛtaḥ// (MK 24-15)
> svabhāvād yadi bhāvānāṃ sadbhāvam anupaśyasi/
> ahetupratyayān bhāvāṃs tvam evaṃ sati paśyasi// (MK 24-16)

[본질주의자인] 너는 너 자신의 잘못을 우리에게 돌리고 있다. 말을 타고 있으면서 말을 잊고 있는 것과 같다. 만약 네가, [뭇 현상에는] 존재론적 본질[이 있기] 때문에 뭇 현상이 실재한다고 본다면, 그렇다면 너는 뭇 현상을 인연 없[이 생겨나]는 것으로 보고 있는 것이다.

> yady aśūnyam idaṃ sarvam udayo nāsti na vyayaḥ/
> caturṇām āryasatyanām abhāvas te prasajyate// (MK 24-20)

[네가] "이 모든 [현상]은 비어 있는(空) 것이 아니다"라고 한다면, 너는 생(生)도 있을 수 없고 멸(滅)도 있을 수 없으며 사성제(四聖諦)도 있을 수 없다는 오류에 빠진다.

공사상은 전형적으로 "a에 b가 없다"(a: 연생법, b: 自性)는 문장표현을 취한다. "책상이 공하다"는 말은 '책상에 존재론적 본질이 없다'는 뜻이지 '책상이 없다'는 뜻은 아니다. "책상이 있다"고 할 때, 그 말은 '책상이 연생법으로서 있다(唯有)'는 뜻이지, '책상이 존재론적 본질을 지니고 존재한다'는 뜻은 아니다. '공'을 과대적용하여 현상 자체까지도 부정해버린다면, 이는 무변(無邊) 또는 단변(斷邊)이라는 극단에 빠지고, '있다'는 말을 과대적용하여 존재론적 본질까지도 있다고 하면, 이는 유변(有邊) 또는 상변(常邊)이라는 극단에 빠진다. 유변과 무변이라는 양극단을 여읜 자리, 이 자리를 나가르주나는 '중도(中道, madhyamapratipat)'라 언명한다.

그렇다면 위 '삼제게'에서 '연기' '공성' '인시설' '중도'는 문장구조상 서로 무시간적 동격관계를 이루고 있지만, '연기' 이외의 개념장치들은 의미상 각도를 달리하며 '연기'의 의미를 계속해서 보완하는 역할을 하고 있다고 말할 수 있을 것이다.

한편, 공성과 중도를 동격관계로 규정한 나가르주나의 언명을 통해서 우리는 유(有), 무(無), 공(空) 세 개념이 서로 합쳐지는 측면도 있으면서 도저히 융합될 수 없는 측면도 있음을 알 수 있다. '있다'(有)는 말과 '없다'(無)는 말에는 제각기 상이한 차원의 두 가지 의미영역이 있다. '없다'에는 ① '존재론적 본질이 없음'(無自性, niḥsvabhāva. non-existence of an ontological essence)이라는 의미영역과 ② '허무 또는 전무'(畢竟無, sarvathā-abhāva/atyanta-abhāva. ultimate nothingness)의 의미영역이 있으며, '있다'에는 ③ '연생법으로서 있음'(唯有/緣生有, sattā-mātra. mere being/existence due to arising from conditioned causation)의 의미영역과 ④ '존재론적 본질이 있음'(有自性, sasvabhāva. existence of an ontological essence)의 의미영역이 있다. 본질주의자는 ②와 ④를 취하기 때문에, 그가 말하는 '무(無)'는 공사상가가 볼 때 허무(虛無) 또는 전무(全無)로 빠지며, 그가 말하는 '유(有)'는 유자성(有自性)으로 치닫는다. 이와는 반대로, 공사상은 ①과 ③을 취하기 때문에 공사상의 입장에서 '무(無)'라 하면 이는 '무자성(無自性)'을 가리키고, '유(有)'라 하면 '연생유(緣生有)'를 가리킨다.

흔히 중도를 '유도 아니고 무도 아니다(非有非無)'로 묘사하지만 공사상의 입장에서 엄밀하게 말한다면 이때 부정의 대상이 되는 '유(有)'는 '유자성(有自性)'이고, 부정의 대상이 되는 '무(無)'는 '필경무(畢竟無)'이다. '유'와 '무'가 사용되는 2가지 상이한 의미영역을 이해 못하는 한, 공사상은 '모

190

순대립의 초월'이니, '모순대립의 변증법적 지양'이니 하는 모호한 신비주의적 연막술로 전락할 수밖에 없다. 이른바 '쌍차쌍조(雙遮雙照)'로 공사상의 핵심을 그럴듯하게 피력하기도 하지만 이 표현이 의미를 갖기 위해서는 '유무(有無)를 부정하면서 동시에 유무(有無)를 비춘다'는 식의 모호한 해석이 아닌, ② ④의 부정, ① ③의 긍정으로 명확하게 공사상의 입장을 드러내야 마땅할 것이다.

존재론적 본질의 유무가 논쟁거리로 등장할 때, 본질주의자의 입장이냐 아니면 공사상가의 입장이냐에 따라 '유 아니면 무'의 양자택일만이 있을 뿐이지 '유도 아니고 무도 아니다'라는 어중간한 제3의 입장은 있을 수 없다. 적어도 존재론적 본질의 유무 문제에 관해서는 배중률의 법칙이 고수된다. 이 경우에 배중률의 법칙을 무시하고 제3의 선택을 취하는 해석방식은 공사상에 대한 의혹만을 가중시킬 뿐 정확한 텍스트 이해를 저해한다. 이 점에서 무르띠(Murti)의 공사상 이해와 나의 해석은 정반대의 길을 간다.[77] 공사상을 다루는 대승불교 논서에는 여기저기서 '비유비무(非有非無)'에 해당하는 표현이 등장하지만 이를 자구에만 매달려 컨텍스트를 무시하고 액면 그대로 받아들여서는 무슨 말인지 알 수 없게 된다. 한문 번역문이 안고 있는 모호성에 기인한다고 변명할 수도 있겠으나 그것은 대부분의 경우 해석자의 지평이 모호하기 때문이 아닐까. 예를 들어 우리는 구마라집의 한역 『중론』에서도 유무(有無)에 관한 명확한 언명을 볼 수 있다.[78]

유(有)와 무(無)는 상호 모순된 개념이다. 어떻게 한 현상에 [서로 모순된] 두 가지 규정이 있을 수 있겠는가?

---

77) 대조를 위해서는 아래 저서를 참조할 것. T. R. V. Murti, *The central philosophy of buddhism* (London: George Allen&Unwin 1960), 146~153면; 김성철 역 『불교의 중심철학』(경서원 1995), 279~283면.
78) 대정장 30권 3a8~9. "有與無相違. 無與有相違. 何得一法有二相."

『중론송』「관유무품」의 한 게송을 예로 들어보자.

astīti śāśvatagrāho nāstīty ucchedadarśanaṃ/
tasmād astitvanāstitve nāśrīyeta vicakṣaṇaḥ// (MK 15-10)

'있다'고 하면 상견(常見)[에], '없다'고 하면 단견(斷見)[에 빠진다]. 그러므
로 현명한 자는 유무(有無) 양자를 고집해서는 아니된다.

이 게송은 문장의 표층적인 의미만을 따지면, 분명히 '비유비무(非有非
無)'를 말하는 것 같다. 하지만 우리가 의미의 심층까지 거슬러 올라가 앞뒤
의 문맥을 따져보면, 이 게송은 본질주의자(有自性論者)를 상대로 한 것으로,
본질주의자는 상견이나 단견 둘 중 하나에 떨어지므로 현상의 존립기반으로
존재론적 본질이 있다고 고집하는 본질주의자의 입장을 취해서는 아니된다
는 지적을 하고 있는 것이다. 따라서 이 게송은 다음과 같이 해석해야 마땅
하다.

[어떤 현상에 존재론적 본질이] '있다'고 하면 상견(常見)[에], [존재론적 본
질이 없다고 해서 현상 그 자체도] '없다'고 하면 단견(斷見)[에 빠진다]. 그러
므로 현명한 자는 [현상이 있다고 해서 존재론적 본질이] '있다'거나 [존재론적
본질이 없다고 해서 현상이] '없다'거나 하는 [본질주의자의] 양 견해를 고집해
서는 아니된다.

위 게송(MK 15-10) 직후에 나오는 게송(MK 15-11)에서 "이전에는 있었지만
지금은 없다고 하면, 단견에 빠진다"(nāstīdānīm abhūt pūrvam ity ucchedaḥ
prasajyate)는 구절이 보이지만, 이 구절의 의미도 다음과 같이 해석할 수 있
다. 본질주의자는 존재론적 본질이 현상의 존립기반이라고 생각하기 때문에,
이미 과거로 지나가버린, 지금 존재하지 않는 현상에는 존재론적 본질이 존

재하지 않는다고 볼 것이다. 본질주의자에게 현상이 '있다(有)'는 것은 그 현상에 '존재론적 본질이 있다(有自性)'는 말과 같은 것이다. 하지만 현실은 어떤가. 과거의 현상은 '완전한 무' 곧 전무(全無)라고 단정할 수 있는가. 기억이란 심리현상이 지금 있을 때 그 대상이 되는 것은 과거의 현상이다. 따라서 과거의 현상은 현재와 인과관계 속에서 엄연히 있는 것이고, 필경무(畢竟無)는 아닌 것이다. 본질주의자가 존재론적 본질을 고집하는 한, 그는 과거의 현상에 대해 '필경무'라고 말하게 되는 단견, 더 나아가 과거와 현재의 인과관계를 부정하게 되는 발무론(撥無論, apavādin)에 빠지게 되는 것이다.

이렇게 볼 때 공사상이 취하는 입장은 명확하다. 현상의 존재론적 본질은 '없다'는 것이고, 존재론적 본질이 없는 현상 자체는 '있다'는 것이다. 나가르주나는 '중도'란 말로 존재론적 본질의 무(無自性＝空)와 동시에 현상의 유(緣生有/唯有)를 말하고 있는 것이다.

유무(有無)와 공(空)을 명확하게 변별해서 이해할 수 있을 때 원효의 저서도 한결 명확하게 이해할 수 있는 길이 열린다. 원효의 『십문화쟁론(十門和諍論)』에는 소위 '공유의 논쟁'을 화쟁한다는 유명한 구절이 있다. 이 구절을 우리가 이제까지 살펴본 유무와 공의 관계 속에서 살펴보기로 하자. 먼저 원문을 보자.

　　有 此所許有 不異於空 故雖如前而非增益 假許是有 實非墮有 此所許有 非不墮有 故雖如後而非損減 前說實是有者 是不異空之有 後說不墮有者 不墮異空之有 是故俱許而不相違 由非不然 故得俱許 而亦非然 故俱不許 此之非然 不異於然 喩如其有 不異於空 是故雖俱不許而亦不失本宗 是故四句竝立而離諸過失也 (『十門和諍論』, 韓國佛教全書 1권, 838a10~18)

이 구절은 공(空)과 유(有), 비연(非然)과 비불연(非不然) 등 원효의 논리구조에 직결되는 여러 용어가 등장하기 때문에, 원효의 사상을 다뤄본 사람은 누구나 한번쯤은 읽어봤을 것이다. 그렇지만 번역의 문제에 초점을 맞추면 아직까지도 수긍이 가는 번역을 보지 못했다. 원전 해석이 불완전한 상태에서 우리가 아무리 원효의 정신을 '긍정과 부정의 자재' '극단에 매달리지 않음' 등등으로 찬미한다 하더라도 원효 사상의 진수를 비판적으로 음미할 수는 없는 노릇이다.

원효의 공사상은 그렇게 모호한 것이 아니다. 원효의 화쟁정신은 아무것이나 긍정해버리는 그러한 잡탕식 절충주의가 아니다. 위 인용구절을 앞에서 제시한 유무와 공의 변별 위에서 우리말로 풀이해보자.

[*實是有, 不墮]有. 여기에서 인정한 주장 곧 "현상이 있다"(有＝有法)는 주장은 "현상에 존재론적 본질이 없다"(空＝無自性)는 말과 다르지 않다. 그러므로 앞에서와 같이 ["있다"고] 하더라도 [존재론적 본질이 있다고 하는] 증익(增益＝有邊)이 아니다. 즉 "이 현상(是)이 있다(有)"고 인정하더라도 [그 속뜻은 단지 연생법으로서의 현상이 있다는 것이므로] 실제로는 유변(有邊＝有)에 떨어지는 것이 아니다. 여기에서 인정한 주장 곧 "현상이 있다"(有＝有法)는 주장은 [본질주의자가 그 주장을 들으면] 유(有＝有邊)에 떨어지는 일이 있을 수 있다. 그러므로 [그러한 폐단을 막기 위해] 뒤에서와 같이 ["유(有)에 떨어지지 않는다"고] 하였지만 그렇다고 하더라도 [연생법으로서의 현상마저 없다고 하는] 손감(損減＝無邊)이 아니다. 앞에서 "실제로 이 현상이 있다"고 말했을 때의 '있다'는 '공(空)과 다르지 않은 유(有)'(不異空之有)이다. [즉 존재론적 본질이 없는 현상이 있다는 뜻이다.] 뒤에서 "유(有＝有邊)에 떨어지는 것이 아니다"고 말한 것은 '공(空)과 다른 유(有)'(異空之有)에 떨어지지 않는다는 뜻이다. [즉 존재론적 본질이 있다(有自性)고 보는 유변(有邊)에 떨어지지 않는다는 뜻이다.] 따라서 양자가 모두 인정되며 모순되는 것이 아니다.

[유법(有法)을 뜻하는 '유(有)'와 무자성(無自性)을 뜻하는 '공(空)', 이 둘 다 틀린 것은 아니기(非不然) 때문에 둘 다 인정되지만 또한 [유자성(有自性)을 뜻하는 '유(有)'와 무법(無法)을 뜻하는 '공(空)', 이 둘 다 옳은 것은 아니

기(非然) 때문에 둘 다 인정되지 않는다. 여기에서 말하는 '옳지 않다(非然)'는 '옳다(然)'와 다른 것이 아니다. [즉 서로의 용례가 다를 뿐 말하고자 하는 공사상은 똑같다.] "그 현상이 있다"(有)는 말이 "현상에 존재론적 본질이 없다"(空)는 말과 다르지 않은 것과 같다. 따라서 [유자성(有自性)을 뜻하는 '유(有)'와 무법(無法)을 뜻하는 '공(空)', 이] 둘 다 인정하지 않더라도 여전히 ['제법 무자성'의] 근본 종지(宗旨)를 잃지 않으며, 이 때문에 사구(四句, 1. 有法 2. 無自性 3. 有法＋無自性 4. 非無法＋非有自性)를 나란히 세우더라도 [서로 모순된다던가 하는] 오류를 떠나는 것이다. (*부분은 현재의 殘簡 부분에는 없지만 필자가 추정 보완한 것임)

여기서 공(空)과 유(有)가 공존 가능한 것은 공＝무자성과 현상적 유(有)가 배타적 관계에 놓여 있는 것이 아니기 때문이다. 대승불교의 공사상은, 현상적 유(有)의 배후에 존재론적인 본질 또는 형이상학적인 실체를 또다시 상정하는 것을 유변(有邊) 또는 상견(常見)이라 부정하며, 또한 존재론적 본질이 없다고 해서 현상적 유(有)마저 존재하지 않는다고 생각하는 허무주의적 시각을 무변(無邊) 또는 단견(斷見)이라고 부정한다. 따라서 존재론적 본질이 전제되지 않은 현상적 유(有)를 말하는 점에서, 공(空)과 유(有)는 양립해도 아무런 문제점이 없다.

'틀린 것이 아니다(非不然)'라는 표현은 이 양자가 공사상의 입장에서 옳다는 말이고, '옳은 것이 아니다(非然)'라는 표현은 유(有)를 유자성(有自性)으로, 공(空)을 허무(虛無)로 이해하는 본질주의자에 대해서 틀리다고 한 말이다.

원효가 '공유(空有)를 화쟁(和諍)한다'고 할 때, '공'은 중관사상을 가리키고 '유'는 유식사상을 가리킨다는 것이 학계의 통설이다. 위 인용구절의 해석을 실마리로 삼아 우리는 한걸음 더 깊이 내딛을 수도 있을 것이다. 연생법의 유(有)와 공(空)이 공사상에서 동시에 성립하기 때문에 실상 중관사상과 유식사상 사이에는 아무런 모순이나 갈등이 있을 수 없다. 단지 중관사상이 공사상의 입장에서 본질주의자와 맞서 공(空) 곧 무자성(無自性)을 드러내는 언어분석적 접근방식, 부정적 어법을 취하고 있는 데 비해, 유식사상은 공사상 위에서 존재론적 본질 없는 현상이 어떻게 우리의 삶의 세계를 이루고 있는지 인식론적 접근방식, 긍정적 어법을 취하고 있다는 차이만이 있을 뿐이다.

2. 공(空)에 대한 중국적 해석의 전개

5세기 초에 구마라집은 앞에서 산스크리트어 원전을 인용한 바 있는 소위 '삼제게'를 다음과 같이 번역하고 있다.

> 衆因緣生法 我說卽是'無'
> 亦爲是假名 亦是中道義
>
> 뭇 인연으로 생겨난 현상(法)은 곧 '무(無)'라고 나는 설한다.
> [이 '무'는] 또한 가명(假名)이고, 또한 중도(中道)이다.

구마라집의 한역에서 '연기'가 '연생법'으로 번역되고 있는 점에 관해서는 이미 앞에서 설명했다. 여기서는 '공성'이 '무(無)'로 번역되고 있는 점에 주의할 필요가 있다.

'연기'를 '연생법'으로 대체하였다면, 원문의 '공성(空性)'은 '공(空)' 곧 '존재론적 본질이 없음'(無自性)으로 대체해야 할 것이다. 하지만 왜 그런지 구마라집은 '공(空)'을 '무(無)'로 번역한다. '공'은 "a에 b가 없다"(a: 연생법, b: 자성)는 문장표현을 취하기 때문에 단순한 '무'로 대치될 수 없는 말이다. 굳이 '무'를 살리고자 한다면 '공'은 '무자성'으로 대체할 수 있을 것이다.

196

실제로 『중론송』에 대한 구마라집의 한역에서 '공'이 '무'로 번역된 사례는 이곳 한군데밖에 없고 이 번역은 후대에 전승되면서 다시 '공'으로 고쳐 표기된다. 더군다나 공사상에 정통한 구마라집이 '공'과 '무'의 차이를 의식하지 않았을 리는 만무하다. 그렇다면 여기서는 자비의 원칙을 살려 번역문에 나오는 '무(無)'를 '무자성(無自性)'의 약어로 해석하는 것이 온당하겠다.

그렇지만 구마라집에 이르러서도 산스크리트어 '슈니야'(śūnya)의 번역어로 일부나마 '무'가 남아 있다는 사실은 위진시대의 현학의 영향이 중국 독서인층에 얼마나 뿌리깊게 박혀 있는지 절로 감탄하게 만든다. 물론 이와 같은 사례가 구마라집의 공사상에 대한 이해가 현학에서 논란의 표적이 되었던 '무(無)'와 타협하고 있음을 반증하고 있는 예시는 될 수 없다. 표면적으로는 '무'란 번역어를 쓰고는 있지만 그 내용은 '공'이기 때문이다. 이 점은 구마라집이 '필경공(畢竟空, atyanta-śūnya)'이란 표현을 애용하고 있음을 상기해보면 분명해진다. '필경공'은 공을 실체시하려는 견해를 철저히 차단하고 부정하기 위해 도입된 개념이다. 따라서 '필경공'과 연계시켜볼 때, '삼제게'에 도입된 구마라집의 번역어 '무'도 위진시대의 현학에서 상정하였던 실체적 존재가 아니라 '무자성(無自性)'의 대용으로 보아야 할 것이다. 그렇지만 구마라집 이후 중국의 불교사상가는 구마라집이 번역한 위 게송의 '무(無)'를 다시 '공(空)'으로 고쳐서 읽는다. 산스크리트어 '슈니야'의 번역어로 '무(無)'를 배당한 채로 놔두면 여전히 '공(空)'에 관한 오해의 소지가 남을 수 있기 때문이다.

구마라집의 번역문에서 문제점은 그 다음에 있다. '연기'를 '연생법'으로 대체하였다면, 원문의 '인시설(因施設)'은 '언표적 존재(假有, prajñapti-sat)'로 대체해야 할 터인데 구마라집은 '인시설'과 같은 뜻인 '가명(假名)'이란 번역어를 그대로 할당한다. '가명'은 은유적 표현을 뜻하는, 언명(言明)에 관련된 용어이다. '가유(假有)'는 '실체적 존재(實有, dravya-sat)'와 대개념(對概念)으로 쓰이는, 존재에 관련된 용어이다. 따라서 양자 사이에 언어적 층

차를 인정하지 않을 수 없고, 이 점에서 구마라집의 한역에는 어느정도 혼란이 보이는 것 같다. 그렇지만 아직 속단은 이르다. 와수반두의 저서 『유식삼십송』을 보면, 그 첫번째 게송에 다음과 같은 구절이 보인다.

ātmadharmopacāro hi vividho yaḥ pravartate/
vijñānapariṇāme'sau pariṇāmaḥ sa ca tridhā// (TK 1)

'나'라는 은유적 표현(upacāra)이나 '법'(dharma)이라는 은유적 표현이 다양하게 사용되고 있지만 그와 같은 [은유적 표현]은 [실은] '쉬지 않고 변화하는 인식(識轉變)'을 가리키는 말이다. 쉬지 않고 변화하는 [인식]에는 [알라야식, 마나식, 5감각 및 의식] 3가지 유형이 있다.

이 게송에서 와수반두는 법무아(法無我)를 드러내기 위해 '다르마'란 언명을 '은유적 표현'(upacāra)으로 규정하고 있다. '은유적 표현'이란 구마라집의 번역어로 말하면 '가명(假名)'과 같은 말이기 때문에, 와수반두의 용어 사용법을 매개로 한다면, '연생법'이란 언명을 '가명'이라고 표현하는 것은 연생법이 곧 언표적 존재(假有)라고 하는 것과 동일한 의미이다. 그렇다면 구마라집의 번역어 '가명'은 오역이라 할 수 없는 노릇이다.

그렇다면 우리는 '삼제게'에 대한 구마라집의 한역을 다음과 같이 해석해 볼 수 있을 것이다.

인연으로 말미암아 생기는 뭇 현상은, [존재론적 본질이] 없는 것이라고 우리들은 말한다. [존재론적 본질이 없는 뭇 현상] 그것은 또한 [실체적 존재는] 아니지만, 세상의 언설(言說)에 따라 '색깔·형태', '눈[眼]', '시각'……이라고] 은유적으로 표현되는 것 [곧 '언표적 존재']이다. [존재론적 본질이 없는 뭇 현상] 바로 그것은 또한 [뭇 현상에 존재론적 본질이 있다고 보는 유변(有邊)과 존재론적 본질이 없다고 해서 뭇 현상마저 없다고 보는 무변(無邊), 이 양 극단적 견해를 벗어난 중도이다.

198

구마라집의 해석을 이렇게 재해석해보면, 원문의 해석에서 드러난 '연기=공성=인시설(/가명)=중도'는 구마라집의 번역문에서 '연생법=무자성공=가유=중도'로 해석되고 있음을 알 수 있다. 공사상의 입장에서 보더라도 구마라집의 번역은 원문의 진의를 구체적으로 전달하는 충실한 해석이 되는 것이다.

구마라집이 나가르주나의 『중론송』을 한역한 이래 중국인은 한역 『중론』에 의존하여 공사상을 이해하게 된다. 나가르주나의 『중론송』은 게송으로만 이루어진 논서로, 극도로 절제된 문장구조와 운율을 맞추기 위한 시어(詩語)의 대체, 그리고 때때로 보이는 산스크리트어 방언 등 산스크리트어에 능하다 하더라도 그리 간단하게 해독할 수 있는 텍스트는 아니다. 구마라집이 나가르주나의 『중론송』만 따로 번역하지 않고 청목의 주석을 덧붙여 번역했던 데는 이러한 사정이 있었기 때문이라고 쉽게 짐작할 수 있지만, 일단 구마라집의 한역본이 완성되자 중국인은 산스크리트어의 중압에서 어느정도 벗어난 것은 사실이다.

이제 '삼제게'에 대한 구마라집의 번역문을 후대의 중국 불교사상가들이 어떻게 이해했는지 몇가지 사례를 들어보기로 하자.

『불조통기(佛祖統紀)』에는 천태종의 개조로 일컬어지는 북제 때 혜문(慧文, 6세기 후반)에 관한 다음과 같은 기록이 있다.[79]

　　師(=慧文)又因讀中論, 至四諦品偈云, "因緣所生法 我說是'空' 亦名爲假名 亦名中道義", 恍然大悟. 頓了諸法, 無非因緣所生, 而此因緣有不定有, 空不定空, 空有不二名爲中道.

　　(…) 뭇 현상이 인연에 따라 생겨나지 않는 경우는 없다. 이 인연에 해당하

79) 대정장 49권, 178c. 中村元 『シナ人の思惟方法』(東京: 春秋社 1988), 50~51면에서 재인용. 뒤에 나오는 '緣生法(有)→空(不定有)→假名(不定空)→中道(空有不二)의 변증법적 진행'은 中村元의 해석을 빌렸다.

는 현상은 있다고 해도 '반드시 있는 것(定有)'은 아니며, 비었다고 해도 '반드시 비어 있는 것(定空)'은 아니다. '비어 있음과 있음을 둘 다 부정하는 것(空有不二)'을 '중도(中道)'라 한다.

이 기록을 보면, 혜문은 구마라집의 번역문에 나오는 '공(空. '無'의 변경)'을 부정유(不定有)로, '가명(假名)'을 부정공(不定空)으로, '중도(中道)'를 공유불이(空有不二)로 이해한다.

정유(定有)의 부정은 존재론적 본질 또는 자기동일성의 부정으로, 정공(定空)의 부정은 공의 실체화에 대한 부정으로 볼 수 있기 때문에 별문제는 없다. 하지만 '공유불이(空有不二)'로 단순하게 부정유(不定有)와 부정공(不定空)을 합쳐놓아 이를 '중도'의 의미로 해석한다면 문제는 커질 수밖에 없다. 공사상에 대한 오해가 개입되기 때문이다. 앞에서 '삼제게'에 대한 구마라집의 한역을 우리말로 재해석해보았는데 이를 혜문의 해석과 대비시켜보자. 혜문의 '중도' 해석에서 눈에 띄는 특징은, 현상에 대한 허무론적 부정, 곧 무변(無邊)을 차단하고자 하는 중도의 의미가 사라지며 따라서 '비유비무(非有非無)'의 모호한 공 이해, 절충주의적인 중도 이해로 전락할 여지가 많다는 점이다.

또 한가지 우리가 놓쳐서는 안되는 혜문의 '중도' 해석의 문제점이 있다. 구마라집의 '삼제게' 번역문을 해석할 때, 혜문은 연생법(緣生法, 有)→공(空, 不定有)→가명(假名, 不定空)→중도(中道, 空有不二)와 같이, 시간성을 전제로 한 변증법적 진행의 과정으로 해독하고 있다는 점이다. 이는 산스크리트어 원문의 문장구조상 명확하게 드러나는 연기=공성=인시설=중도의 무시간적 동격관계를 이중부정(二重否定)의 시간적 진행과정으로 재구성한 전형적인 사례에 해당한다. 흔히 공사상을 '이중부정의 변증법'이란 그럴싸한 사탕발림으로 묘사하는 풍조도 그 연원을 추적해 들어가면 혜문과 만나게 될 터이다. 그렇지만 혜문의 해석은 앞에서 우리가 지적한, 공성·가명·중도가 '연기'의 다른 측면을 조명하며 의미상 '연기'의 의미를 보완하는 역할을 한다는 사실을 왜곡시킨다.

구마라집의 위 번역문을 가리켜 '삼제게'로 부르기 시작한 것은 혜문 이후의 중국의 천태종이다. 이 경우 '삼제게'의 '삼제(三諦)'란 공(空)·가(假)·중(中) 3가지를 뜻하는데, 그만큼 혜문의 해석 곧 공(空)→가(假)→중(中)이라는 이중부정의 시간적 해석이 후대에 끼친 영향력은 크다고 할 수밖에 없는 노릇이다.

천태종의 삼조(三祖)로 일컬어지는 천태대사 지의와 교분을 쌓았던, 삼론종(三論宗)의 대성자 길장에 오면, 공사상을 '이중부정의 변증법'으로 해석하는 경향은 더욱 뚜렷해진다. 『중관론소』에서 길장은 구마라집의 번역문을 4가지 관점에서 해설하고 있는데 그중 3번째인 '중가의(中假義)'와 4번째인 '삼시의(三是義)'에 보이는 길장의 해석방식에 주의할 필요가 있다.[80]

(中假) 假有不住有故有非有. 假空不住空故空非空. 非空非有卽是中道.

가유(假有)는 유(有)에 머물지 않기 때문에 있으면서 있지 않은 것이다. 가공(假空)은 공(空)에 머물지 않기 때문에 비어 있으면서 비어 있지 않은 것이다. 비어 있지도 않으며 있지도 않은 것이 바로 중도(中道)이다.

(三是) 因緣生法無有自性故空. 所以非有. 旣其非有亦復非空. 非有非空故名中道.

연생법은 자성이 없기 때문에 비어 있는 것이다. 따라서 있지 않은 것이다. 있지 않다고 해서 비어 있는 것은 아니다. 있지도 않고 비어 있지도 않기 때문에 '중도(中道)'라 한다.

길장의 해석은 명백히 가유/연생법(假有/緣生法, 非有)→가공(假空, 非空)

---

80) 대정장 42권, 152b.

→중도(中道, 非有非空)의 시간적 진행과정을 취하고 있다. 재미있는 일은, 길장의 해석이 용어만 부분적으로 달라졌을 뿐 기본적인 구도상 혜문의 해석과 똑같다는 점이다.

나가르주나는 '중도'란 말로 연생법의 '유(有)'와 동시에 그 연생법의 자기동일성의 '무(無)'를 표명하고자 하였으며, 이때 '중도'란 '공(空)'과 다른 뜻이 아니다. 하지만 공사상을 '이중부정의 변증법'이라는 시간적 진행과정으로 이해하게 되면 '공'은 '중도'에 이르는 도정에 설정되는 한 계기에 지나지 않게 되며 결국 산스크리트어 원문에서 보았던 공성=중도의 의미는 퇴색되게 마련이다. 그 결과, 본질주의자가 빠지게 되는 유변(有邊)과 무변(無邊)의 양 극단적 견해를 부정하는 중도의 역동적인 비판적 기능이 사라지고, '비유비무(非有非無)'식의 안이한 절충주의적 태도만 남게 되는 것이다.

혜문과 길장의 예에서 볼 수 있는 모호한 공 이해, 중도 이해는 어디에서 연원하는 것일까? 우리는 혜문이나 길장에게서 여전히 지워지지 않고 있는 위진현학의 '무(無)'의 흔적을 발견할 수 있지 않을까? 대승불교의 사상을 특징짓는 키워드인 산스크리트어 '슈니야(śūnya)/슈니아따(śūnyatā)'의 한역어가 '무(無)'에서 '공(空)'으로 정착되기까지는, 초기 한역자에서 구마라집에 이르기까지 장장 200년이 넘는 긴 세월이 걸렸다. 그 긴 세월에 걸친 번역자의 고뇌를 중국불교는 어느새 망각의 심연에 던져버린 것은 아닌가? 혜문이나 길장이 사용하는 '공(空)'에는 '유(有)'의 대개념인 '무(無)'의 냄새가 가시지 않고 여전히 남아 있는 것이다.

3. 공사상은 역설이라는 오해

공사상을 표현하는 근본명제는 '제법무자성(諸法無自性)' 곧 "모든 현상에는 존재론적 본질이 없다"는 전칭명제(全稱命題)이다. 이러한 공사상의 명제는 '모든 현상' 안에 명제 자신도 귀속되기 때문에 일견 일종의 역설(paradox)이 성립하는 것으로 보인다. 나가르주나 당시에도 공사상은 역설이라는 비판이 있었던 것을 보면 그 연원이 상당히 오래된 것임을 알 수 있다. 그런데 재미있는 일은 이 경우에도 공사상을 역설로 몰아붙이는 상대편은, 현상이 성립하기 위해서는 반드시 존재론적 본질이 있어야 한다고 보는 본질주의자라는 점이다.

나가르주나가 저술한 『회쟁론(廻諍論)』의 첫번째 게송은 본질주의자의 다음과 같은 비판으로 시작된다.

'모든 현상에는 전혀 존재론적 본질이 없다'고 하면, ['모든 현상에 존재론적 본질이 없다'는 네 말도 [또한] 존재론적 본질이 없다는 귀결에 봉착한다.] [존재론적 본질이 없는 말로] [현상의] 존재론적 본질을 부정할 수는 없다. [따라서 현상에 존재론적 본질은 실재한다.][81]

본질주의자가 제기하는 비판의 요지는 이러하다. 우리가 "모든 현상에 존재론적 본질이 없다"는 명제 A를 주장한다 하자. 문제는 그 명제 A 자체도 '모든 현상' 가운데 속한다는 데서 생긴다. 명제 A가 참이면 명제 A에는 존재론적 본질이 없다는 것이 성립한다. 그렇다면 '존재론적 본질이 없다'는 점에서 명제 A는 참명제로 성립할 수 없다. 곧 명제 A는 '거짓말쟁이의 역설'(liar's paradox)과 같은 역설에 빠지게 되며, 이와 같은 역설 상황은 역으로 "현상에는 존재론적 본질이 있다"는 본질주의자의 주장을 입증하는 호재로 기능하게 된다는 것이다.

'역설'(paradox)은 참인 전제들로부터 연역적으로 도출된 결론이 거짓인 경우에 발생한다. 하지만 여기서 명제 A를 역설로 몰고 가는 쪽이 본질주의

<hr />

81) "sarveṣāṃ bhāvānāṃ sarvatra na vidyate svabhāvaś cet/tvadvacanam asvabhāvaṃ na nivartayituṃ svabhāvam alam//" (VV k.1)

자임을 명심한다면, 공사상을 드러내는 주요한 명제들이 역설적 표현이라는 오해는 명백하게 본질주의자에 가담하는 꼴이 됨을 알 수 있다.[82]

한편, 본질주의자의 비판에 대해서 나가르주나는 『회쟁론』 22번째 게송 및 그에 대한 자신의 주석에서 상세한 반론을 개진한다. 지루한 감은 있지만 논의의 흐름을 놓치지 않기 위해서 전문을 인용하기로 하겠다.

> yaś ca pratītyabhāvo bhāvānāṃ śūnyateti sā proktā/
> yaś ca pratītyabhāvo bhavati hi tasyāsvabhāvatvam// (VV k.22)

연기(緣起)는 곧 공성(空性)이라고 설해진다. [인연으로] 말미암아 생기는 [현상](緣生法), 그것에는 존재론적 본질이 없다.

VV k.22에 대한 나가르주나 자신의 주석

너는 뭇 현상이 '비어 있다(空)'는 말의 의미를 이해하지도 못하면서, '네 말에는 존재론적 본질이 없기 때문에 뭇 현상에 존재론적 본질이 [없다는] 부정은 성립하지 않는'다고 비판하였다. 여기서 뭇 현상이 [인연으로] 말미암아 생긴다는 바로 그것이 '비어 있음(空性)'이다. 왜냐하면 [현상에는] 존재론적 본질이 없기 때문이다. [인연으로] 말미암아 생긴 뭇 현상에는 존재론적 본질이

---

82) 'paradox of emptiness'(空의 逆說)라는 표현에서 알 수 있듯이, 마띠랄은 공사상에 토대를 둔 언명을 '역설적' 표현으로 본다. B. K. Matilal, *Epistemology, Logic, and Grammar in indian philosophical analysis* (Hague: Mouton 1971), 158~159면; 박태섭 역 『고전인도논리철학』(고려원 1993), 260~263면 참조. 마띠랄은 공성(空性)을 '결정 불가능성'(indeterminableness)으로 이해하고, 그 연장선 위에서 공사상이 현상을 '실재도 아니고 비실재도 아니며' 다만 '논리적으로 결정 불가능하고 정당화 불가능한' 것으로 본다든지(박태섭 역, 앞의 책, 257면), 현상에 대한 '무표현적 태도'를 취한다든지(같은 책, 259면) 납득하기 어려운 주장을 편다. 하지만 상황은 정반대인 것으로 여겨진다. 우리가 보기에, 공사상은 본질주의자의 주장이 '결정 불가능한(indeterminable)' 것임을 '보여준다'. 그렇다면 나가르주나가 볼 때, 마띠랄의 해석은 본질주의자가 지니는 현상 이해의 한계를 노정시킨 것이 된다. 유(有)·무(無)·공(空), 이 삼자를 명확하게 구분해서 공사상을 이해한다면, 공사상은 마띠랄의 이해와는 정반대로 '결정 가능한(determinate)' 것이다.

204

있을 수 없기 때문에 존재론적 본질을 지니는 것이 아니다. 왜냐하면 [그것이 생겨나기 위해서는] 인연을 필요로 하기 때문이다. 만약에 뭇 현상이 존재론적 본질을 지니고 존재하는 것이라면, 인연을 제거하더라도 존재해야 할 것이나 그러한 일은 있을 수 없다. 그러므로 [뭇 현상은] 존재론적 본질이 없는 것이며, 존재론적 본질이 없기 때문에 '비어 있는 것'이라고 표현되는 것이다. 마찬가지로 내 말도 [인연으로] 말미암아 생긴 것이기 때문에 존재론적 본질이 없으며, 존재론적 본질이 없기 때문에 '비어 있는 것'임이 성립한다. 하지만, 예를 들어 수레나 천이나 항아리 등이 [인연으로] 말미암아 생긴 것이기 때문에 존재론적 본질이 없는 것이기는 하지만, 저마다 재목이나 풀이나 흙을 나르거나, 꿀이나 물이나 우유를 담거나, 추위나 바람이나 햇빛으로부터 보호하는 등의 역할을 하듯이, 마찬가지로 그같은 내 말도 [인연으로] 말미암아 생긴 것이기 때문에 존재론적 본질이 없는 것이기는 하지만, 뭇 현상에 존재론적 본질이 없음을 입증[하는 역할을] 하는 것이다. 그러므로 '네 말은 존재론적 본질이 없기 때문에 비어 있다. 그 [네 말]은 비어 있기 때문에 그 [비어 있는 말]로 모든 현상의 존재론적 본질을 부정하는 것은 성립하지 않는'다는 그러한 [네 비판]은 성립하지 않는다. (밑줄은 필자)

이 긴 인용문에서, 나가르주나는 자신의 명제 A가 역설에 빠진다는 본질주의자의 비판을 거부한다. 나가르주나는 일단 "모든 현상에 존재론적 본질이 없다"는 말 그 자체도 '모든 현상' 가운데 포함된다는 본질주의자의 비판의 전제는 수용한다. 인연으로 말미암아 생기는 '인과관계 내 존재'(緣生法, pratītyasamutpanna)인 한, 현상은 물리적 현상이건 아니면 심리적 현상이건 간에 존재론적 본질이 용납되지 않기 때문이다. 곧 나가르주나는 연기의 시각에서, 곧 공성의 시각에서 현상을 바라보고 있는 것이다.

나가르주나와 본질주의자의 결정적인 차이는, 존재론적 본질이 없는 말이 참말이 될 수 있는가 아니면 역설에 빠지는가 하는 문제에 대해 서로 정반대의 견해를 갖는 데에 있다. 이는 좁게 보면 언어관에 결부되는 문제로 보이지만, 실은 연생법을 어떻게 보느냐 하는 넓은 의미의 세계관에 결부된 문제이다.

여기서 우리가 다시 한번 주의해야 할 일이 있다. 현상에 존재론적 본질이 없다는 언명은 곧바로 현상의 무화(無化)를 의미하지는 않는다. 앞에서도 살펴보았듯이, 공사상은 한편으로는 본질주의자의 생각을 차단하면서 다른 한편으로는 허무주의자의 생각도 차단한다. 한편으로는 현상의 존재론적 본질을 부정하면서, 다른 한편으로는 현상의 작용 또는 기능(arthakriyā)을 인정한다는 말이다. 이 점에서 나가르주나의 『중론송』에 대한 유명한 주석자인 짠드라끼르띠의 다음과 같은 언명은 사태의 정곡을 찌르고 있다고 할 수 있겠다.[83)

존재론적 본질이 없는 [현상]에서만 작용이 보이며, 존재론적 본질이 있는 [현상]에서는 작용이 보이지 않기 때문에 (…)

존재론적 본질이 없는 명제 A가 본질주의자의 그릇된 견해를 물리칠 수 있는 적극적인 기능을 갖고 있다는 사태를 나가르주나는 다음과 같은 재미있는 비유를 들어 설명한다.

허깨비가 [또다른] 허깨비를, [마술사 자신이 만든] 환인(幻人)이 [마술사] 자신의 마술로 만든 [또다른 환인]을 부정할 수 있듯이, 이 부정도 그와 마찬가지이다.[84)

[내 말은] 허깨비처럼 비어 있는 것이지만, 내 말로 허깨비 여인과 다름없는

---

83) PP, $29면, l.16~17. "sasvabhāvānām eva vyāpārādarśanān niḥsvabhāvānām eva vyāpā-radarśanāt."

84) "nirmitako nirmitakaṃ māyāpuruṣaḥ svamāyayā sṛṣṭam/pratiṣedhayeta yadvat pratiṣedho 'yaṃ tathaiva syāt//" (VV, k.23)

모든 현상, 곧 존재론적 본질이 없는 모든 현상에 존재론적 본질이 있다는 집착, 바로 그러한 집착을 없앤다.[85]

이상과 같은 나가르주나의 설명에 따를 때, 나가르주나는 "'모든 현상에는 존재론적 본질이 없다'는 명제 A는 역설"이라는 본질주의자의 비판을 벗어난다. 더불어 공사상이 역설적 표현에 의존한다는 공사상 이해는 연구자 자신의 상상의 산물일 뿐 아무런 문헌적 근거가 없음을 알 수 있다. 공사상의 근본명제 A에 존재론적 본질이 없다는 사실을 나가르주나는 전혀 부정하지 않으며 적극적으로 인정하기 때문이다. 이 점에서 나가르주나는 본질주의자의 '유(有)' 개념을 일관되게 부정하고 있으며 공사상의 '무(無)' 곧 '무자성(無自性)' 개념을 견지하고 있는 것이다.

한편, 현상이 공하다고 해서 그 현상에는 아무런 작용도 없다는 허무주의는 성립하지 않는다. 나가르주나는 명제 A가 그 자체 '비어 있는(空)' 현상이라는 사실을 인정하면서, 동시에 마치 환영이 또다른 환영을 물리칠 수 있는 기능을 갖고 있는 것처럼, 명제 A에도 "현상에는 존재론적 본질이 있다"고 집착하는 본질주의자의 생각을 부정할 수 있는 작용이 있다고 보았다. 곧 본질주의자의 '무(無)' 개념을 부정하면서 공사상의 '유(有)' 개념을 견지하는 것이다.

4. 공사상은 주장도 부정도 없다는 오해

공사상에 관해서 가장 널리 퍼져 있는 대표적인 오해 가운데 하나는 아마도 공사상에는 아무런 주장이나 부정도 없다는 오해일 것이다. 공사상은 과

---

85) VV, 28면, ll.8~10; VV, k.27. "evam eva nirmitakopamena śūnyena madvacanena nirmitakastrīsadṛśeṣu sarvabhāveṣu niḥsvabhāveṣu yo 'yaṃ svabhāvagrāhaḥ sa nivartyate."

연 연구자들이 쉽게 말하듯이 '무입장(無立場)의 입장'으로 표현될 수 있는, 술에 술 탄 듯 물에 물 탄 듯한 어정쩡한 사상일까?

그러한 오해는 나가르주나의 『회쟁론』에 보이는 다음 기술에서도 기인하는 것 같다.

> 만약에 나에게 그 어떤 주장이 있다면, [네가 비판한 바와 같은] 그러한 잘못이 내게 있을 것이다. 하지만 <u>내게는 아무런 주장도 없다.</u> 따라서 내게는 잘못이 없다. (밑줄은 필자)
>
> 만약에 내가 직접지각 등의 [인식수단]으로 그 어떤 [대상]을 인지한다면, 나는 [그 대상을 긍정하거나 또는 부정할 것이다. [하지만] 그런 일[즉 인식수단으로 그 어떤 대상을 인지한다고 하는 그런 일]은 내게 없다. 따라서 내게 [네 비판의] 논박이 될 수 없다.[86]

『회쟁론』에 나오는 위 게송은 짠드라끼르띠의 주석서 『쁘라산나빠다』에도 인용될 정도로 후대의 대승불교 사상가들이 애용하는 구절이다.[87] 여기서 '내게는 아무런 주장도 없다'는 말을 우리는 곧이곧대로 받아들여야 할까? 문제는 그리 간단하지 않은 것 같다.

표면적인 자구 그대로 받아들이기 참으로 곤란한 것이, 짠드라끼르띠의 주석서에서 우리는 짠드라끼르띠가 나가르주나의 '주장'을 추출해내고 있는 몇가지 사례를 확인할 수 있기 때문이다.

『중론송』의 첫번째 장 「관연품」의 첫번째 게송을 살펴보자.[88]

---

86) "yadi kācana pratijñā syān me tata eṣa me bhaved doṣaḥ/nāsti ca mama pratijñā tasmān naivāsti me doṣaḥ//" (VV, k.29)

"yadi kiṃcid upalabheyaṃ pravartayeyaṃ nivartayeyaṃ vā/pratyakṣādibhir arthais tadabhāvān me 'nupālambhaḥ//" (VV, k.30)

87) PP, 16면, ll.7~10.

88) "na svato nāpi parato na dvābhyāṃ nāpy ahetutaḥ/utpannā jātu vidyante bhāvāḥ kvacana kecana//" (MK 1-1)

[본질주의자는 현상에 존재론적 본질이 있기에 비로소 현상으로서 성립할 수 있다고 본다. 본질주의자의 관점에 설 때, 존재론적 본질을 지닌 현상은 자생(自生), 타생(他生), 공생(共生), 무인생(無因生), 이 4가지 경우의 수 가운데 하나일 것이다.] [하지만] 언제 어디서나 그 어떤 현상이라 할지라도, 뭇 현상은 자체에서 생기는 일이 없으며 남에게서 생기는 일도 없으며, 자체와 남 그 양자에서 생기는 일이 없으며 또한 아무런 원인 없이 생기는 일도 없다.

이 게송에 대한 주석에서 짠드라끼르띠는 다음과 같이 말한다.[89]

언제 어디서나 그 어떤 현상이라 할지라도, 뭇 현상은 자체에서 생기는 일이 없다. 같은 식으로 [다른] 세 주장(pratijñā)도 ['언제 어디서나 그 어떤 현상이라 할지라도'라는 말을] 보충해야 한다. (밑줄은 필자)

짠드라끼르띠의 주석에 따르면 '제법부자생(諸法不自生)' '제법불타생(諸法不他生)' '제법불공생(諸法不共生)' '제법불무인생(諸法不無因生)'은 나가르주나의 4가지 '주장(pratijñā)'이다.

『중론송』의 제8장 「관작작자품」의 첫번째 게송에 대한 주석에도 비슷한 용례가 보인다.[90]

거기(제8장 첫번째 게송)에서, "[행위와 결합된] 실체적 존재(sadbhūta)인 행위주체는 [행위와 결합된] 실체적 존재인 행위대상에 작용을 미치지 못한다"는 말은 첫번째 주장(pratijñā)이다. 또한 "[행위가 없는] 비실체적 존재(asadbhūta)인 행위주체도 [행위가 없는] 비실체적 존재인 행위대상에 작용을 미치지 못한다"

---

89) PP, 13면, l.3. "naiva svata utpannā jātu vidyate bhāvaḥ kvacana kecana/evaṃ pratijñā trayam api yojyaṃ."

90) PP, 181면, ll.1~2. "tatra sadbhūtaḥ kārakaḥ kriyāyuktaḥ sadbhūtaṃ kriyāyuktaṃ karma na karotīty ekā pratijñā/idānīm asadbhūto 'pi kriyārahito 'sadbhūtaṃ kriyārahitaṃ karma na karotīty aparā pratijñā."

는 말은 다음 [두번째] 주장이다.

여기서도 짠드라끼르띠는 제8장 첫번째 게송의 내용을 나가르주나의 2가지 주장으로 해석하고 있다.

짠드라끼르띠의 주석을 참조할 때, 『회쟁론』에 나오는 "내게는 아무런 주장이 없다"는 언명만을 떼어내어 공사상은 아무런 주장도 개진하지 않는다고 말하는 것은 지나친 강변이라 해야 할 것이다. 학계에서 널리 알려진 사실이지만 짠드라끼르띠는 귀류논증파(prāsaṅgika)의 대표자로 분류된다. 쁘라상가(prasaṅga) 논법은 일종의 귀류법(reductio ad absurdum)이다. 귀류법은 디그나가의 불교논리학에서 정당한 논증으로 인정되는 간접증명법이듯이, 그것이 타당한 논증방식으로 성립하기 위해서는 귀류법을 전개하는 쪽의 주장이 있지 않으면 안될 것이다.

인도 논리학의 고전인 『니야야수뜨라(Nyāyasūtra)』에는 '정당한 대론(vāda)'에서 벗어난 그릇된 대론의 한 유형으로 '말꼬리 잡기'(vitaṇḍā)가 제시되고 있다. '말꼬리 잡기'란 "반대주장을 내세우지 않는 궤변(jalpa), 바로 그러한 궤변이 말꼬리 잡기이다"[91]로 정의되는데, 이 정의를 보면 '말꼬리 잡기'는 자신의 주장을 내세우지 않으면서 상대방의 주장을 부정하는 그릇된 귀류법이다. 따라서 쁘라상가 논법에 자기주장이 없다고 한다면 쁘라상가 논법은 '말꼬리 잡기'의 아류로 흐를 위험성이 크며, 정당한 대론이 성립할 여지가 없게 된다.

'무입장의 입장'을 공사상으로 보는 사람들은 공사상가의 논법을 다음과 같이 표현할 수 있을 것이다.[92]

공사상의 논법은 스스로 일정한 입장을 취하지 않고, 단지 논적(論敵) 자신

---

91) NS 1-2-3. "sa pratipakṣasthāpanāhīno vitaṇḍa."
92) 泰本慈融「空ということ」(『講座佛敎』 제1권, 1985), 148~149면에서 요약발췌.

의 사상적 입장 그 자체를 논의기반으로 삼아 논의를 전개함으로써 그가 부딪
히게 되는 자기모순성을 드러낸다. 공(空)의 논리는 그 자신 아무것도 주장하
지 않으며 그 자신 아무런 이론이나 사상적 입장도 갖고 있지 않으며 논증식
을 구성하는 일도 없다. 중관논자가 어떤 일정한 입장을 취한다면 그것도 또
한 하나의 입장이기 때문에 필연적으로 그것과 대립되는 또다른 입장이 나타
난다. 공사상에서 말하는 부정은 상반된 부정을 불러들이는 그러한 부정이 아
니다.

그렇지만 우리가 보기에 공사상가의 쁘라상가 논법은 이렇게 비겁한 입장
을 취하는 것이 아니다. 『중론송』 제4장 「관온품」의 8번째, 9번째 게송은
"공성의 핵심을 다룬 게송"(『무외소(無畏疏)』)으로 또는 "중론(송) 전체의 섭송
(攝頌)"(『불호주(佛護註)』)으로 간주될 정도로 중요한 게송인데, 여기서 "제법
무자성(諸法無自性, 모든 현상에는 존재론적 본질이 없다)"이라는 명제는 나가르
주나의 사상적 입장이자 주장으로 제시된다.[93]

> vigrahe yaḥ parīhāraṃ kṛte śūnyatayā vadet/
> sarvaṃ tasyāparihṛtaṃ samaṃ sādhyena jāyate// (MK 4-8)

[뭇 현상의] 비어 있음(空性)으로써 [뭇 현상에 존재론적 본질이 있다고 보는

---

93) 이 두 게송은 해석이 분분하여 학자마다 뚜렷한 정설 및 그 근거가 없는 것으로 보인다.
논란이 일어날 수 있는 부분인 이상 나 자신의 이해를 좀더 명확하게 제시하기 위한 한 시
도로, 짠드라끼르띠의 주석을 참조하여 '문장보충'(vākyādhyāhāra)을 시도해보았으니 더불
어 참조하기 바란다.

[제8게송:] śūnyatayā vigrahe kṛte(=rūpaṃ niḥsvabhāvam ity evaṃ svabhāvavāde
pratiṣiddhe) yaḥ parīhāraṃ vadet(=yadi paraḥ parīhāraṃ brūyāt, vedanādayas tāvat santi
tadvad rūpam apy astīti)/sarvaṃ tasyāparihṛtaṃ(=tasya parasya sarve parīhārāḥ na sambhavanti)
samaṃ sādhyena jāyate(=yasmāt parasya sarvaparīhārasya sādhyasamaṃ bhavati).

[제9게송:] śūnyatayā vyākhyāne kṛte, [yadi śiṣyadeśīyaḥ] upālambhaṃ vadet, tasya
[śiṣyadeśīyasya] sarve upālambhāḥ na sambhavanti. [yasmāt śiṣyadeśīyasya sarvopālambhasya]
sādhyasamaṃ bhavati.

본질주의자와 논쟁을 할 때, [만약 상대방이 비공성론(非空性論)의 입장을 견지하여 공성(空性)에 대해] 논박을 한다면, 그 [상대편의] 논박은 전혀 성립할 수 없다. [상대편의 논박은] '그 근거의 정당성을 되물어야 할 사이비 근거(sādhyasama)'가 되기 때문이다.

vyākhyāne ya upālambhaṃ kṛte śūnyatayā vadet/
sarvaṃ tasyānupalabdham samaṃ sādhyena jāyate// (MK 4-9)

[뭇 현상의] 비어 있음(空性)으로써 [제자에게] 해석을 할 때, [만약 상대편이 비공성론(非空性論)의 입장을 견지하여 공성(空性)에 대해] 비판을 한다면, 그 [상대편의] 비판은 전혀 성립할 수 없다. [상대편의 비판은] '그 근거의 정당성을 되물어야 할 사이비 근거'가 되기 때문이다.

여기서 나가르주나가 구사하고 있는 '사디야사마'(sādhyasama) 곧 '그 근거의 정당성을 되물어야 할 사이비 근거'는 『니야야수뜨라』(1-2-8)에서 사이비 근거(hetvābhāsa)의 한 유형으로 거론하는 것이다.[94] 나가르주나의 또다른 저서 『광파론(廣破論)』의 예에서 알 수 있듯이, 나가르주나는 니야야학파의 학설에 정통하고 있었으며, 이러한 사실은 위 게송에서 본질주의자에 대한 비판의 논법으로 'sādhyasama'를 원용하고 있는 점에서도 확인할 수 있다.[95]

---

94) NS 1-2-8. "sādhyāviśiṣṭas sādhyatvāt sādhyasamaḥ"([제시된 근거가] 아직 입증된 것이 아니기 때문에 [그 근거 자체도 또다시] 입증해야 할 소증(所證)과 다름없을 때, [그 근거는] '소증(所證)과 다름없는 근거'이다.)

95) K. Bhattacharya, *The dialectical method of Nāgārjuna—Vigrahavyāvartanī* (Motilal Banarsidass 1978), 112~113면 주) 3에서 밧따짜리야는 나가르주나와 짠드라끼르띠가 사용하는 'sādhyasama'의 용법이 니야야학파의 용법과 다르다고 주장하지만, 나는 이 주장을 받아들이지 않는다. 내 생각으로는, 밧따짜리야가 'sādhyasama'와 'prakaraṇasama'를 혼동했기 때문에 그 같은 주장을 하는 것으로 보인다. 밧따짜리야가 'sādhyasama'는 'petitio principi'가 아니라고 파악한 것까지는 옳다. 'petitio principi'는 실제로는 'prakaraṇasama'에 해당하는 술어이기 때문이다. 우리가 'prakaraṇasama'와 'sādhyasama'를 『니야야수뜨라』의 용법에 따라 구분할 수 있는 분별력만 있다면, 'sādhyasama'에 관한 한 니야야학파의 용례와 나가르주나의 용례가

위 게송에 대한 짠드라끼르띠의 주석은 우리의 생각을 뒷받침해준다.[96]

중관론자(mādhyamika)는 어떤 논서이건간에 [그 안에 공성에 대한 논박이 들어 있을 경우] 그 논박은 'sādhyasama'(그 근거의 정당성을 되물어야 할 사이비 근거)라고 이해해야 한다"고 스승(나가르주나)은 가르친다.

아무런 자신의 주장도 없이 대론에 임한다면 '말꼬리 잡기'에 빠진다는 점, 나가르주나가 본질주의자를 논박하는 주요한 논법이 'sādhyasama'라는 점, 짠드라끼르띠가 그의 주석서에서 나가르주나의 주장명제를 추출하고 있는 몇가지 사례, 이러한 몇가지 문헌적 증거는 "모든 현상에는 존재론적 본질이 없다"는 언명이 공사상가의 주장명제임을 우리에게 말해주는 것이 아니겠는가! "모든 현상에는 존재론적 본질이 없다"는 언명을 주장명제로 인정할 때 공사상가가 부정하는 대상의 정체는 명확해진다. 현상에 존재론적 본질이 있다고 생각하는 본질주의자의 견해가 바로 그것이다.

하지만 문제는 그리 간단하지 않다. 넘어야 할 산이 또 하나 있기 때문이다. 『회쟁론』의 다음 게송을 어떻게 이해해야 하는가 하는 문제이다.[97]

나는 아무것도 부정하지 않는다. 부정해야 할 것이 아무것도 없다. 따라서 '너는 부정하고 있다'는 그와 같은 논박은 네가 지어낸 것에 지나지 않는다.]

이 문제를 해소하는 방법은 그 다음 게송을 참조할 때 얻어질 것 같다.

동일함을 알 수 있을 것이다. 'prakaraṇasama'와 'sādhyasama'의 정확한 의미에 관해서는, 이종철 「譯註硏究: 니야야수뜨라(I)」(『회당학보』 제4집, 1996) 276~77면을 참조하기 바란다.
96) PP, 127면, ll.13-14. "sarvatra śāstre parihāreṇa sādhyasamatvaṃ mādhyamikenāgrāhaṇīyam ity ācāryaḥ śikṣayati."
97) "pratiṣedhayāmi nāhaṃ kiṃcit pratiṣedhyam asti na ca kiṃcit/tasmāt pratiṣedhayasīty adhilaya eṣa tvayā kriyate//" (VV k.63)

먼저 이 게송은 본질주의자의 다음과 같은 비판에 대한 답으로 주어진 것이다. 즉 현상에 존재론적 본질이 참으로 없다면 너는 "모든 현상에는 존재론적 본질이 없다"는 네 말로 무엇을 부정하는 것이냐, 존재하지 않는 것의 부정은 말이 없더라도 성립한다! 이 비판은 『회쟁론』의 12번째 게송에서 제기되고 있다. 이 비판에 대한 나가르주나의 대답은 다음과 같다.[98]

실재하지 않는 [존재론적 본질]의 부정은 말이 없더라도 성립한다고 [너는] 말하지만, 이 경우에 ["모든 현상에는 존재론적 본질이 없다"는] 말은 [현상에 존재론적 본질이] 존재하지 않는다는 사태를 알려주는 것이지, 그 [실재하는 존재론적 본질]을 없애는 것은 아니다.

이 게송을 우리가 정직하게 해석할 수 있다면, "나는 부정하지 않는다"는 공사상가의 언명은, 있는 것을 있다고 하고 없는 것을 없다고 하는 것이지, 있는 것을 없다고 하는 부정은 아니라는 의미로 이해할 수 있겠다. 곧 존재론적 본질이란 애초에 실재하는 것이 아니기 때문에, 그것이 없다는 부정은 사태에 대한 올바른 진술로서 성립하는 것이다. '부정이 없다'고 할 때, 그 '부정'을 '본질주의자가 상정하고 있는 부정', 곧 '실재하는 존재론적 본질을 없다고 하는 부정'으로 이해하면 "나는 부정하지 않는다"는 공사상가의 언명은 "나는 있는 것을 없다고 부정하지는 않는다"로 쉽게 이해할 수 있는 것이다.

"현상에 존재론적 본질이 없다"는 주장과 "현상에 존재론적 본질이 있다"는 주장은 서로 모순된 주장이다. 그렇다면 "현상에 존재론적 본질이 있다"는 주장을 'sādhyasama'라 논박·부정하는 일은 동시에 "현상에 존재론적 본질이 없다"는 주장을 개진하는 일이다. 그러므로 "뭇 현상에는 존재론적

---

98) "yac cāha rte vacanād asataḥ pratiṣedhavacanasiddhir iti/atra jñāpayate vāg asad iti tan
na pratinihanti//" (VV k.64)

본질이 없다"는 언명은 본질주의자에 대한 부정임과 동시에 공사상가의 주장명제인 것이다.

공사상가의 주장이 노리는 타깃은 분명하다. 존재론적 본질에 대한 뿌리 깊은 집착으로 말미암아, 실제로는 존재론적 본질이 없는데도 있다고 고집하는 그릇된 견해(增益)가 생긴다. 이는 현상의 실상에 어긋나기 때문에 혼란된 지식(bhrānta)이다. 공사상은 현상에 존재론적 본질이 없다고 부정함으로써 전도된 집착을 제거하고자 하며, 그것은 더불어 현상의 실상에 대한 확정적인 인식(niścayajñāna)을 심어주고자 한다. 파사(破邪)와 현정(顯正)이 동시에 이루어지는 것이다.

공사상에는 주장도 부정도 없다는 오해, 나아가 모든 분별——그것이 올바르건 그릇된 것이건 간에——을 떠나 있다고 하는 오해는 사이비 공사상가에게나 있을 수 있는 오해가 아닐까?

이제 우리는 "내게는 주장이 없다"는 회쟁론의 언명을 이해 가능한, 소통 가능한 말로 재구성해볼 단계에 와 있다. 해결방식은 두 가지 가운데 하나이다.

첫번째는, "내게 주장이 없다"는 언명을 "'제법무자성'이라는 내 주장에는 자성(自性) 곧 존재론적 본질이 없다"는 의미로 해석하는 방식이다.

두번째는, "내게는 본질주의자와 같이 존재론적 본질을 전제로 한 주장이 없다"는 의미로 해석하는 방식이다.

"내게는 부정이 없다"는 언명과 연결시켜볼 때, 두번째 해석방식이 설득력이 크지만 그렇다고 첫번째 해석방식이 무효한 것은 아니다. "모든 현상에는 존재론적 본질이 없다"는 언명은 주장이면서 동시에 부정이기 때문이다. 어느 해석방식이 옳을까 하는 문제는 문헌을 통해 좀더 시간을 두고 검증해보아야 할 문제이므로 현단계로서는 문제제기로 만족하고 훗날을 기약하기로 한다.

맺음말

서로 다른 문화 사이의 '대화'는 가능한가? 현대는 '지구촌 사회'라 특징지을 수 있을 정도로, 다양한 문화가 그물망처럼 상호교차하며 의식적이든 또는 부지불식간이든 서로 영향을 주고받는다. '다종교사회(多宗敎社會)의 종교간 대화', '동·서양 사상의 대화' 등 우리가 흔히 쓰고 있는 표현 가운데 서로 다른 문화 사이의 '대화'는 어느 사이에 현대의 '문화적 보편자'(cultural universals)의 하나로 자리잡고 있다.

서로 다른 문화 사이의 '대화'는 가능한가? 가능하다면 어떤 의미에서 '가능하다'고 하는 것이며 또한 어디까지 가능한가? 이는 현대를 살아가는 지식인이 안고 가야 할, 회피할 수 없는 화두(話頭) 가운데 하나이다.

'온고지신(溫故知新)'. 다행스럽게도 이 화두는 단지 '현대적'인 문제로 그치지는 않는다. 동아시아 사회에서 일찍이 대두된 적이 있는 '새롭고도 오랜' 문제인 것이다. 인도불전의 한역과정에 보이는, 인도문화와 중국문화가 충돌하는 한가운데서 당시의 중국인이 고민했던 문제도 시공의 차이는 있지만 똑같은 문제의식의 연장선 위에 있다고 보이기 때문이다.

216

중국에 인도불전이 번역·유포되는 과정은 다른 문화권에서 보이는 것과는 사뭇 그 양상이 다르다. 타이나 미얀마와 같은 동남아시아의 남방불교권은 오늘날도 빨리어(Pali language) 불전을 현지 언어로 번역하지 않고 빨리어 그대로 쓰고 있다. 한편 중국과 같은 북방불교권에 속하는 티베트는 산스크리트어 불전을 번역하기 위해 독자적인 '번역용' 문자, '번역용' 어휘를 새로 만들어 방대한 티베트대장경을 구축하였다. 인도문화는 이들 동남아시아와 티베트 문화권에 아무런 여과장치 없이 일방적으로 유입된 것이다.

이에 비해 중국에서는 한자문화권에서 오랫동안 축적된 풍부한 어휘를 구사하여 인도불전을 번역한 결과, 지금의 방대한 한역대장경을 남겼다. 왜 이렇게 불교의 수용양태가 나라마다 달리 나타나는가 하는 점에 관해서는 여러가지 원인을 제시할 수 있겠지만, 가장 중요한 원인은 중국은 불교를 수용할 당시 이미 인도에 맞먹는 독자적 언어문화를 가지고 있었던 데 비해 다른 문화권은 상대적으로 열악한 언어문화를 지녔기 때문이라고 보는 것이 무난할 것 같다. 동아시아 한자문화권에 속하는 한국이나 일본이 한역불전을 자신의 언어로 재번역하지 않고 그대로 사용했다는 사실은, 정치경제적 요인이나 사회적 요인에서 그 원인을 찾을 수도 있겠지만, 어휘의 양, 고유한 문자의 결여 등 한역불전이 이루어질 당시 중국에 비해 언어문화의 환경이 상대적으로 열악했다는 점에 그 근본원인이 있을 것이다.

그렇다면 서로 비교적 대등한 언어문화의 성숙도를 지니고 있던 중국문화와 인도문화의 경우는 어떠한가?

앞에서 우리는 인도불전의 한역과 중국인의 한역불전 해석 문제를 소재로 삼아 중국문화가 인도문화를 수용·변용시켜나가는 융합양상에 관해 고찰해봄으로써 이러한 거대담론적인 성격을 지닌 문제에 접근할 수 있는 한 통로를 마련해보고자 하였다.

인도 대승불교의 중심개념인 '슈니아(śūnya)/슈니아따(śūnyatā)'의 번역과정에서 보듯이, 고역시대의 중국어 번역 '무(無)'가 구마라집에 의해서 '공

(空)'이란 번역어로 정착되기까지는 장장 200년이 넘는 세월이 걸린다.

번역은, 번역자가 타깃 언어(target language)의 의미의 그물망을 순순히 받아들일 때 비로소 자신의 터전을 마련할 수 있다. 산스크리트어 '슈니야/ 슈니야따'는 일차적으로 중국어의 '무(無)'의 의미장으로 편입된다. 이는 중국의 번역자가 가지고 있던 기존의 해석학적 지평에서 나온 번역이기 때문에 이때의 번역은 번역자의 '일차적 해석'이기도 하다.

하지만 '무'라는 번역어를 '슈니야/슈니야따'가 쓰이고 있는 원래의 문화적인 컨텍스트와 다시 대조해볼 때, 또다시 인도문화와 대화를 시도할 때, 번역자는 '무'의 그물망을 비켜가는 소스 언어(source language)의 중층적 의미장을 깨닫게 된다. 이제 번역자는 기존의 '무'란 번역어를 버리고, 기존의 의미의 그물망에서는 그물코의 역할도 수행할 수 없었던 '공(空)'을 새로운 번역어로 배당하여 기존의 의미의 그물망을 늘려나간다. '공'은 재편된 의미의 그물망에서 새로운 그물코로 자리잡으며, 더불어 기존의 해석학적 지평은 새로운 모습으로 탈바꿈한다. 인도문화의 '슈니야/슈니야따'는 새로운 해석학적 지평을 통해 '공'이란 '이차적 해석'을 얻게 되는 것이다.

인도불교의 전문술어가 거듭된 번역·재해석 과정을 겪으며 중국인의 언어망으로 편입되자, 이제 중국인은 원전을 팽개친다. 이제 인도불교 용어는 더이상 인도문화의 전유물이 아니며, 번역어가 풍기는 생경한 냄새는 가신 지 오래다. 중국인은 이 단계에서 또다시 3차, 4차에 걸친 재해석을 하며, 당대 이후 세차게 전개되는 이른바 '종파불교(宗派佛敎)'에서 보듯이, '중국적 불교'를 형성해나간다. 삼론종(三論宗), 천태종(天台宗), 화엄종(華嚴宗) 등이 그 도정에 자리잡고 인도와 중국의 절충을 꾀해보기는 하지만 결국은 중국식 종교개혁의 산물인 선불교가 중국불교의 마지막 종착역이 된다.

'무'에서 '공'으로 바뀌는 데 걸린 오랜 세월을 지켜보며 우리는 '기존 문화의 흡수력'이 얼마나 질긴지 절로 감탄하게 된다. 문화는 한편으로는 문화권내 구성원의 의식 및 감정까지도 제어하는, 고정적인 것으로 보이는 '틀'

이지만, 다른 한편으로는 새로운 환경에 적응하며 끊임없이 그 '틀'을 부수
어나가는 역동적인 생명체이다. 이 점에서 기존의 전통문화는 부단한 변화
의 와중에 놓여 있는 '지배적 문화틀'일 뿐, 결코 그 어떤 고정불변의 실체
는 아니다. 인도불전의 한역과정에서 우리가 확인할 수 있는 바는 중국문화
의 '지배적 문화틀'——위진'현학'이 이에 해당된다——이 타문화에 비해 상
당히 두터운 외각을 지니고 있었다는 사실이다.

중국문화가 인도불교를 원형적 모습 그대로 받아들이지는 않았다 하더라
도, 따라서 중국적인 해석과정을 통해 중국불교로 만들어나갔다 하더라도,
이러한 일련의 과정은 서로 다른 문화 사이에 '일단은' 대화가 가능하다는
사실을 보여주는 것은 아닐까?

서로 다른 문화 사이에 대화가 가능하다는 것은 언어적 사유를 매개로
'구성된 세계', 곧 인식세계 이전에 삶의 세계 또는 생활세계(Lebenswelt)가
인간 상호간에 보편적으로 존재하기 때문이다. 즉 보편적인 생활세계가 인
식세계를 '낳게 하는 원인'(utpādaka-hetu, 生因)이므로, 인식세계의 발판을
생활세계에 마련할 때 우리는 서로 다른 문화에 놓여 있으면서도 대화가 가
능해지는 것이다.

하지만 생활세계의 '보편성'이라 하더라도 이는 진정한 의미의 '객관적
보편성'일 수 있을까? 자칫하면 인식세계 안에서 재구성된 '주관적 보편성'
은 아닐까? 객관적인 삶의 세계는, 우리가 언어적 사유를 포기하지 않는 한,
어디까지나 인식세계를 매개로 인식될 뿐이다. 이 점에서 언어적 인식세계
는 생활세계를 '알게 해주는 원인'(jñāpaka-hetu, 了因)이다. 따라서 엄밀한
의미에서 '객관성'(objectivity)은 머릿속에서만 존재하는 '관념적 객관성'일
뿐, 아직 구체적인 것은 아니다. 현실적으로는 객관성 이전에 언어적 인식세
계가, 그리고 그 세계에서 형성된 인식주관의 '지평'이 있을 뿐이다. 이 점
에서 이문화간의 '완전한' 상호이해는 어쩌면 요원한, 아니 불가능한 일일지
모른다. 만약에 이 일이 이루어진다면 그때 이미 인간은 참으로 객관적인

진리의 세계를 체득했을 것이다. 가능성은 열려 있다. 하지만 입구는 좁고 안은 미로로 가득 차 있다. 불완전한 이해에서 완전한 상호이해로 향하는 도정에 우리는 서 있는 것이다. 인도불전의 중국적 변용과정에서 우리가 얻을 수 있는 교훈이다.

결국 우리는 객관성으로 향하는 길목에 서서, 객관성을 베일에 가려버리고 있는 의미의 그물망, 곧 언어의 문제에 봉착하게 된다. 중국어와 산스크리트어의 언어상 그 어떤 차이점이 '완전한' 대화의 가능성을 차단하고 있는 것으로 보이기 때문이다. 결론으로 다음과 같은 작업가설을 제시할 수 있겠다.

중국어와 산스크리트어를 대조해볼 때, 중국어가 이미지 언어(image-oriented language)의 성격이 강하다면, 산스크리트어는 개념 언어(concept-oriented language)의 성격이 강하다. 인도의 오랜 학문적 전통에서 산스크리트어 문헌을 읽는 기초학문으로 문법학과 논리학을 꼽으며 이를 '두 눈'으로 비유할 정도로 중시했던 데 반해, 한역불전 중 불교논리학 문헌 가운데 한역된 텍스트는 불과 두 권에 불과하고 그나마 별로 읽히지 않았다는 점을 실례로서 거론할 수 있을 것이다. 이미지(image)는 구상성, 집약성, 직접성, 다의성을 지니고 심리적 체험을 생생하게 전해준다는 점에서 생명력이 있는 반면, 명확성이 떨어진다. 개념(concept)은 명확성이 있는 반면, 생명력이 떨어진다. '합리적 사고'의 토대는 개념을 명확하게 규정하고, 그 개념을 조작하여 판을 짜는 데 있지만, 개념의 배후에 도사리고 있는 구상적인 이미지에도 주목하여 우리의 '합리적 사고'가 생명력을 잃지 않도록 하는 것도 중요한 일이다.

중국 역경사의 초기에 번역방식을 놓고 벌어졌던 '문질(文質) 논쟁'의 의의를 현대적인 의미로 재구성하면 결국은 산스크리트어와 중국어의 병합, 곧 이미지와 개념의 조화 문제로 압축시켜볼 수 있을 것이다.

【참고문헌】

『大唐大慈恩寺三藏法師傳』, 『大正新脩大藏經』(이하 '대정장') 50권, No. 2053.
『高僧傳』(『양고승전』), 대정장 50권, No. 2059.
『續高僧傳』(『당고승전』), 대정장 50권, No. 2060.
『宋高僧傳』, 대정장 50권, No. 2061.
『大唐西域求法高僧傳』, 대정장 51권, No. 2066.
『大唐西域記』, 대정장 51권, No. 2087.
『弘明集』, 대정장 52권, No. 2102.
『廣弘明集』, 대정장 52권, No. 2103.
『南海寄歸內法傳』, 대정장 54권, No. 2125.
『翻譯名義集』, 대정장 54권, No. 2131.
『出三藏記集』, 대정장 55권, No. 2145.

AKBh(P): *Abhidharmakośabhāṣya* (ed. by P. Pradhan), Tibetan Sanskrit Works
    Series Vol. 8, Patna, 1967; rev. 1975.
MK: *Mūlamadhyamakakārikās* (ed. by de La Vallée Poussin)
PP: *Mūlamadhyamakakārikās de Nāgārjuna avec la Prasannapadā commentaire de
    Candrakīrti* (ed. by de La Vallée Poussin), Bibliotheca Buddhika 4, St.-Péters-
    burg, 1903~13.

PSVy: *Pratītyasamutpādavyākhya*, Peking ed., Vol. 104, No. 5496.

SA(W): *Sphuṭārthā Abhidharmakośavyākhyā by Yaśomitra* (ed. by U. Wogihara), Tokyo, 1932~1936; repr. Tokyo: The Sankibo Press 1971.

TK: *Vijñaptimātratāsiddhi, Deux traités de Vasubandhu, Viṃśatikā (la Vingtaine) accompagnée d' une explication en prose, et Trimśikā (la Trentaine) avec le commentaire de Sthiramati* (ed. by S. Lévi), Bibliothéque de l' École des Hautes Études, Paris: Librairie Honoré Champion 1925.

VV: *Vigrahavyāvartanī* (ed. by E. H. Johnston and A. Kunst)

Bhattacharya, K., *The dialectical method of Nāgārjuna—Vigrahavyāvartanī*, Motilal Banarsidass, 1978; 3rd ed. 1990.

張曼濤 編, 『佛典飜譯史論』(現代佛敎學術叢刊 38), 台北: 大乘文化出版社 1978.

羅根澤, 『中國文學批評史』, 上海古籍出版社 1984, 특히 11장「佛經飜譯論」.

馬祖毅, 『中國飜譯簡史』, 中國對外飜譯出版公司 1984.

曹仕邦, 『中國佛敎譯經史論集』(東初智慧海叢刊 16), 台北: 東初出版社 1990.

中嶋隆藏, 『出三藏記集序卷譯註』, 平樂寺書店 1997.

馬祖毅, 『中國飜譯史』(上卷), 湖北敎育出版社 1999.

宇井伯壽, 『譯經史硏究』, 岩波書店 1971.

『シリーズ東アジア仏教』(第1卷~第5卷), 東京: 春秋社 1995~1996.

228

232